MODERN GREEK GRAMMAR
Theory & Practice

Written by Maria Karra

Published by FRESNEL PRESS
12781 Orange Grove Blvd
West Palm Beach, FL 33411

Copyright © FRESNEL PRESS

All rights reserved, including the right of reproduction in whole or in part in any form.

Printed in the United States of America

I dedicate this book to my husband for taking care of the kids while I was writing it. Alejandro, you'd put Superman to shame.

Table of Contents

READING AND WRITING 1
    THE ALPHABET 2
    PRONUNCIATION RULES 9
    TWO-LETTER VOWELS 9
    TWO-LETTER CONSONANTS 17
    ACCENTUATION 18
    POSITION OF THE STRESS MARK 19
    DIACRITICS AND PUNCTUATION 25

PERSONAL PRONOUNS 29

VERBS ΕΙΜΑΙ (TO BE) AND ΕΧΩ (TO HAVE) 29

NUMBERS 37
    CARDINAL NUMBERS 38
    ORDINAL NUMBERS 45

ARTICLES 49

COMMON NOUN ENDINGS: SINGULAR-PLURAL 55

PREPOSITIONS ΑΠΟ (*FROM*) & ΣΕ (*IN, AT, TO*) 67

DIMINUTIVES 75

NOUN INFLECTION 84
    MASCULINE 85
    FEMININE 95
    NEUTER 105

DEMONSTRATIVE PRONOUNS 116

POSSESSIVE PRONOUNS 123
    Pronoun-noun agreement 124

PERSONAL PRONOUNS: DIRECT & INDIRECT OBJECT 130

ADJECTIVES 140
    adjectives in -ος, -η, -ο 141
    adjectives in -ος, -α, -ο 142
    adjectives in -ός, -ιά, -ό 143
    adjectives in -ύς, -ιά, -ύ 144
    adjectives in -ής, -ιά, -ί 145

adjectives in -ης, -α, -ικο 146
RECAP – REGULAR ADJECTIVES **147**
adjectives in -ης, -ης, -ες 148
The adjective *πολύς – πολλή – πολύ* vs. the adverb *πολύ* 161

ADVERBS 168

COMPARATIVES & SUPERLATIVES 173
THE COMPARATIVE 174
THE SUPERLATIVE 176
SUMMARY TABLE 177

VERBS 185
PRESENT TENSE 186
ACTIVE VOICE 186
verbs in -άω / -ώ 192
PASSIVE VOICE 207
FUTURE TENSES 213
ACTIVE VOICE 213
PASSIVE VOICE 216
PAST TENSES 247
ACTIVE VOICE 248
PASSIVE VOICE 253
PERIPHRASTIC TENSES 284
THE GREAT VERB RECAP 306
ACTIVE VOICE 306
PASSIVE VOICE 312
REVIEW EXERCISES 317
CONDITIONAL 324
PARTICIPLES 334
ACTIVE VOICE 334
PASSIVE VOICE 341
IMPERATIVE 350
ACTIVE VOICE 352
PASSIVE VOICE 354
NEGATIVE IMPERATIVE 368
SUBJUNCTIVE 374

About the book and the author

This Modern Greek grammar workbook covers beginner, intermediate, and advanced levels. Each chapter includes a brief theory section, several exercises to practice the theory, and answers to the exercises. The book is not an exhaustive grammar reference and is not meant to replace grammar books but rather puts the emphasis on practice. Explanations are given in English and instructions for the exercises are given in English and Greek. The meaning of numerous Greek words is given (right under each word), to facilitate learning and to help beginners -who may still have limited vocabulary- to complete the exercises without having to constantly consult a dictionary.

The author, Maria Karra, is a former aerospace engineer and has over 25 years of experience as a translator and interpreter, collaborating with Greek consulates in the United States, European Union institutions, the US Department of Defense, and many aerospace companies. Maria holds a bachelor's degree in engineering physics with a focus on spacecraft design, a master's degree in electrical engineering, a master's degree in applied linguistics with a focus on second-language acquisition, a master's degree in translation and a diploma in medical interpreting. She has a passion for languages and cultures and has written several language textbooks. Maria was born in Thessaloniki, Greece. She has lived in Brussels, Paris, Boston, Miami, and currently divides her time between West Palm Beach, Florida and Granada, Spain. You can reach her at stithalassa@gmail.com.

READING AND WRITING
ΑΝΑΓΝΩΣΗ ΚΑΙ ΓΡΑΦΗ

THE ALPHABET
ΤΟ ΑΛΦΑΒΗΤΟ

lowercase *μικρά*	*uppercase* *κεφαλαία*	*letter name* *όνομα γράμματος*	*example* *παράδειγμα*
α	Α	άλφα	μα**μ**ά
β	Β	**β**ήτα	λα**β**ή
γ	Γ	**γ**άμα / **γ**άμμα	μά**γ**ος, **γ**ερός
δ	Δ	**δ**έλτα	ρό**δ**α
ε	Ε	έψιλον	μ**έ**ρα
ζ	Ζ	**ζ**ήτα	μα**ζ**ί
η	Η	**ή**τα	μ**ή**νας
θ	Θ	**θ**ήτα	μά**θ**ημα
ι	Ι	ιώτα / γιώτα	δίνω
κ	Κ	**κ**άπα / **κ**άππα	σύ**κ**ο, **κ**ερί
λ	Λ	λάμδα	θέλω
μ	Μ	**μ**ι	σή**μ**α
ν	Ν	**ν**ι	κά**ν**ω
ξ	Ξ	**ξ**ι	έ**ξ**ω
ο	Ο	**ό**μικρον	π**ό**ρτα
π	Π	**π**ι	τό**π**ος
ρ	Ρ	**ρ**ο	χο**ρ**ός
σ	Σ	σί**γ**μα	μι**σό**ς (at the end of a word σ → ς)
τ	Τ	**τ**αυ	κά**τ**ω
υ	Υ	ύψιλον	μακρύς
φ	Φ	**φ**ι	τρο**φ**ή
χ	Χ	**χ**ι	**χ**άδι, **χ**έρι
ψ	Ψ	**ψ**ι	**ψ**άρι
ω	Ω	ωμέγα	χ**ώ**ρα

VOWELS - ΦΩNHENTA

α ε η ι ο υ ω

CONSONANTS - ΣΥΜΦΩΝΑ

β γ δ ζ θ κ λ μ ν
ξ π ρ σ τ φ χ ψ

EXERCISES
ΑΣΚΗΣΕΙΣ

1. Copy here the words given in the "example" column. – Αντίγραψε εδώ τις λέξεις που δίνονται στη στήλη «παράδειγμα».

μαμά,

2. Write the words given in the "example" column in uppercase letters. – Γράψε τις λέξεις που δίνονται στη στήλη «παράδειγμα» με κεφαλαία γράμματα.

ΜΑΜΑ,

3. Write in uppercase letters the following words. – Γράψε με κεφαλαία γράμματα τις ακόλουθες λέξεις.

1. Ελλάδα
   Greece
   _____

2. Αθήνα
   Athens
   _____

3. Θεσσαλονίκη
   Thessaloniki
   _____

4. ήλιος
   sun
   _____

5. νησί
   island
   _____

6. ουρανός
   sky
   _____

7. θάλασσα
   sea
   _____

8. παραλία
   beach
   _____

9. ομπρέλα
   umbrella
   _____

10. γαλάζιο
    light blue
    _____

11. καλημέρα
    good morning
    _____

12. μουσική
    music
    _____

13. χορεύω
    to dance
    _____

14. τραγούδι
    song
    _____

15.	μπουζούκι *bouzouki (musical instrument)*	_____
16.	κιθάρα *guitar*	_____
17.	μάθημα *lesson, course*	_____
18.	ελληνικά *Greek language*	_____
19.	αγγλικά *English language*	_____
20.	φεγγάρι *moon*	_____

4. Write in lowercase letters the following words. The underlined vowel is where the stress mark goes. – Γράψε με μικρά γράμματα τις ακόλουθες λέξεις. Το υπογραμμισμένο φωνήεν είναι αυτό που παίρνει τόνο.

1.	ΙΣΤΟΡΙΑ *history, story*	_____
2.	ΑΓΓΛΙΑ *England*	_____
3.	ΑΜΕΡΙΚΗ *America*	_____
4.	ΤΑΞΙΔΙ *travel, trip*	_____
5.	ΦΡΟΥΤΑ *fruits*	_____
6.	ΗΜΕΡΑ *day*	_____

7. ΕΥΡΩΠΗ
   Europe
   _____

8. ΕΒΔΟΜΑΔΑ
   week
   _____

9. ΒΙΒΛΙΟΘΗΚΗ
   library, bookcase
   _____

10. ΠΙΑΝΟ
    piano
    _____

11. ΜΠΑΓΛΑΜΑΣ
    baglamas (musical instrument)
    _____

12. ΚΑΛΗΝΥΧΤΑ
    good night
    _____

13. ΔΡΟΜΟΣ
    street, road
    _____

14. ΜΠΟΥΚΑΛΙ
    bottle
    _____

15. ΑΓΑΠΗ
    love
    _____

16. ΟΙΚΟΓΕΝΕΙΑ
    family
    _____

17. ΣΧΟΛΕΙΟ
    school
    _____

18. ΩΚΕΑΝΟΣ
    ocean
    _____

19. ΟΥΡΑΝΟΣ
    sky
    _____

20. ΟΛΥΜΠΟΣ
    Mount Olympus
    _____

ANSWERS TO THE EXERCISES
ΛΥΣΕΙΣ ΤΩΝ ΑΣΚΗΣΕΩΝ

2. 1. ΜΑΜΑ, 2. ΛΑΒΗ, 3. ΜΑΓΟΣ, 4. ΓΕΡΟΣ, 5. ΡΟΔΑ, 6. ΜΕΡΑ, 7. ΜΑΖΙ, 8. ΜΗΝΑΣ, 9. ΜΑΘΗΜΑ, 10. ΔΙΝΩ, 11. ΣΥΚΟ, 12. ΚΕΡΙ, 13. ΘΕΛΩ, 14. ΣΗΜΑ, 15. ΚΑΝΩ, 16. ΕΞΩ, 17. ΠΟΡΤΑ, 18. ΤΟΠΟΣ, 19. ΧΟΡΟΣ, 20. ΜΙΣΟΣ, 21. ΚΑΤΩ, 22. ΜΑΚΡΥΣ, 23. ΤΡΟΦΗ, 24. ΧΑΔΙ, 25. ΧΕΡΙ, 26. ΨΑΡΙ, 27. ΧΩΡΑ

3. 1. ΕΛΛΑΔΑ, 2. ΑΘΗΝΑ, 3. ΘΕΣΣΑΛΟΝΙΚΗ, 4. ΗΛΙΟΣ, 5. ΝΗΣΙ, 6. ΟΥΡΑΝΟΣ, 7. ΘΑΛΑΣΣΑ, 8. ΠΑΡΑΛΙΑ, 9. ΟΜΠΡΕΛΑ, 10. ΓΑΛΑΖΙΟ, 11. ΚΑΛΗΜΕΡΑ, 12. ΜΟΥΣΙΚΗ, 13. ΧΟΡΕΥΩ, 14. ΤΡΑΓΟΥΔΙ, 15. ΜΠΟΥΖΟΥΚΙ, 16. ΚΙΘΑΡΑ, 17. ΜΑΘΗΜΑ, 18. ΕΛΛΗΝΙΚΑ, 19. ΑΓΓΛΙΚΑ, 20. ΦΕΓΓΑΡΙ

4. 1. ιστορία, 2. Αγγλία, 3. Αμερική, 4. ταξίδι, 5. φρούτα, 6. ημέρα, 7. Ευρώπη, 8. εβδομάδα, 9. βιβλιοθήκη, 10. πιάνο, 11. μπαγλαμάς, 12. καληνύχτα, 13. δρόμος, 14. μπουκάλι, 15. αγάπη, 16. οικογένεια, 17. σχολείο, 18. ωκεανός, 19. ουρανός, 20. Όλυμπος

PRONUNCIATION RULES
ΚΑΝΟΝΕΣ ΠΡΟΦΟΡΑΣ

Most Greek words end in a vowel or in the consonants **ν** or **ς**. Some exclamatory utterances or loan words (i.e. words taken from other languages) end in other consonants, e.g. *αχ!*, *ουφ!* *(man!, humph)*, *ασανσέρ* *(elevator)*, *τρακτέρ* *(tractor)*, *χάμπουργκερ* *(hamburger)*, *παρμπρίζ* *(windshield)*, *ροκ* *(rock music)*.

TWO-LETTER VOWELS
ΔΙΨΗΦΑ ΦΩΝΗΕΝΤΑ

αι	/e/	(as in *bed*)	ναι, σημαία *yes flag*
ει	/ee/	(as in *peak*)	πρέπει, είμαστε *must we are*
οι	/ee/	(as in *peak*)	τοίχος, όλοι *wall all (masculine plural)*
ου	/u/	(as in *through*)	ουρά, παντού *tail everywhere*

EXERCISE
ΑΣΚΗΣΗ

Read out the following words. – Διάβασε δυνατά τις παρακάτω λέξεις.

παίρνω *take*	αίμα *blood*	αίσθημα *feeling, emotion*	φαίνομαι *I seem/appear*	ανεβαίνω *I go up*
είμαι *I am*	πορεία *course, trajectory*	πείνα *hunger*	λείπω *I am absent, missing*	εταιρεία *company*
πολλοί *many (masc.)*	μοίρα *fate, destiny*	πλοίο *ship*	αλοιφή *ointment*	εκείνοι *those (masc.)*
κάπου *somewhere*	αλλού *elsewhere*	κούραση *fatigue*	σουλούπι *build (noun), form*	μοιάζουμε *we look like..., we look alike*

VOWEL COMBINATIONS
ΣΥΝΔΥΑΣΜΟΙ ΦΩΝΗΕΝΤΩΝ

Depending on what follows the vowel combinations **αυ** and **ευ**,

αυ is pronounced /**af**/ or /**av**/   e.g.   αυτός   /aftos/
                                                    αύριο   /avrio/

ευ is pronounced /**ef**/ or /**ev**/   e.g.   ευχαριστώ, ευχή   /ef/
                                                    ευλογία, ρεύμα   /ev/

The rules – Οι κανόνες:

	Examples - Παραδείγματα
αυ is pronounced /**af**/ and **ευ** is pronounced /**ef**/ before **κ, π, τ, θ, φ, χ, σ, ξ**	αυτά, αύξηση *these increase* ευχαριστώ, ευθύς *thanks straight*
αυ is pronounced /**av**/ and **ευ** is pronounced /**ev**/ before **vowels** and **β, γ, δ, ζ, λ, μ, ν, ρ**	αυλή, ταύρος *yard bull* εύρος, νεύρα *range, width nerves*

EXERCISES
ΑΣΚΗΣΕΙΣ

1. Practice the pronunciation of *αυ* and *ευ*. Read out loud. – Εξάσκησε την προφορά του *αυ* και του *ευ*. Διάβασε δυνατά.

<u>*αυ* pronounced /af/</u>

αυτός
this (masculine)

αυθαίρετος
arbitrary (masc.)

αυθημερόν
on the same day

ναύτης
sailor

αύξηση
increase (noun)

καυτός
burning hot (masc.)

αυθόρμητος
spontaneous (masc.)

ταυτότητα
identification

αυστηρός
strict (masc.)

Αυστραλία
Australia

<u>*αυ* pronounced /av/</u>

αύριο
tomorrow

θαύμα
miracle

Λαύριο
Lavrio (town in Attica, Greece)

σαύρα
lizard

μαύρος
black (masc.)

αυλή
yard

τραύμα
injury, trauma

γαύρος
anchovy

δαυλός
torch

άναυδος
dumbfounded, speechless

ευ pronounced /ef/

ελεύθερος
free (masc.)

ευθεία
straight line (noun),
straight ahead (adverb)

τεύχος
issue (noun)

κατευθύνω
to direct, to steer

μαιευτήριο
maternity hospital

εύχομαι
to wish

εύχρηστος
handy

ευχαριστώ
thanks, to thank (verb)

ευπρόσδεκτος
welcome (adj.)

ευτυχώς
fortunately

ευ pronounced /ev/

Ευρώπη
Europe

ψαρεύω
to fish

ευρύχωρος
spacious

ρεύμα
current (n.)

δυσεύρετος
hard to find

ευγνώμων
grateful

δουλεύω
to work

παλεύω
to struggle, to fight

ευωδιά
scent, aroma

ευλύγιστος
flexible

ευγενικός
polite, kind

ευδιάθετος
cheerful

2. Read out the following words and put them in the appropriate column.
– Διάβασε δυνατά τις ακόλουθες λέξεις και βάλε τες στην κατάλληλη στήλη.

αυτοκίνητο	**αυ**λή	**αυ**τόγραφο	κ**αυ**τός	**αυ**γό
Αύγουστος	**αύ**ξηση	**αυ**θόρμητος	**Αυ**στρία	ν**αυ**αγοσώστης
μ**αύ**ρο	ε**αυ**τός	τρ**αύ**μα	π**αύ**ση	**αυ**ξάνω
αυχένας	κ**αύ**σωνας	**αυ**λικός	π**αύ**λα	**αυ**τονόητος
αυτογνωσία	**αυ**τοβιογραφία	**αυ**γή	**αύ**ρα	**αυ**λόπορτα
αυθεντικός	**αυ**τιστικός	τ**αυ**τόχρονος	ν**αυ**άγιο	τ**αυ**ρομάχος

εύκολος	**ευ**γενικός	**ευ**αίσθητος	**ευ**εξία	**ευ**εργέτης
ν**εύ**ρο	**εύ**θυμος	πν**εύ**μα	**ευ**λύγιστος	**Εύ**βοια
Ευρώπη	**ευ**τυχία	αν**εύ**θυνος	ψ**εύ**δομαι	**ευ**χή
ευθεία	**εύ**ρηκα	**ευ**χάριστος	έρ**ευ**να	**ευ**ωδιαστός
ευθύνη	**ευ**χαριστημένος	δ**εύ**τερος	**ευ**γνωμοσύνη	**ευ**κάλυπτος
ευκαιρία	**ευ**λογία	λατρ**εύ**ω	π**εύ**κο	**ευ**ημερία

/af/	/av/	/ef/	/ev/
αυτοκίνητο	αυλή	εύκολος	ευγενικός

ANSWERS TO THE EXERCISES
ΛΥΣΕΙΣ ΤΩΝ ΑΣΚΗΣΕΩΝ

2. <u>Column /af/</u>: αυτοκίνητο, αυτόγραφο, καυτός, αύξηση, αυθόρμητος, Αυστρία, εαυτός, παύση, αυξάνω, αυχένας, καύσωνας, αυτονόητος, αυτογνωσία, αυτοβιογραφία, αυθεντικός, αυτιστικός, ταυτόχρονος

    <u>Column /av/</u>: αυλή, αυγό, Αύγουστος, ναυαγοσώστης, μαύρο, τραύμα, αυλικός, παύλα, αυγή, αύρα, αυλόπορτα, ταυρομάχος, ναυάγιο

    <u>Column /ef/</u>: εύκολος, εύθυμος, ευτυχία, ανεύθυνος, ευχή, ευθεία, ευχάριστος, ευθύνη, ευχαριστημένος, δεύτερος, ευκάλυπτος, ευκαιρία, πεύκο

    <u>Column /ev/</u>: ευγενικός, ευαίσθητος, ευεξία, ευεργέτης, νεύρο, πνεύμα, ευλύγιστος, Εύβοια, Ευρώπη, ψεύδομαι, εύρηκα, έρευνα, ευωδιαστός, ευγνωμοσύνη, ευλογία, λατρεύω, ευημερία

TWO-LETTER CONSONANTS
ΔΙΨΗΦΑ ΣΥΜΦΩΝΑ

μπ	/b/	μπαμπάς, μπάνιο
ντ	/d/	ντύνομαι, μαντολίνο
γκ	/g/ (as in "go")	γκρίζο, γκολ
γγ	/g/	αγγούρι, φεγγάρι
		(BUT: συγγνώμη, συγγραφέας, έγγραφο /γ/)
τσ	/ts/ (as in "its")	ρετσίνα, έτσι
τζ	/dz/ (as in "reads")	τζάκι, τζατζίκι

EXERCISE
ΑΣΚΗΣΗ

Read out – Διάβασε δυνατά

μπ :	μπόρα	καμπάνα	μπαμπάς	λάμπα
ντ :	πάντα	φούντα	ντάμα	δόντι
γκ :	πάγκος	γκάζι	γκολφ	γκρινιάζω
	έγκυρος	έγκλημα	άγκυρα	έγκριση
γγ :	φεγγίτης	Βαγγέλης	φέγγει	ρέγγα
τς :	τσάντα	βούρτσα	τσέπη	κάτσε
	τσομπάνης	μάτσο	κότσος	πατσαβούρα
τζ :	τζάμι	ματζουράνα	τζατζίκι	παντζάρι

ACCENTUATION
ΤΟΝΙΣΜΟΣ

All words of two or more syllables are stressed on one of the syllables. A stress mark (called *οξεία* or *τόνος*) is used to indicate which syllable is stressed.

- Only vowels can be stressed.
- Only one of the last three syllables of a word can be stressed:
  e.g. ***μετρό, αεροπλάνο, αυτοκίνητο***

- Words in all uppercase letters do not carry a stress mark
  e.g. ***ΑΘΗΝΑ, ΘΕΣΣΑΛΟΝΙΚΗ, ΑΓΑΠΗ, ΟΞΕΙΑ***

- An uppercase vowel takes a stress mark if it is the first letter of a word, such as in proper names or in the beginning of a sentence.
  e.g. *Η Άννα είναι από τη Βόρεια Ήπειρο αλλά μένει στην Αθήνα.*

- One-syllable words do not carry a stress mark.
  e.g. ***ναι, πιο, γεια σου***

  Exceptions: - the conjunction **ή** (e.g. Η Όλγα **ή** η Ελένη)
  \- the question words **πού** (where) and **πώς** (how)
  e.g. ***Πού είσαι; Πες μου πώς σε λένε.***

πως vs. πώς:

Πες μου **πως** έρχεσαι. = Tell me that you're coming. (*same as:* Πες μου ότι έρχεσαι.)
Πες μου **πώς** έρχεσαι. = Tell me how you're coming. (by bus, on foot, etc.)

Πες μου **πώς** είσαι. = Tell me how you're doing.
Πες μου, **πώς** είσαι; = Tell me, how are you doing?
Πες μου **πως** είσαι καλά. = Tell me that you are doing well. (*same as:* Πες μου ότι είσαι καλά.)

που vs. πού:

Πού πας; = Where are you going?
Το αυτοκίνητο **που** θέλεις είναι κόκκινο. = The car that you want is red.

POSITION OF THE STRESS MARK
ΘΕΣΗ ΤΗΣ ΟΞΕΙΑΣ

The stress mark is placed:

- Over the vowel of the stressed syllable:
  ένα, οχτώ

- In front of a stressed uppercase vowel at the beginning of a word:
  Άγγελος, Όμηρος

- On the second vowel of a two-letter vowel or vowel combination:
  ωραίος, εμείς, εύκολος, Αίγυπτος

- On the first vowel of a two-letter vowel or a vowel combination (αυ, ευ) when the two vowels are to be pronounced separately and the first one is stressed:
  Μάιος, ρολόι, άυλος

EXERCISES
ΑΣΚΗΣΕΙΣ

1. The following word pairs would sound exactly the same if it weren't for the difference in stress. Read them out loud. – Οι παρακάτω λέξεις θα ακούγονταν ακριβώς το ίδιο αν δεν υπήρχε διαφορά στον τονισμό. Διάβασέ τες δυνατά.

μέτρο *meter, measure*	μετρό *metro*
πίνω *I drink*	πεινώ *I am hungry*
πήρα *I took*	πυρά *fire, gunfire*
ψύλλος *flea*	ψηλός *tall, high*
χτύπα *hit, knock (imperative)*	χτυπά *he hits, he knocks*
κάλος *callus*	καλός *good (masc.)*
πορτοκάλι *orange (fruit)*	πορτοκαλί *orange (color)*
κεραμίδι *brick*	κεραμιδί *brick (color)*
λεύκη *cottonwood, vitiligo*	λευκή *white (feminine, same as άσπρη)*
πούλι *pawn, checker*	πουλί *bird*
γέρος *old man*	γερός *sturdy*

πάνω
up, on (same as επάνω)

πανό
banner

νόμος
law

νομός
prefecture, district

φύλλο
leaf

φιλώ
I kiss

κοίτα
look (imperative)

κοιτά
he/she/it looks

τέλεια
perfect (adverb or plural neuter adj.)

τελεία
dot, period

κάνεις
you do

κανείς
nobody

μίσος
hate (noun)

μισός
half (masc.)

μάγια
witchcraft

μαγιά
yeast

2. Πώς or πως? – Πώς ή πως;

1. _____ λέγεστε, παρακαλώ;

2. Γεια σου, Χρύσα. _____ είσαι;

3. Ξέρω _____ λες ψέματα!
   lies
   I know that you are lying!

4. Ξέρεις _____ λένε τη δασκάλα;
   teacher (feminine)

5. Πες μου _____ μ' αγαπάς πολύ.
   Tell me that you love me a lot.

3. _Πώς_ or _πως_? – _Πώς_ ή _πως_;

1. _____ πας, Όλγα;

2. Αυτό _____ θέλω είναι ένα καπουτσίνο.

3. Πες μου _____ μένεις.
   Tell me where you live

4. Αυτό _____ λέω είναι αλήθεια.
                                truth
   What I'm saying is true.

5. Ξέρεις _____ δουλεύει ο κύριος Ανέστης;
                              works

4. Put a stress mark where needed. – Βάλε οξεία όπου χρειάζεται.

1. - Γεια σου, Ελενη.

   - Καλημερα, Μαρια! Πως εισαι;

   - Ειμαι πολυ καλα. Εσυ;

   - Κι εγω καλα. Που πας;

   - Παω στο σπιτι μου.

2. Ο Αγγελος και η Ειρηνη ειναι αδελφια. Αυριο η Ειρηνη εχει γενεθλια. Ο Αγγελος της πηρε δωρο ενα βιβλιο. Η Ειρηνη ειναι πιο μικρη απο τον Αγγελο. Λατρευει τα ζωα. Εχει ενα σκυλακι που το λενε Ρικο.

3. - Θελω να σου πω πως σ'αγαπω.
   - Κι εγω σ'αγαπω.
   - Τελεια. Αγαπιομαστε!
   - Ναι. Και τωρα;
   - Τωρα, αν θελεις, μπορουμε να βγουμε ραντεβου.
   - Θελω.
   - Κι εγω θελω.
   - Ας βγουμε, λοιπον!
   - Που;
   - Οπου θελεις.
   - Ενταξει. Θα το σκεφτω και θα σου πω αυριο.

4. - Ειναι κανεις εδω;
   - Ναι, εγω.
   - Ποια εισαι εσυ;
   - Η Μαρινα.
   - Τι κανεις εδω, Μαρινα;
   - Αυτο που κανεις κι εσυ.

ANSWERS TO THE EXERCISES
ΛΥΣΕΙΣ ΤΩΝ ΑΣΚΗΣΕΩΝ

2. 1. Πώς, 2. Πώς, 3. πως, 4. πώς, 5. πως

3. 1. Πού, 2. που, 3. πού, 4. που, 5. πού

4. 1. - Γεια σου, Ελένη.
   - Καλημέρα, Μαρία! Πώς είσαι;
   - Είμαι πολύ καλά. Εσύ;
   - Κι εγώ καλά. Πού πας;
   - Πάω στο σπίτι μου.

2. Ο Άγγελος και η Ειρήνη είναι αδέλφια. Αύριο η Ειρήνη έχει γενέθλια. Ο Άγγελος της πήρε δώρο ένα βιβλίο. Η Ειρήνη είναι πιο μικρή από τον Άγγελο. Λατρεύει τα ζώα. Έχει ένα σκυλάκι που το λένε Ρίκο.

3. - Θέλω να σου πω πως σ' αγαπώ.
   - Κι εγώ σ' αγαπώ.
   - Τέλεια. Αγαπιόμαστε!
   - Ναι. Και τώρα;
   - Τώρα, αν θέλεις, μπορούμε να βγούμε ραντεβού.
   - Θέλω.
   - Κι εγώ θέλω.
   - Ας βγούμε, λοιπόν!
   - Πού;
   - Όπου θέλεις.
   - Εντάξει. Θα το σκεφτώ και θα σου πω αύριο.

4. - Είναι κανείς εδώ;
   - Ναι, εγώ.
   - Ποια είσαι εσύ;
   - Η Μαρίνα.
   - Τι κάνεις εδώ, Μαρίνα;
   - Αυτό που κάνεις κι εσύ.

DIACRITICS AND PUNCTUATION
ΔΙΑΚΡΙΤΙΚΑ ΣΗΜΕΙΑ ΚΑΙ ΣΗΜΕΙΑ ΣΤΙΞΗΣ

The following are the same as in English: , . ! – ( )

Diacritics and punctuation that are different from English:

- question mark (ερωτηματικό): ;

    Τι κάνεις;

- quotation marks (εισαγωγικά): « »

    «Ησυχία!» φώναξε η δασκάλα.

- upper dot (άνω τελεία) - corresponds to the English semicolon: ·

    Αυτό δεν είναι παιδί· είναι ζιζάνιο!

- dieresis (διαλυτικά): ¨ placed on **ι** or **υ** when these must be pronounced separately from the preceding unstressed vowel α, ε, ο, υ.

    παϊδάκι (vs. παιδάκι, νεράιδα)
    θεϊκός (vs. θείος, θειάφι)
    Δοϊράνη (vs. τοίχος, ρολόι)
    μυϊκός (vs. υιοθετώ)
    αϋπνία (vs. αυτός, αύριο)

EXERCISES
ΑΣΚΗΣΕΙΣ

1. Put the missing punctuation in the following dialogue. – Βάλε τα σημεία στίξης που λείπουν στον ακόλουθο διάλογο.

- Γεια σου Ιωάννα
- Τι κάνεις Μαρία
- Μια χαρά Εσύ
- Κι εγώ
- Τι νέα
- Παντρεύομαι
- Αλήθεια Συγχαρητήρια

2. Read out the following words to practice dieresis. – Διάβασε τις ακόλουθες λέξεις για να εξασκήσεις τα διαλυτικά.

νεραϊδούλα
little fairy

μαϊμού
monkey

λαϊκός
folk (adj.)

μαϊντανός
parsley

λαϊκή
farmer's market, folk (adj. fem.)

φαΐ
food

πλαϊνός
adjacent, side (adj.)

σαΐνι
sharp person

γαϊδούρι
donkey

κοροϊδεύω
to mock, make fun of, deceive

θεϊκός
divine

ταΐζω
to feed

χαϊδεύω
to pet, to caress

τρόλεϊ
streetcar, trolley

βόλεϊ, βόλεϋ
voleyball

καΐκι
fishing boat

3. Underline the words with diairesis in the following text and read them out loud. – Υπογράμμισε τις λέξεις με διαλυτικά στο ακόλουθο κείμενο και διάβασέ τες δυνατά.

Η Όλγα έχει τρία παιδιά: τον Αιμίλιο, τον Τάσο και τον Μάριο. Και τα τρία είναι
All three are

σαΐνια. Ο Τάσος έχει γενέθλια στις 8 Μαΐου. Ο Μάριος έχει επίσης γενέθλια τον
very smart   *birthday*   *also*

Μάιο αλλά στις 15 του μηνός. Ο Αιμίλιος έχει μια γάτα, τη Λουίζα. Την αγαπάει
     of the month   *cat*

πολύ, τη χαϊδεύει και την ταΐζει κάθε μέρα. Τώρα είναι μεσημέρι και κάθονται
   he pets her   *he feeds her*   *every day*   *noon*   *they are sitting*

όλοι στο τραπέζι για φαΐ. Η μαμά ετοίμασε παϊδάκια, πατάτες τηγανιτές και
    table   *ribs*   *french fries*

ντοματοσαλάτα με μαϊντανό. Ο Μάριος της λέει: «Μαμά, σήμερα το φαγητό είναι
tomato salad   *parsley*   *today*   *food (φαΐ)*

θεϊκό! Λατρεύω τα παϊδάκια!». Το βράδυ θα έρθει επίσκεψη η θεία Μαρία για
divine   *I adore*   *evening*   *visit*

τσάι. Θέλει πολύ να δει τα παϊδάκια!
tea   *little kids*

ANSWERS TO THE EXERCISES
ΛΥΣΕΙΣ ΤΩΝ ΑΣΚΗΣΕΩΝ

1. - Γεια σου, Ιωάννα!
   - Τι κάνεις, Μαρία;
   - Μια χαρά. Εσύ;
   - Κι εγώ.
   - Τι νέα;
   - Παντρεύομαι!
   - Αλήθεια; Συγχαρητήρια!

3. σαΐνια
   Μαΐου
   χαϊδεύει
   ταΐζει
   φαΐ
   παϊδάκια
   μαϊντανό
   θεϊκό
   παϊδάκια

PERSONAL PRONOUNS
ΠΡΟΣΩΠΙΚΕΣ ΑΝΤΩΝΥΜΙΕΣ

εγώ	*(I)*
εσύ	*(you)*
αυτός, αυτή, αυτό	*(he, she, it)*
εμείς	*(we)*
εσείς	*(you -plural/formal)*
αυτοί, αυτές, αυτά	*(they masc., fem., neut.)*

VERBS είμαι (to be) AND έχω (to have)

(εγώ)	**είμαι**	**έχω**
(εσύ)	**είσαι**	**έχεις**
(αυτός, -ή, -ό)	**είναι**	**έχει**
(εμείς)	**είμαστε**	**έχουμε**
(εσείς)	**είστε**	**έχετε**
(αυτοί, -ές, -ά)	**είναι**	**έχουν(ε)**

Examples – Παραδείγματα

είμαι	**έχω**

Εγώ **είμαι** η Μαρία. / **Είμαι** η Μαρία.   Εγώ **έχω** κέφι. / **Έχω** κέφι.
good cheer, joy

Εσύ **είσαι** ο Κώστας.   Εσύ **έχεις** δύο βιβλία.
books

Αυτός **είναι** ο φίλος μου.   Αυτός **έχει** ένα παιδί.
friend (masc.)   *child*

Αυτή **είναι** η Νίκη.   Αυτή η λέξη **έχει** πέντε γράμματα.
five   letters

Αυτό **είναι** το βιβλίο μου.   Αυτό το παιδί **έχει** ένα ποδήλατο.
bicycle

Εμείς **είμαστε** ο Μάρκος και η Τίνα.   Εμείς **έχουμε** χρόνο.
we have   time

Εσείς **είστε** φίλοι.   Εσείς δεν **έχετε** τηλεόραση.
television

Αυτοί **είναι** ο Αλέξης και η Μίνα.   Αυτοί δεν **έχουν** αυτοκίνητο.
car

Αυτές **είναι** η Έλενα και η Ματίνα.   Αυτές δεν **έχουν** όρεξη.
appetite, mood

Αυτά **είναι** τα παιδιά μου.   Αυτά τα παιδιά **έχουν** μολύβια.
children   *pencils*

Examples with questions– Παραδείγματα με ερωτήσεις

Πώς **είσαι**, Ελένη;

Πώς **είστε**, κύριε Γιώργο; *(polite form)*

- **Έχετε** ποδήλατο;
- Όχι, δεν **έχουμε**.
- **Έχετε** αυτοκίνητο;
- Όχι, εμείς δεν **έχουμε** αλλά η Βίκυ **έχει**.

- **Έχεις** τηλέφωνο;
- Ναι, **έχω**. **Είναι** 2310 541 411.

EXERCISES
ΑΣΚΗΣΕΙΣ

1. Write the verb *είμαι* in the correct person. – Γράψε το ρήμα *είμαι* στο σωστό πρόσωπο.

1. εσύ _____
2. αυτές _____
3. ο Γιώργος _____
4. εμείς _____
5. η Ελένη κι εγώ _____
6. η Άννα και ο Αλέξης _____
7. εσύ και η Μαίρη _____
8. αυτοί _____
9. ο κύριος Παπαδάκης _____
   mister
10. η κυρία Παπαδοπούλου _____
    Mrs.
11. εσείς κι εμείς _____
12. εγώ _____
13. αυτά _____
14. αυτό _____

2. Complete the sentences with the verb *είμαι* in the correct person. – Συμπλήρωσε τις προτάσεις με το ρήμα είμαι στο σωστό πρόσωπο.

1. Σήμερα _____ Δευτέρα.
   Today   *Monday*
2. Αυτός _____ ο Κώστας.
3. Εμείς _____ καλά.

4. Εσείς _____ φίλοι μου.

5. Μαρία, πού _____;

6. Ο Γιώργος και ο Νίκος _____ αδέλφια.

                 siblings

7. Το βιβλίο _____ βαρύ.

    book   *heavy*

8. Εμείς _____ Έλληνες.

           Greek, Greeks

9. Πού _____ το σπίτι σου;

10. Τα παπούτσια _____ μαύρα.

   shoes   *black*

11. Ο Χούλιο _____ από την Ισπανία.

            from the Spain   (we actually say "from the Spain")

12. Η Μαρτίν και ο Ζακ _____ από τη Γαλλία.

                France

13. – Γιώργο, πώς _____;

  – _____ πολύ καλά, ευχαριστώ.

14. Ο Νίκος κι εγώ _____ από την Κύπρο.

              Cyprus

3. Let's practice personal pronouns. Use the personal pronoun that agrees with each verb. – Ας εξασκήσουμε τις προσωπικές αντωνυμίες. Χρησιμοποίησε την προσωπική αντωνυμία που ταιριάζει σε κάθε ρήμα.

1. _____ είμαι από την Αίγυπτο. _____ από πού είσαι;

       Egypt

2. _____ είναι η μαμά μου και _____ είναι ο μπαμπάς μου.

3. _____ είναι οι αδελφές μου.

       sisters

4. _____ είναι τα παιδιά της Μαρίας.

5. _____ δεν είμαστε φίλοι.

6. _____ είναι ο σκύλος μου.

       dog

7. _____ έχετε αυτοκίνητο;
8. _____ δεν έχω αυτοκίνητο αλλά έχω ποδήλατο.
9. _____ τα βιβλία είναι του Νίκου.
10. _____ είναι μπάλες ποδοσφαίρου.
    balls   of soccer

4. **Fill in the blanks with the words in the box. – Συμπλήρωσε τα κενά με τις λέξεις στο πλαίσιο.**

> *αυτός – είσαι – είμαι – τα σπίτια – είστε – τα παιδιά – είναι – αυτή – είμαστε – είναι – εμείς – αυτές*

1. Εγώ _____ από την Κρήτη.
   Crete
2. Η Ναταλία _____ από την Αθήνα.
3. _____ είμαστε ξαδέλφια.
   cousins
4. Εσύ κι εγώ _____ φίλοι.
5. Πού _____ Ελένη;
6. _____ είναι η μαμά μου.
7. _____ είναι ο κύριος Αντωνίου.
8. _____ είναι η Μαρία και η Όλγα.
9. _____ είναι άσπρα.
   white
10. Το βιβλίο _____ πράσινο.
    green
11. Πώς _____, κυρία Κατερίνα;
12. _____ είναι μικρά.
    small

5. Write the verb *έχω* in the correct person. – Γράψε το ρήμα *έχω* στο σωστό πρόσωπο.

1. εσύ _____
2. εμείς _____
3. εσύ κι εγώ _____
4. η Ελένη _____
5. αυτός _____
6. ο κύριος Γιώργος _____
7. τα παιδιά _____
8. εσείς _____
9. εγώ _____
10. οι φίλοι μου _____

6. Complete the sentences with the verb *έχω* in the right person. – Συμπλήρωσε τις προτάσεις με το ρήμα *έχω* στο σωστό πρόσωπο.

1. Η Μαρία _____ δύο παιδιά
2. Εγώ δεν _____ μεγάλο σπίτι.
3. _____ σκύλο, κυρία Νίκη;
4. Εσύ _____ κόκκινο ποδήλατο ενώ εγώ _____ πράσινο.
                     red   *green*
5. Η Ελλάδα _____ πολλά νησιά.
                         many islands
6. Η Ελένη και ο Κώστας _____ γενέθλια τον Απρίλιο.
7. – Γιάννη, _____ αυτοκίνητο;
   – Όχι, δεν _____ .
8. Εμείς _____ πολλά βιβλία.
9. Το σχολείο δεν _____ μεγάλη αυλή.
10. Το σπίτι _____ μπλε πόρτα.

7. Use the verb *έχω* or *είμαι* in the following sentences, in the right person. – Χρησιμοποίησε το ρήμα *έχω* ή το ρήμα *είμαι* στις ακόλουθες προτάσεις, στο σωστό πρόσωπο.

1. Η Αναστασία _____ από την Κέρκυρα.

                                             Corfu

2. Η Ματίνα _____ δύο παιδιά.

3. Εγώ και η Έφη _____ από την Καλαμάτα.

4. Εγώ _____ από την Ελλάδα. Εσύ, από πού _____;

5. Το τρακτέρ _____ πράσινο.

  tractor   *green*

6. Η Ελένη _____ μαύρα μαλλιά.

                            black   hair

7. Η μέρα _____ ηλιόλουστη.

                              sunny

8. Το σπίτι _____ μεγάλο κήπο.

                       big   yard, garden

9. Τα αεροπλάνα _____ φτερά.

 airplanes   *wings*

10. Το καράβι _____ πανιά.

 ship   *sails*

11. Η θάλασσα _____ πολύ ζεστή σήμερα.

 sea   *warm   today*

12. Η Ελλάδα _____ πολλές λίμνες.

                       many   lakes

13. Σήμερα, εμείς δεν _____ σχολείο. Εσείς _____;

                                  school

14. Ο Απόστολος _____ πολύ κουρασμένος.

                                  tired

15. Οι Βρυξέλλες _____ στο Βέλγιο.

 Brussels   *Belgium*

16. Η Μύκονος και η Σαντορίνη _____ στην Ελλάδα.

17. Η Μύκονος _____ πάντα πολλούς τουρίστες.

                    always   many   tourists

ANSWERS TO THE EXERCISES
ΛΥΣΕΙΣ ΤΩΝ ΑΣΚΗΣΕΩΝ

1. 1. είσαι, 2. είναι, 3. είναι, 4. είμαστε, 5. είμαστε, 6. είναι, 7. είστε, 8. είναι, 9. είναι, 10. είναι, 11. είμαστε, 12. είμαι, 13. είναι, 14. είναι

2. 1. είναι, 2. είναι, 3. είμαστε, 4. είστε, 5. είσαι, 6. είναι, 7. είναι, 8. είμαστε, 9. είναι, 10. είναι, 11. είναι, 12. είναι, 13. είσαι, Είμαι, 14. είμαστε

3. 1. Εγώ, Εσύ, 2. Αυτή, αυτός, 3. Αυτές, 4. Αυτά, 5. Εμείς, 6. Αυτός, 7. Εσείς, 8. Εγώ, 9. Αυτά, 10. Αυτές

4. 1. είμαι, 2. είναι, 3. Εμείς, 4. είμαστε, 5. είσαι, 6. Αυτή, 7. Αυτός, 8. Αυτές, 9. Τα σπίτια, 10. είναι, 11. είστε, 12. Τα παιδιά

5. 1. έχεις, 2. έχουμε, 3. έχουμε, 4. έχει, 5. έχει, 6. έχει, 7. έχουν, 8. έχετε, 9. έχω, 10. έχουν

6. 1. έχει, 2. έχω, 3. Έχετε, 4. έχεις, έχω, 5. έχει, 6. έχουν, 7. έχεις, έχω, 8. έχουμε, 9. έχει, 10. έχει

7. 1. είναι, 2. έχει, 3. είμαστε, 4. είμαι, είσαι, 5. είναι, 6. έχει, 7. είναι, 8. έχει, 9. έχουν, 10. έχει, 11. είναι, 12. έχει, 13. έχουμε, έχετε, 14. είναι, 15. είναι, 16. είναι, 17. έχει

NUMBERS
ΟΙ ΑΡΙΘΜΟΙ / ΤΑ ΝΟΥΜΕΡΑ

CARDINAL NUMBERS
ΑΠΟΛΥΤΑ ΑΡΙΘΜΗΤΙΚΑ

0 μηδέν	10 δέκα	20 είκοσι
1 ένα	11 έντεκα / ένδεκα	21 είκοσι ένα
2 δύο	12 δώδεκα	22 είκοσι δύο
3 τρία	13 δεκατρία	23 είκοσι τρία
4 τέσσερα	14 δεκατέσσερα	24 είκοσι τέσσερα
5 πέντε	15 δεκαπέντε	25 είκοσι πέντε
6 έξι	16 δεκαέξι / δεκάξι	...
7 εφτά / επτά	17 δεκαεφτά / δεκαεπτά	
8 οχτώ / οκτώ	18 δεκαοχτώ / δεκαοκτώ	
9 εννέα / εννιά	19 δεκαεννέα / δεκαεννιά	

30 τριάντα	31 τριάντα ένα	200 διακόσια / διακόσα
40 σαράντα	42 σαράντα δύο	300 τριακόσια / τριακόσα
50 πενήντα	53 πενήντα τρία	400 τετρακόσια / τετρακόσα
60 εξήντα	64 εξήντα τέσσερα	500 πεντακόσια / πεντακόσα
70 εβδομήντα	75 εβδομήντα πέντε	600 εξακόσια / εξακόσα
80 ογδόντα	86 ογδόντα έξι	700 εφτακόσια / εφτακόσα
90 ενενήντα	97 ενενήντα εφτά	800 οχτακόσια / οχτακόσα
100 εκατό	102 εκατόν δύο	900 εννιακόσια / εννιακόσα

1.000 χίλια
2.000 δύο χιλιάδες
3.000 τρεις χιλιάδες
1.000.000 ένα εκατομμύριο
2.000.000 δύο εκατομμύρια

> Note: use point (not comma) in Greek to denote thousands

- Numbers from 13 to 19 are written as one word (e.g. δεκατρία, δεκαπέντε). From 21 onward they are written as separate words (e.g. είκοσι ένα, ογδόντα τέσσερα).

- Numbers 1, 3, and 4 have three genders and are conjugated: "ένα" only in the singular (because it's just one!), and "τρία" and "τέσσερα" in the plural.

	masc.	*fem.*	*neut.*
Nom.	ένας	μία / μια	ένα
Gen.	ενός	μίας / μιας	ενός
Accus.	ένα(ν)	μία / μια	ένα

	masc.	*fem.*	*neut.*
Nom.	τρεις	τρεις	τρία
Gen.	τριών	τριών	τριών
Accus.	τρεις	τρεις	τρία

	masc.	*fem.*	*neut.*
Nom.	τέσσερις	τέσσερις	τέσσερα
Gen.	τεσσάρων	τεσσάρων	τεσσάρων
Accus.	τέσσερις	τέσσερις	τέσσερα

- The number 2 (δύο) and the numbers from 5 (πέντε) to 100 (εκατό) have one gender and are not conjugated.

Examples – Παραδείγματα

Ο Μάρτιος έχει **τριάντα μία** ημέρες, ενώ ο Απρίλιος έχει **τριάντα**.
March has thirty-one days, whereas April has thirty.

Το σπίτι έχει **μία** κουζίνα, **δύο** τουαλέτες, **τρεις** κρεβατοκάμαρες και **τέσσερις** πόρτες.
The house has one kitchen, two bathrooms, three bedrooms and four doors.

Ο γιος μου είναι **τριών** ετών, η κόρη μου είναι **τεσσάρων** ετών και εγώ είμαι **τριάντα έξι** ετών.
My son is three years old, my daughter is four years old and I am thirty-six years old. (note the genitive case)

(In the last example, we don't have to repeat *ετών*, we can simply say: *Ο γιος μου είναι τριών ετών, η κόρη μου είναι τεσσάρων και εγώ είμαι τριάντα έξι.*

In fact, we don't even have to repeat the verb *είμαι/είναι*, we can simply say: *Ο γιος μου είναι τριών ετών, η κόρη μου τεσσάρων και εγώ τριάντα έξι.*)

EXERCISES
ΑΣΚΗΣΕΙΣ

1. Write the numbers using numeric digits. – **Γράψε τους αριθμούς με αριθμητικά ψηφία.**

1. τρία _____
2. σαράντα _____
3. δεκαπέντε _____
4. τέσσερα _____
5. ένα _____
6. έντεκα _____
7. χίλια _____
8. τρεις _____
9. πεντακόσια τρία _____
10. δύο χιλιάδες είκοσι τρία _____
11. τριάντα τρία _____
12. εκατόν δώδεκα _____
13. τέσσερις _____
14. πενήντα τρεις _____
15. ογδόντα ένα _____
16. εξήντα μία _____
17. τετρακόσια τρία _____
18. εκατόν δέκα οχτώ _____
19. εβδομήντα εφτά _____
20. χίλια είκοσι _____

2. Fill in the blanks with the appropriate number (numeric digit). –
Συμπλήρωσε τα κενά με τον κατάλληλο αριθμό (αριθμητικό ψηφίο).

1. Το δωμάτιο έχει _____ (τρία) παράθυρα και _____ (μία) πόρτα.
                                         windows   door

2. Ο κήπος έχει ___ (δεκαπέντε) δέντρα και περίπου ___ (είκοσι) θάμνους.
                             trees   approximately   bushes

3. Το βιβλίο έχει _____ (εκατόν σαράντα εφτά) σελίδες.
                                                              pages

4. Το τετράδιο έχει _____ (πενήντα) φύλλα.
      notebook   sheets

5. Το αυτοκίνητο έχει _____ (τέσσερις) ρόδες.
                                          wheels

6. Η κιθάρα έχει _____ (έξι) χορδές.
      guitar   strings

7. Ο Γιώργος έχει _____ (τέσσερις) μπάλες: _____ (μία) μπάλα ποδοσφαίρου,
   _____ (δύο) μπάλες του μπάσκετ και _____ (μία) μπάλα του βόλεϊ.
   Επίσης έχει _____ (πέντε) μπαλάκια του τένις.
      Also   little balls   tennis

8. Το πιάνο έχει _____ (ογδόντα οχτώ) πλήκτρα: _____ (πενήντα δύο)
                                                 piano keys
   λευκά και _____ (τριάντα έξι) μαύρα.
      white (άσπρα)

9. Το ρολόι μου έχει _____ (τρεις) δείκτες: _____ (έναν) για τις ώρες,
      watch, clock   pointers, hands of a clock   hours
   _____ (έναν) για τα λεπτά και _____ (έναν) για τα δευτερόλεπτα.
                  minutes   seconds

10. Οι μήνες έχουν _____ (τριάντα) ή _____ (τριάντα μία) ημέρες, εκτός από
    months   *days*
    τον Φεβρουάριο, που έχει _____ (είκοσι οχτώ) ή _____ (είκοσι εννιά).
    February

11. Η γιαγιά μου γεννήθηκε το _____ (χίλια εννιακόσια τριάντα έξι).
    grandmother was born

12. Ο γιος μου γεννήθηκε το _____ (δύο χιλιάδες τέσσερα).
    son

13. «Σου το 'πα _____ (μια) και _____ (δυο) και _____ (τρεις)
    I told you once, twice... (the noun "φορές" (times) is implied, μία φορά, δύο φορές, τρεις φορές...)
    κι _____ (εφτά) κι _____ (οχτώ) και _____ (δέκα),

    αν μ' αρνηθείς δεν θέλω πια να ξαναδώ γυναίκα»,

    τραγουδούσε ο Γιάννης Βογιατζής. (Τίτλος τραγουδιού: «Σου το 'πα μια και δυο και τρεις».)

3. Write out the numbers in the following sentences. – Γράψε τα νούμερα ολογράφως στις ακόλουθες προτάσεις.

1. Η Κατερίνα έχει _____ (4) παιδιά: _____ (1) αγόρι και _____ (3) κορίτσια.
                                                                                              boy   girls

2. Η εβδομάδα έχει _____ (7) ημέρες.
      week

3. Η ώρα έχει _____ (60) λεπτά και _____ (3.600) δευτερόλεπτα.
     hour   minutes
     seconds

4. Ο Φεβρουάριος συνήθως έχει _____ (28) μέρες αλλά φέτος έχει _____(29).
                        usually   days   but   this year

5. Στην κουζίνα υπάρχει _____ (1) τραπέζι και _____ (4) καρέκλες.
       kitchen   table   chairs

6. Το βιβλίο μου έχει _____ (71) σελίδες. Στο εξώφυλλο υπάρχει _____ (1) πολύ όμορφη εικόνα.
                                                                                         cover page   there is
                                   beautiful   picture

7. Το τρίκυκλο έχει _____ (3) ρόδες ενώ το ποδήλατο έχει _____ (2).
      tricycle   bicycle

8. Το παντελόνι μου έχει _____ (4) τσέπες: _____(2) μπροστά και _____ (2) πίσω.
       pants   pockets   on the front
                     on the back

9. Υπάρχουν _____ (12) μολύβια στην κασετίνα.
     There are   pencils   pencil case

10. Ο χρόνος έχει _____ (4) εποχές.
      year   seasons

11. Η καρέκλα έχει _____ (4) πόδια.
      chair   legs

12. Η τράπουλα έχει _____ (52) κάρτες.
      deck of cards   cards

ANSWERS TO THE EXERCISES
ΛΥΣΕΙΣ ΤΩΝ ΑΣΚΗΣΕΩΝ

1. 3, 40, 15, 4, 1, 11, 1.000, 3, 503, 2.023, 33, 112, 4, 53, 81, 61, 403, 118, 77, 1.020

2.
   1. 3, 1
   2. 15, 20
   3. 147
   4. 50
   5. 4
   6. 6
   7. 4, 1, 2, 1, 5
   8. 88, 52, 36
   9. 3, 1, 1, 1
   10. 30, 31, 28, 29
   11. 1936
   12. 2004
   13. 1, 2, 3, 7, 8, 10

3.
   1. τέσσερα, ένα, ένα
   2. εφτά / επτά
   3. εξήντα, τρεις χιλιάδες εξακόσια
   4. είκοσι οχτώ / είκοσι οκτώ, είκοσι εννιά / είκοσι εννέα
   5. ένα, έξι
   6. εβδομήντα μία, μία / μια
   7. τρεις, δύο
   8. τέσσερις, δύο, δύο
   9. δώδεκα
   10. τέσσερις
   11. τέσσερα
   12. πενήντα δύο

ORDINAL NUMBERS
ΤΑΚΤΙΚΑ ΑΡΙΘΜΗΤΙΚΑ

1ος	πρώτος	30ος	τριακοστός
2ος	δεύτερος	40ος	τεσσαρακοστός
3ος	τρίτος	50ος	πεντηκοστός
4ος	τέταρτος	60ος	εξηκοστός
5ος	πέμπτος	70ος	εβδομηκοστός
6ος	έκτος	80ος	ογδοηκοστός
7ος	έβδομος	90ος	ενενηκοστός
8ος	όγδοος	100ος	εκατοστός
9ος	ένατος	101ος	εκατοστός πρώτος
10ος	δέκατος	200ος	διακοσιοστός
11ος	ενδέκατος	300ος	τριακοσιοστός
12ος	δωδέκατος	400ος	τετρακοσιοστός
13ος	δέκατος τρίτος	500ος	πεντακοσιοστός
14ος	δέκατος τέταρτος	600ος	εξακοσιοστός
15ος	δέκατος πέμπτος	700ος	εφτακοσιοστός
16ος	δέκατος έκτος	800ος	οχτακοσιοστός
17ος	δέκατος έβδομος	900ος	εννιακοσιοστός
18ος	δέκατος όγδοος	1.000ος	χιλιοστός
19ος	δέκατος ένατος	2.000ος	δισχιλιοστός
20ος	εικοστός	1.000.000ος	εκατομμυριοστός
21ος	εικοστός πρώτος		
22ος	εικοστός δεύτερος		

Examples – Παραδείγματα

Ο Φεβρουάριος είναι ο δεύτερος μήνας του χρόνου.
February is the second month of the year.

Η Μαρία μένει στον έβδομο όροφο.
Maria lives on the seventh floor.

Σήμερα είναι η πρώτη μου μέρα στη δουλειά.
Today is my first day at work.

Το πρώτο μου αυτοκίνητο ήταν κόκκινο.
My first car was red.

Αύριο είναι τα ογδοηκοστά γενέθλια της γιαγιάς.
Tomorrow is grandma's eightieth birthday.

EXERCISES
ΑΣΚΗΣΕΙΣ

1. Write the ordinal number in each sentence. – Γράψε το τακτικό αριθμητικό σε κάθε πρόταση.

1. Ο Ιανουάριος είναι ο _____ (πρώτος) μήνας του χρόνου.
   January

2. Το γραφείο μου είναι στον _____ (πέμπτο) όροφο.
   floor (of a building)

3. Το _____ (τρίτο) μου παιδί είναι δέκα ετών.
   years old

4. Σήμερα είναι η _____ (δέκατη τέταρτη) μέρα του μήνα.

5. Η γιορτή της μητέρας είναι τη _____ (δεύτερη) Κυριακή του Μάη.
   Mother's day   *Sunday of May
                                 also Μαΐου*

6. Η Ιωάννα ήταν η _____ (πρώτη) μου αγάπη.
   love

7. Αυτό είναι το _____ (εικοστό τρίτο) βιβλίο του συγγραφέα.
   author, writer

8. Βρίσκομαι στην _____ (εκατοστή πέμπτη) σελίδα του βιβλίου.
   I am (located)

9. Αυτό είναι το _____ (πέμπτο) μου ταξίδι στην Αργεντινή.
   trip   Argentina

10. Ο Δεκέμβριος είναι ο _____ (δωδέκατος) μήνας του χρόνου.
    December

2. Write out the ordinal numbers in the following sentences. – Γράψε ολογράφως τα τακτικά αριθμητικά στις παρακάτω προτάσεις.

1. Μένουμε στον _____ (6º) όροφο.

2. Ο Απρίλιος είναι ο _____ (4ος) μήνας του χρόνου.

3. Το _____ (1º) μου σπίτι ήταν στην Αθήνα και το _____ (2º) ήταν στην Πάτρα.

4. Το Σάββατο είναι η _____ (7η) μέρα της εβδομάδας.

5. Αυτή είναι η _____ (1η) μου επίσκεψη στην Ιταλία.
   visit   Italy

6. Την _____ (25η) Μαρτίου γιορτάζουμε την Ελληνική
   we celebrate
   επανάσταση του 1821.
   revolution

7. Αυτό είναι το _____ (4º) παγωτό που τρως σήμερα. Φτάνει!
   ice cream   you eat   Enough

8. Όχι, δεν είναι το _____ (4º) παγωτό, είναι το _____ (5º).

9. Ο Κώστας και η Αλεξάνδρα είναι _____ (1α) ξαδέλφια.
   cousins

10. Η _____ (1η) μέρα του χρόνου λέγεται Πρωτοχρονιά.

11. Ο Οκτώβριος είναι ο _____ (10ος) μήνας του χρόνου.

12. Η Μαρίνα θα γιορτάσει τα _____ (21α) της γενέθλια με τους
    will celebrate
    φίλους της.

ANSWERS TO THE EXERCISES
ΛΥΣΕΙΣ ΤΩΝ ΑΣΚΗΣΕΩΝ

1.
    1. 1ος
    2. 5ο
    3. 3ο
    4. 14η
    5. 2η
    6. 1η
    7. 23ο
    8. 105η
    9. 5ο
    10. 12ος

2.
    1. έκτο
    2. τέταρτος
    3. πρώτο, δεύτερο
    4. έβδομη
    5. πρώτη
    6. εικοστή πέμπτη
    7. τέταρτο
    8. τέταρτο, πέμπτο
    9. πρώτα
    10. πρώτη
    11. δέκατος
    12. εικοστά πρώτα

ARTICLES
ΑΡΘΡΑ

definite – οριστικό (*the*)			indefinite – αόριστο (*a*)	
	singular	*plural*		*singular*
masc	**ο**	**οι**	*masc*	**ένας**
fem	**η**	**οι**	*fem*	**μία**
neut	**το**	**τα**	*neut*	**ένα**

ο άνδρας	οι άνδρες	ένας άνδρας	άνδρες
η γυναίκα	οι γυναίκες	μία γυναίκα	γυναίκες
το παιδί	τα παιδιά	ένα παιδί	παιδιά

Examples – Παραδείγματα

Τρώω το μήλο. *(I am eating the apple, a specific apple)*

Τρώω τα μήλα. *(I am eating the apples, these apples)*

Τρώω ένα μήλο. *(I am eating an apple)*

Τρώω μήλα. *(I eat apples in general / I am eating apples)*

EXERCISES
ΑΣΚΗΣΕΙΣ

1. Put the articles in the plural. – Βάλε τα άρθρα στον πληθυντικό.

1. το παιδί → _____ παιδιά
   child

2. ο καιρός → _____ καιροί
   time (also weather)

3. η μέρα → _____ μέρες
   also η ημέρα

4. το βιβλίο → _____ βιβλία
   book

5. το νερό → _____ νερά
   water

6. ο άνθρωπος → _____ άνθρωποι
   person, human

7. το νησί → _____ νησιά
   island

8. η μπλούζα → _____ μπλούζες
   shirt, blouse

9. η νύχτα → _____ νύχτες
   night

10. ο κήπος → _____ κήποι
    garden, yard

11. ο χάρτης → _____ χάρτες
    map

12. η δασκάλα → _____ δασκάλες
    teacher (fem.)

13. το σχολείο → _____ σχολεία
    school

14. ο πλανήτης → _____ πλανήτες
    planet

2. Put the articles in the singular. – Βάλε τα άρθρα στον ενικό.

1. τα χαρτιά → _____ χαρτί
   paper

2. τα ποντίκια → _____ ποντίκι
   mouse

3. οι χαρές → _____ χαρά
   joy

4. οι μήνες → _____ μήνας
   month

5. οι εβδομάδες → _____ εβδομάδα
   week

6. τα δάχτυλα → _____ δάχτυλο
   finger

7. τα χέρια → _____ χέρι
   hand

8. οι δρόμοι → _____ δρόμος
   street, road

9. τα δρομάκια → _____ δρομάκι
   alley, backstreet, small road

10. οι ώρες → _____ ώρα
    time, hour

11. τα ρολόγια → _____ ρολόι
    watch, clock

12. οι μπάλες → _____ μπάλα
    ball

13. τα μπαλόνια → _____ μπαλόνι
    balloon

14. τα θέατρα → _____ θέατρο
    theater

15. οι μελωδίες → _____ μελωδία
    melody

16. τα τραγούδια → _____ τραγούδι
    song

3. Put the right <u>indefinite</u> article next to each noun in the <u>singular</u>. (The definite article is given in parenthesis to help you determine the gender.) – Βάλε το σωστό <u>αόριστο</u> άρθρο δίπλα σε κάθε ουσιαστικό στον <u>ενικό</u>. (Το οριστικό άρθρο δίνεται σε παρένθεση για να σε βοηθήσει να προσδιορίσεις το γένος.)

1. __ένας__ χρόνος (ο)

2. _____ άνθρωπος (ο)

3. _____ φούρνος (ο)
   oven, bakery

4. _____ μύγα (η)
   fly

5. _____ κουνούπι (το)
   mosquito

6. _____ ποτήρι (το)
   drinking cup, drinking glass

7. _____ τραπέζι (το)
   table

8. _____ σαύρα (η)
   lizard

9. _____ πιάνο (το)
   piano

10. _____ κιθάρα (η)
    guitar

11. _____ μπουζούκι (το)
    bouzouki

12. _____ βιβλιοθήκη (η)
    bookcase, library

13. _____ μαθητής (ο)
    school student (not university level)

14. _____ σχολείο (το)
    school

4. Put the right <u>indefinite</u> article next to each noun. Some nouns are in the plural (which means no indefinite article!) – Βάλε το σωστό <u>αόριστο</u> άρθρο δίπλα σε κάθε ουσιαστικό. Μερικά ουσιαστικά είναι στον πληθυντικό (που σημαίνει ότι δεν παίρνουν αόριστο άρθρο!).

1. _____ κουτί (το)
   box

2. _____ πλανήτης (ο)

3. _____ παιδιά (τα)

4. _____ λίμνη (η)
   lake

5. _____ ποταμός (ο)
   river, also το ποτάμι

6. _____ μουσείο (το)
   museum

7. _____ μουσική νότα (η)
   musical note

8. _____ κουμπιά (τα)
   buttons

9. _____ φίλη (η)
   friend (female)

10. _____ τηλέφωνο (το)
    telephone

11. _____ οικογένεια (η)
    family

12. _____ χώρα (η)
    country

13. _____ πέτρες (οι) *(fem.)*
    rocks, stones

14. _____ δελφίνια (τα)
    dolphins

15. _____ καρχαρίες (οι) *(masc.)*
    sharks

ANSWERS TO THE EXERCISES
ΛΥΣΕΙΣ ΤΩΝ ΑΣΚΗΣΕΩΝ

1. 1. τα παιδιά, 2. οι καιροί, 3. οι μέρες, 4. τα βιβλία, 5. τα νερά, 6. οι άνθρωποι, 7. τα νησιά, 8. οι μπλούζες, 9. οι νύχτες, 10. οι κήποι, 11. οι χάρτες, 12. οι δασκάλες, 13. τα σχολεία, 14. οι πλανήτες

2. 1. το χαρτί, 2. το ποντίκι, 3. η χαρά, 4. ο μήνας, 5. η εβδομάδα, 6. το δάχτυλο, 7. το χέρι, 8. ο δρόμος, 9. το δρομάκι, 10. η ώρα, 11. το ρολόι, 12. η μπάλα, 13. το μπαλόνι, 14. το θέατρο, 15. η μελωδία, 16. το τραγούδι

3. 1. ένας χρόνος, 2. ένας άνθρωπος, 3. ένας φούρνος, 4. μία/μια μύγα, 5. ένα κουνούπι, 6. ένα ποτήρι, 7. ένα τραπέζι, 8. μία/μια σαύρα, 9. ένα πιάνο, 10. μία/μια κιθάρα, 11. ένα μπουζούκι, 12. μία/μια βιβλιοθήκη, 13. ένας μαθητής, 14. ένα σχολείο

4. 1. ένα κουτί, 2. ένας πλανήτης, 3. παιδιά, 4. μια/μία λίμνη, 5. ένας ποταμός, 6. ένα μουσείο, 7. μια/μία μουσική νότα, 8. κουμπιά, 9. μια/μία φίλη, 10. ένα τηλέφωνο, 11. μια/μία οικογένεια, 12. μια/μία χώρα, 13. πέτρες, 14. δελφίνια, 15. καρχαρίες

COMMON NOUN ENDINGS: SINGULAR-PLURAL
ΣΥΝΗΘΙΣΜΕΝΕΣ ΚΑΤΑΛΗΞΕΙΣ ΟΥΣΙΑΣΤΙΚΩΝ: ΕΝΙΚΟΣ-ΠΛΗΘΥΝΤΙΚΟΣ

	singular	*plural*	*examples*
masc.	**-ος**	**-οι**	ο δρόμος → οι δρόμοι
article: ο → οι	**-ης**	**-ες**	ο κλέφτης → οι κλέφτες
	-ας	**-ες**	ο μήνας → οι μήνες
fem.	**-α**	**-ες**	η πόρτα → οι πόρτες
article: η → οι	**-η**	**-ες**	η νίκη → οι νίκες
	-η	**-εις**	η πόλη → οι πόλεις
	-ος	**-οι**	η έξοδος → οι έξοδοι
neut.	**-ο**	**-α**	το τρένο → τα τρένα
article: το → τα	**-ι**	**-ια**	το πόδι → τα πόδια
	-μα	**-ματα**	το κέρμα → τα κέρματα
	-ος	**-η**	το μέρος → τα μέρη

There are a few more noun endings (a little less common), which we'll see shortly in a different chapter, when we look at noun inflection.

EXERCISES
ΑΣΚΗΣΕΙΣ

1. Put the following <u>masculine</u> nouns with their article in the plural. – Βάλε τα παρακάτω <u>αρσενικά</u> ουσιαστικά με το άρθρο τους στον πληθυντικό.

1. ο τόπος   οι τόποι
   place
2. ο άνεμος   _____
   wind
3. ο μήνας   _____
   month
4. ο πόνος   _____
   pain
5. ο χάρτης   _____
   map
6. ο ψεύτης   _____
   liar
7. ο ξένος   _____
   foreigner
8. ο Έλληνας   _____
   Greek (noun)
9. ο Άγγλος   _____
   Englishman
10. ο εργάτης   _____
    worker
11. ο τουρίστας   _____
    tourist
12. ο καπετάνιος   _____
    captain
13. ο ναύτης   _____
    sailor
14. ο καθηγητής   _____
    professor
15. ο ώμος   _____
    shoulder

16. ο αγκώνας _____
    elbow

17. ο διευθυντής _____
    director

18. ο κάτοικος _____
    resident, inhabitant

19. ο οδηγός _____
    driver

20. ο γείτονας _____
    neighbor

2. Put the following <u>feminine</u> nouns with their article in the plural. – Βάλε τα παρακάτω <u>θηλυκά</u> ουσιαστικά με το άρθρο τους στον πληθυντικό.

1. η εβδομάδα   οι εβδομάδες
   week

2. η τιμή   _____
   price, honor

3. η μέρα   _____

4. η κίνηση   _____
   motion, movement   (hint: ends in -εις)

5. η γάτα   _____
   cat

6. η παράγραφος   _____
   paragraph

7. η αδελφή   _____
   sister

8. η πάπια   _____
   duck

9. η μέθοδος   _____
   method

10. η κυβέρνηση   _____
    government

11. η άνοδος _____
    ascent

12. η διάλεκτος _____
    dialect

13. η τέχνη _____
    art

14. η ιστορία _____
    story, history

15. η άποψη _____
    view, opinion (hint: ends in -εις)

16. η ένωση _____
    union (hint: ends in -εις)

17. η φωνή _____
    voice

18. η αγελάδα _____
    cow

19. η περίοδος _____
    period

20. η χερσόνησος _____
    peninsula

21. η θέση _____
    position (hint: ends in -εις)

22. η παράδοση _____
    tradition (hint: ends in -εις)

3. Put the following <u>neuter</u> nouns with their article in the plural. – Βάλε τα παρακάτω <u>ουδέτερα</u> ουσιαστικά με το άρθρο τους στον πληθυντικό.

1. το κράτος ___τα κράτη_____
   nation

2. το κέρμα _____
   coin

3. το ψάρι _____
   fish

4. το τζάκι _____
   fireplace

5. το γράμμα _____
   letter

6. το έτος _____
   year

7. το σφυρί _____
   hammer

8. το περιστέρι _____
   pigeon, dove

9. το λάθος _____
   mistake, error

10. το πουλί _____
    bird

11. το κόσμημα _____
    jewel

12. το πάτωμα _____
    floor

13. το χαλί _____
    rug, carpet

14. το κέρδος _____
    gain, profit

15. το πάθος _____
    passion

16. το τμήμα _____
    section

17. το πνεύμα _____
    spirit

18. το δόντι _____
    tooth

19. το παράθυρο _____
    window

20. το άστρο _____
    star (also το αστέρι)

4. Put the following __masculine__ nouns with their article in the singular. –
Βάλε τα παρακάτω __αρσενικά__ ουσιαστικά με το άρθρο τους στον ενικό.

1. οι αγρότες — ο αγρότης
   farmers

2. οι θάμνοι — _____
   bushes

3. οι πίνακες — _____
   paintings, boards   (hint: ends in -ας)

4. οι αιώνες — _____
   centuries   (hint: ends in -ας)

5. οι Ισπανοί — _____
   Spaniards

6. οι φύλακες — _____
   guards   (ends in -ας)

7. οι επιβάτες — _____
   passengers   (ends in -ης)

8. οι οδηγοί — _____
   drivers

9. οι έμποροι — _____
   merchants

10. οι φράχτες — _____
    fences

11. οι φίλοι — _____
    friends

12. οι εχθροί — _____
    enemies

13. οι πόλεμοι — _____
    rug, carpet

14. οι λαοί — _____
    populaces, peoples

15. οι γάμοι — _____
    weddings, marriages

16. οι νικητές
    winners   (ends in -ής) _____

17. οι πελάτες
    customers, clients (ends in -ης) _____

18. οι χώροι
    spaces, areas   _____

19. οι ήρωες
    heroes   (ends in -ας) _____

20. οι νέοι
    young people   _____

21. οι ποιητές
    poets   (ends in -ής) _____

22. οι χειμώνες
    winters   (ends in -ας) _____

5. Put the following <u>feminine</u> nouns with their article in the singular. –
Βάλε τα παρακάτω <u>θηλυκά</u> ουσιαστικά με το άρθρο τους στον ενικό.

1. οι αρκούδες
   bears   _____

2. οι μέλισσες
   bees   _____

3. οι φούστες
   skirts   _____

4. οι μπάλες
   balls   _____

5. οι ταινίες
   films   _____

6. οι δόσεις
   installments, doses _____

7. οι βαλίτσες
   suitcases   _____

8. οι αποσκευές _____
   luggage

9. οι γλώσσες _____
   languages, tongues

10. οι εφημερίδες _____
    newspapers

11. οι φωτιές _____
    fires

12. οι δηλώσεις _____
    statements, declarations

13. οι ελπίδες _____
    hopes

14. οι νύχτες _____
    nights

15. οι εικόνες _____
    pictures

16. οι εκθέσεις _____
    exhibition, essay, report

17. οι τσάντες _____
    bags

18. οι μπλούζες _____
    shirts, blouses

19. οι αισθήσεις _____
    senses, sensations

20. οι σταγόνες _____
    drops

21. οι γνώσεις _____
    knowledge

22. οι φωτογραφίες _____
    photographs

23. οι μεταφράσεις _____
    translations

24. οι σκέψεις _____
    thoughts

6. Put the following <u>neuter</u> nouns with their article in the singular. – Βάλε τα παρακάτω <u>ουδέτερα</u> ουσιαστικά με το άρθρο τους στον ενικό.

1. τα μολύβια _____
   pencils
2. τα χωριά _____
   villages
3. τα ποτάμια _____
   rivers
4. τα βουνά _____
   mountains
5. τα άλογα _____
   horses
6. τα κουτάβια _____
   puppies
7. τα ζώα _____
   animals
8. τα κρασιά _____
   wines
9. τα γεύματα _____
   meals
10. τα πράγματα _____
    things
11. τα δάχτυλα _____
    fingers
12. τα δαχτυλίδια _____
    rings
13. τα φίδια _____
    snakes
14. τα δελφίνια _____
    dolphins
15. τα πλοία _____
    ships
16. τα αεροπλάνα _____
    airplanes

17. τα ταξίδια
    travels, trips _____

18. τα δέντρα
    trees _____

19. τα ξύλα
    wood pieces _____

20. τα χόρτα
    grass, weeds _____

21. τα πουκάμισα
    shirts (with buttons) _____

22. τα παντελόνια
    pants _____

23. τα βήματα
    steps _____

24. τα μαθήματα
    lessons, courses _____

7. Put the right definite article next to each noun, in the singular. – Βάλε το σωστό οριστικό άρθρο δίπλα σε κάθε ουσιαστικό, στον ενικό.

1. ____ νόμος
   law

2. ____ Ελλάδα
   Greece

3. ____ τραπέζι
   table

4. ____ κόσμος
   world

5. ____ ποτήρι
   drinking cup, glass

6. ____ δάσκαλος
   teacher (male)

7. ____ Θεσσαλονίκη
   Thessaloniki (2nd biggest Greek city)

8. ____ μάτι
   eye

9. ____ γράμμα
   letter

10. ____ αγάπη
    love

11. ____ εβδομάδα
    week

12. ____ βήμα
    step

13. ____ πύργος
    tower

14. ____ Σαντορίνη
    Santorini

15. ____ έρωτας
    romantic love

16. ____ Ξάνθη
    Xanthi (city in northeastern Greece)

17. ____ Σεπτέμβριος
    September

18. ____ μαχαίρι
    knife

19. ____ καθηγητής
    professor (male)

20. ____ Κομοτηνή
    Komotini (city in NE Greece)

21. ____ πλανήτης
    planet

22. ____ πεταλούδα
    butterfly

23. ____ παπούτσι
    shoe

24. ____ βασιλιάς
    king

25. ____ κύμα
    wave

26. ____ Ιταλία
    Italy

27. ____ απόσταση
    distance

28. ____ μυστικό
    secret

29. ____ οικογένεια
    family

30. ____ Όλυμπος
    Mount Olympus

ANSWERS TO THE EXERCISES
ΛΥΣΕΙΣ ΤΩΝ ΑΣΚΗΣΕΩΝ

1. 1. οι τόποι, 2. οι άνεμοι, 3. οι μήνες, 4. οι πόνοι, 5. οι χάρτες, 6. οι ψεύτες, 7. οι ξένοι, 8. οι Έλληνες, 9. οι Άγγλοι, 10. οι εργάτες, 11. οι τουρίστες, 12. οι καπετάνιοι, 13. οι ναύτες, 14. οι καθηγητές, 15. οι ώμοι, 16. οι αγκώνες, 17. οι διευθυντές, 18. οι κάτοικοι, 19. οι οδηγοί, 20. οι γείτονες

2. 1. οι εβδομάδες, 2. οι τιμές, 3. οι μέρες, 4. οι κινήσεις, 5. οι γάτες, 6. οι παράγραφοι, 7. οι αδελφές, 8. οι πάπιες, 9. οι μέθοδοι, 10. οι κυβερνήσεις, 11. οι άνοδοι, 12. οι διάλεκτοι, 13. οι τέχνες, 14. οι ιστορίες, 15. οι απόψεις, 16. οι ενώσεις, 17. οι φωνές, 18. οι αγελάδες, 19. οι περίοδοι, 20. οι χερσόνησοι, 21. οι θέσεις, 22. οι παραδόσεις

3. 1. τα κράτη, 2. τα κέρματα, 3. τα ψάρια, 4. τα τζάκια, 5. τα γράμματα, 6. τα έτη, 7. τα σφυριά, 8. τα περιστέρια, 9. τα λάθη, 10. τα πουλιά, 11. τα κοσμήματα, 12. τα πατώματα, 13. τα χαλιά, 14. τα κέρδη, 15. τα πάθη, 16. τα τμήματα, 17. τα πνεύματα, 18. τα δόντια, 19. τα παράθυρα, 20. τα άστρα

4. 1. ο αγρότης, 2. ο θάμνος, 3. ο πίνακας, 4. ο αιώνας, 5. ο Ισπανός, 6. ο φύλακας, 7. ο επιβάτης, 8. ο οδηγός, 9. ο έμπορος, 10. ο φράχτης, 11. ο φίλος, 12. ο εχθρός, 13. ο πόλεμος, 14. ο λαός, 15. ο γάμος, 16. ο νικητής, 17. ο πελάτης, 18. ο χώρος, 19. ο ήρωας, 20. ο νέος, 21. ο ποιητής, 22. ο χειμώνας

5. 1. η αρκούδα, 2. η μέλισσα, 3. η φούστα, 4. η μπάλα, 5. η ταινία, 6. η δόση, 7. η βαλίτσα, 8. η αποσκευή, 9. η γλώσσα, 10. η εφημερίδα, 11. η φωτιά, 12. η δήλωση, 13. η ελπίδα, 14. η νύχτα, 15. η εικόνα, 16. η έκθεση, 17. η τσάντα, 18. η μπλούζα, 19. η αίσθηση, 20. η σταγόνα, 21. η γνώση, 22. η φωτογραφία, 23. η μετάφραση, 24. η σκέψη

6. 1. το μολύβι, 2. το χωριό, 3. το ποτάμι, 4. το βουνό, 5. το άλογο, 6. το κουτάβι, 7. το ζώο, 8. το κρασί, 9. το γεύμα, 10. το πράγμα, 11. το δάχτυλο, 12. το δαχτυλίδι, 13. το φίδι, 14. το δελφίνι, 15. το πλοίο, 16. το αεροπλάνο, 17. το ταξίδι, 18. το δέντρο, 19. το ξύλο, 20. το χόρτο, 21. το πουκάμισο, 22. το παντελόνι, 23. το βήμα, 24. το μάθημα

7. 1. ο νόμος, 2. η Ελλάδα, 3. το τραπέζι, 4. ο κόσμος, 5. το ποτήρι, 6. ο δάσκαλος, 7. η Θεσσαλονίκη, 8. το μάτι, 9. το γράμμα, 10. η αγάπη, 11. η εβδομάδα, 12. το βήμα, 13. ο πύργος, 14. η Σαντορίνη, 15. ο έρωτας, 16. η Ξάνθη, 17. ο Σεπτέμβριος, 18. το μαχαίρι, 19. ο καθηγητής, 20. η Κομοτηνή, 21. ο πλανήτης, 22. η πεταλούδα, 23. το παπούτσι, 24. ο βασιλιάς, 25. το κύμα, 26. η Ιταλία, 27. η απόσταση, 28. το μυστικό, 29. η οικογένεια, 30. ο Όλυμπος

PREPOSITIONS από (*from*) & σε (*in, at, to*)
ΠΡΟΘΕΣΕΙΣ *από* & *σε*

από & **σε** are followed by an article in the accusative.

The articles in the accusative are as follows:

ο → **τον**	οι → **τους**
η → **την**	οι → **τις**
το → **το**	τα → **τα**

So the combinations από & σε plus an article become:

Singular

από τον
από την
από το

σε + τον → **στον**
σε + την → **στην**
σε + το → **στο**

Plural

από τους
από τις
από τα

σε + τους → **στους**
σε + τις → **στις**
σε + τα → **στα**

Examples - Παραδείγματα

Η Μαίρη είναι **από τον** Καναδά. *(masculine singular)*
　　　　　　　　　　　Canada

Ο Νίκος είναι **από την** Ελλάδα. *(feminine singular)*

Ο Δημήτρης μένει **στον** Πειραιά. *(masc. sing.)*
　　　　　　lives　　　Piraeus

Ο Κώστας μένει **στην** Αθήνα. *(fem. sing.)*
　　　　　　　　　　Athens

Παίρνω το βιβλίο **από τον** Κώστα και το δίνω **στην** Ελένη. *(masc. sing., fem. sing.)*
I take　　　　　　　　　　　　　　　I give

Βγάζω τα μολύβια **από την** κασετίνα και τα βάζω **στο** τραπέζι. *(fem. sing., neut. sing.)*
I take out　pencils　　　　pencil case　　　I put

Παίρνω το κλειδί **από το** συρτάρι και το δίνω **στον** μπαμπά. *(neut. sing., masc. sing.)*
　　　　key　　　　　drawer

Λέω το μυστικό **στις** φίλες μου. *(fem. pl.)*
  secret

Παίρνω δώρα **στα** παιδιά μου. *(neut. pl.)*
  gifts

Μαθαίνω πολλά **από τους** καθηγητές μου. *(masc. pl.)*
I learn   a lot

In everyday speech, we can say or write

απ' τον	instead of	από τον
απ' την	instead of	από την
απ' το	instead of	από το
απ' τους	instead of	από τους
απ' τις	instead of	από τις
απ' τα	instead of	από τα

<u>Examples</u>

Ο Αργύρης είναι απ' την Ελλάδα, απ' την Αθήνα.

Η Σβετλάνα είναι απ' τη Ρωσία.

Ο Σίβτζι είναι απ' την Τανζανία.

Η Μάργκαρετ είναι απ' τις ΗΠΑ.
  USA

EXERCISES
ΑΣΚΗΣΕΙΣ

1. Complete the dialogues with **_από_ + article** or **_σε_ + article**. – Συμπλήρωσε τους διαλόγους με **_από + άρθρο_** ή **_σε + άρθρο_**.

1. - Από πού είσαι;

    - Είμαι _____ Ελλάδα.
        η Ελλάδα: Greece
    - Εσύ, από πού είσαι;
    - Εγώ είμαι _____ Μεξικό.
        το Μεξικό: Mexico

2. - Από πού είναι η Τζένιφερ;

    - Είναι _____ Καναδά.
        ο Καναδάς: Canada
    - Και ο Πιερ;
    - Ο Πιερ είναι _____ Γαλλία.
        η Γαλλία: France

3. - Γεια σου, Ελένη. Πού πας;

    - Πάω _____ σούπερ μάρκετ. Εσύ;
        το σούπερ μάρκετ: super market
    - Εγώ πάω _____ παραλία.
        η παραλία: the beach
    - Τι ωραία!
        how nice

4. - Πού θα πας διακοπές;
        vacation
    - Θα πάω _____ Κρήτη. Εσείς;
        η Κρήτη: Crete
    - Εμείς θα πάμε _____ Βενετία, _____ Ιταλία.
        η Βενετία: Venice   η Ιταλία: Italy

5. - Πού μένει η Σοφί;

   - Μένει _____ Βέλγιο.
   το Βέλγιο: Belgium

6. - Από πού είναι η Κατερίνα;

   - Είναι _____ Κύπρο αλλά μένει _____ Γερμανία.
   η Κύπρος: Cyprus *η Γερμανία: Germany*
   - Και ο Νικ;
   - Ο Νικ είναι _____ Αμερική αλλά μένει _____ Ελβετία.
   η Αμερική: America *η Ελβετία: Switzerland*

7. - Πού είναι τα λουλούδια;
   flowers
   - Τα λουλούδια είναι πάνω _____ τραπέζι.
   on
   - Γιατί δεν είναι _____ βάζο;
   vase
   - Επειδή δεν έχουμε βάζο.
   Because

8. - Πού είναι η μπάλα;

   - Η μπάλα είναι _____ κήπο.
   ο κήπος: garden, yard

9. - Από πού έρχονται τα παιδιά;
   are coming from/come from
   - Έρχονται _____ σχολείο.

10. - Πού είναι το σχολείο;
    - Είναι _____ κέντρο της πόλης.
    το κέντρο: center   city

2. στο(ν)/στη(ν)/στο *or* στους/στις/στα (i.e. singular or plural)? -
στο(ν)/στη(ν)/στο ή στους/στις/στα (δηλ. ενικός ή πληθυντικός);

1. Αύριο θα πάμε _____ θάλασσα.

2. Η Μαρία μένει _____ Αμερική.

3. Κάνω ένα δώρο _____ Ανδρέα για τα γενέθλιά του. *(ο Ανδρέας)*
         gift   birthday

4. Δίνω τη μπάλα _____ φίλους μου.
                                 ο φίλος: friend

5. Λέω την αλήθεια _____ μαμά μου.
     I tell   truth

6. Λέω ψέματα _____ αδελφές μου.
        lies   η αδελφή: sister

7. Κρατάω την τούρτα _____ χέρια μου.
     I hold/am holding the cake   το χέρι: hand

8. Πάω βόλτα _____ μαγαζιά.
          stroll   το μαγαζί: store, shop

9. Μπαίνω _____ αυτοκίνητο.
     I get in

10. Δίνω ένα κόκαλο _____ σκύλο.
      I give   bone

3. Let's practice the prepositions *από* & *σε* while learning some more country names. – Ας εξασκηθούμε στις προθέσεις *από* και *σε*, μαθαίνοντας παράλληλα μερικά ακόμα ονόματα χωρών.

1. Ο Μανόλης είναι _____ Ελλάδα αλλά μένει _____ Αμερική.
   (η Ελλάδα, η Αμερική)
   Greece   America

2. Η Νάντια είναι _____ Παλεστίνη αλλά μένει _____ Κουβέιτ.
   (η Παλεστίνη, το Κουβέιτ)
   Palestine   Kuwait

3. Ο Ράβι είναι _____ Πακιστάν αλλά μένει _____ Σιγκαπούρη.
   (το Πακιστάν, η Σιγκαπούρη)
   Pakistan   Singapore

4. Ο Πάμπλο είναι _____ Παναμά αλλά μένει _____ Χιλή.
   (ο Παναμάς η Χιλή)
   Panama   Chile

5. Η Μαργαρίτα είναι _____ Περού αλλά μένει _____ Κούβα.
   (το Περού, η Κούβα)
   Peru   Cuba

6. Ο Μουσταφά είναι _____ Τουρκία αλλά μένει _____ Αυστρία.
   (η Τουρκία, η Αυστρία)
   Turkey   Austria

7. Η Ιζαμπέλ είναι _____ Καμερούν αλλά μένει _____ Τυνησία.
   (το Καμερούν, η Τυνησία)
   Cameroon   Tunisia

8. Η Άλισον είναι _____ Αγγλία αλλά μένει _____ Ιρλανδία.
   (η Αγγλία, η Ιρλανδία)
   England   Ireland

9. Ο Μουντάμπο είναι _____ Σουδάν αλλά μένει _____ Κονγκό.
   (το Σουδάν, το Κονγκό)
   Sudan   Congo

10. Η Ασάκο είναι _____ Ιαπωνία αλλά μένει _____ ΗΠΑ.
    (η Ιαπωνία, οι ΗΠΑ: Ηνωμένες Πολιτείες Αμερικής)
    Japan   USA   United States of America

11. Η Φλορένσια είναι _____ Αργεντινή αλλά μένει _____ Νορβηγία.
    (η Αργεντινή, η Νορβηγία)
       Argentina   Norway

12. Η Μάρθα είναι _____ Ισραήλ αλλά μένει _____ Κροατία.
    (το Ισραήλ, η Κροατία)
       Israel   Croatia

13. Η Νάζλι είναι _____ Αίγυπτο αλλά μένει _____ Κίνα.
    (η Αίγυπτος, η Κίνα)
       Egypt   China

14. Η Έμμα είναι _____ Σουηδία αλλά μένει _____ Δανία.
    (η Σουηδία, η Δανία)
       Sweden   Denmark

15. Ο Ρακές είναι _____ Ινδία αλλά μένει _____ Μαρόκο.
    (η Ινδία, το Μαρόκο)
       India   Morocco

16. Η Τζέιν είναι _____ Αυστραλία αλλά μένει _____ Νέα Ζηλανδία.
    (η Αυστραλία, η Νέα Ζηλανδία)
       Australia   New Zealand

17. Ο Πάουλο είναι _____ Πορτογαλία αλλά μένει _____ Ουγγαρία.
    (η Πορτογαλία, η Ουγγαρία)
       Portugal   Hungary

18. Ο Καλίλ είναι _____ Αλγερία αλλά μένει _____ Λίβανο.
    (η Αλγερία, ο Λίβανος)
       Algeria   Lebanon

19. Η Σάρα είναι _____ Ισραήλ αλλά μένει _____ Ρουμανία.
    (το Ισραήλ, η Ρουμανία)
       Israel   Romania

20. Ο Χόρχε είναι _____ Γουατεμάλα αλλά μένει _____ Εκουαδόρ.
    (η Γουατεμάλα, το Εκουαδόρ)
       Guatemala   Ecuador

ANSWERS TO THE EXERCISES
ΛΥΣΕΙΣ ΤΩΝ ΑΣΚΗΣΕΩΝ

1.
   1. από την, από το
   2. από τον, από τη
   3. στο, στην
   4. στην, στη, στην
   5. στο
   6. από την, στη, από την, στην
   7. στο, στο
   8. στον
   9. από το
   10. στο

2.
   1. στη
   2. στην
   3. στον
   4. στους
   5. στη
   6. στις
   7. στα
   8. στα
   9. στο
   10. στο(ν)

3.
   1. από την Ελλάδα, στην Αμερική
   2. από την Παλεστίνη, στο Κουβέιτ
   3. από το Πακιστάν, στη Σιγκαπούρη
   4. από τον Παναμά, στη Χιλή
   5. από το Περού, στην Κούβα
   6. από την Τουρκία, στην Αυστρία
   7. από το Καμερούν, στην Τυνησία
   8. από την Αγγλία, στην Ιρλανδία
   9. από το Σουδάν, στο Κονγκό
   10. από την Ιαπωνία, στις ΗΠΑ
   11. από την Αργεντινή, στη Νορβηγία
   12. από το Ισραήλ, στην Κροατία
   13. από την Αίγυπτο, στην Κίνα
   14. από τη Σουηδία, στη Δανία
   15. από την Ινδία, στο Μαρόκο
   16. από την Αυστραλία, στη Νέα Ζηλανδία
   17. από την Πορτογαλία, στην Ουγγαρία
   18. από την Αλγερία, στο(ν) Λίβανο
   19. από το Ισραήλ, στη Ρουμανία
   20. από τη Γουατεμάλα, στο Εκουαδόρ

DIMINUTIVES
ΥΠΟΚΟΡΙΣΤΙΚΑ

ο Κώστας	→	ο Κωστάκης
ο φίλος	→	ο φιλαράκος, το φιλαράκι
ο αδελφός	→	ο αδελφούλης, το αδελφάκι
η Μαρία	→	το Μαράκι
η Ελένη	→	η Ελενίτσα
η σταγόνα	→	η σταγονίτσα
η μπάλα	→	η μπαλίτσα, το μπαλάκι
η μάνα	→	η μανούλα
η αδελφή	→	η αδελφούλα, το αδελφάκι
η βρύση	→	η βρυσούλα
το παιδί	→	το παιδάκι
το σκυλί	→	το σκυλάκι
το νερό	→	το νεράκι
το χωριό	→	το χωριουδάκι

EXERCISES
ΑΣΚΗΣΕΙΣ

1. Put the following <u>masculine</u> diminutives in their original form. – Βάλε τα παρακάτω <u>αρσενικά</u> υποκοριστικά στην αρχική τους μορφή.

1. ο Θεούλης _____
   God

2. ο κοσμάκης _____
   world

3. ο ανθρωπάκος _____

4. ο Γιωργάκης _____
   the equivalent of the name George

5. ο γαϊδαράκος _____
   donkey

6. ο ξαδελφούλης _____
   cousin (male)

7. ο Μιχαλάκης _____
   the equivalent of the name Michael

8. ο πατερούλης _____
   father

9. ο εμποράκος _____
   merchant

10. ο Γιαννάκης _____
    the equivalent of the name John

11. ο κηπάκος _____
    garden, yard

12. ο υπνάκος _____
    sleep

2. Put the following <u>feminine</u> diminutives in their original form. – Βάλε τα παρακάτω <u>θηλυκά</u> υποκοριστικά στην αρχική τους μορφή.

1. η πετρούλα　　　_____
   　　　　　　　　　　　stone, rock

2. η πατατούλα　　　_____
   　　　　　　　　　　　potato

3. οι λιμνούλες　　　_____
   　　　　　　　　　　　lake

4. η πεταλουδίτσα　_____
   　　　　　　　　　　　butterfly

5. η βαλιτσούλα　　　_____
   　　　　　　　　　　　suitcase

6. η καρδούλα　　　_____
   　　　　　　　　　　　heart

7. η ελίτσα　　　　　_____
   　　　　　　　　　　　olive, beauty mark

8. η βροχούλα　　　_____
   　　　　　　　　　　　rain

9. οι φωνούλες　　　_____
   　　　　　　　　　　　voices

10. η κορούλα　　　_____
    　　　　　　　　　　　daughter

11. η φραουλίτσα　　_____
    　　　　　　　　　　　strawberry

12. οι βαρκούλες　　_____
    　　　　　　　　　　　boats

13. η νεραϊδούλα　　_____
    　　　　　　　　　　　fairy

14. οι ντοματούλες　_____
    　　　　　　　　　　　tomato

15. η σουπίτσα　　　_____
    　　　　　　　　　　　soup

3. Put the following <u>neuter</u> diminutives in their original form. – Βάλε τα παρακάτω <u>ουδέτερα</u> υποκοριστικά στην αρχική τους μορφή.

1. το ποδηλατάκι   <u>το ποδήλατο</u>
   bicycle

2. το βιβλιαράκι   _____
   book

3. το ποντικάκι   _____
   mouse

4. τα τραπεζάκια   _____
   tables

5. το συννεφάκι   _____
   cloud

6. το χρωματάκι   _____
   color

7. τα δεντράκια   _____
   trees

8. το ποταμάκι   _____
   river

9. τα φρουτάκια   _____
   fruits

10. τα τερατάκια   _____
    monsters

11. τα χεράκια   _____
    hands

12. τα γραμματάκια   _____
    letters

13. το λαθάκι   _____
    error, mistake

14.	τα δαχτυλάκια	_____ *fingers*
15.	το ποδαράκι	_____ *foot, leg*
16.	τα παπουτσάκια	_____ *shoes*
17.	το αγοράκι	_____ *boy*
18.	τα κοριτσάκια	_____ *girls*
19.	τα μπουκαλάκια	_____ *bottles*
20.	το μπουζουκάκι	_____ *bouzouki*
21.	το βελάκι	_____ *arrow*
22.	το πιπεράκι	_____ *pepper (the spice)*
23.	το αλατάκι	_____ *salt*
24.	το λαδάκι	_____ *oil*
25.	το μηλα**ρά**κι	_____ *apple*
26.	το βιβλια**ρά**κι	_____ *book*
27.	το ρουχα**λά**κι	_____ *garment*
28.	το ρολο**γά**κι	_____ *watch, clock*

4. Fill in the blanks with the diminutive of the nouns. – Συμπλήρωσε τα κενά με τα υποκοριστικά των ουσιαστικών.

1. Υπάρχει ένα βιβλίο στο _____ του σαλονιού.
                                 τραπέζι   *living room*

2. «Πού να βρω ένα _____
                          φίλος
   να μου πει πως μ' αγαπάει στ' αλήθεια»,
   τραγουδούσε η Σοφία Βόσσου. (Τίτλος τραγουδιού: «Το _____».)
                                                                                       φίλος
   (Where can I find a buddy to tell me that he really loves me)

3. Θέλεις να πάμε μια _____ στην παραλία;
                               βόλτα

4. «Στου γιαλού τα _____ κάθονται δυο _____»,
                           βότσαλα: *pebbles*   καβούρια: *crabs*
   λέει ένα παλιό ελληνικό τραγούδι.
   (Two little crabs are sitting on the pebbles of the seashore.)

5. «Ένα _____ είναι λίγο, πολύ λίγο,
           φιλί: *kiss*
   δύο _____ είναι λίγο, τι να πω,
           φιλιά
   τρία _____ είναι λίγο, πολύ λίγο,
           φιλιά
   δώσε μου τέσσερα αν θες να σ' αγαπώ»,
   λέει ένα διασκεδαστικό τραγούδι του Λουκιανού Κηλαηδόνη. (Τίτλος τραγουδιού: «Ένα _____ είναι λίγο»)
                                      φιλί

6. Πες μου ένα _____.
                   τραγούδι

7. Μ' αρέσει να κάθομαι δίπλα στο τζάκι, στη _____.
   sit   by/next to fireplace   ζέστη: **warmth, heat**

8. Μ' αρέσει να κρατάω το ζεστό _____ σου.
   hold   warm   χέρι

9. Κουράστηκα να περπατάω, πονάνε τα _____ μου.
   I am tired   of walking   hurt   πόδια: **legs, feet**

10. Έκανα μερικά _____ στις ασκήσεις γραμματικής.
    some   τα λάθη

11. «Νιάου, νιάου βρε _____,
                γάτα: cat
    με τη ροζ _____,
       pink   μύτη: nose
    _____ μου μικρή»,
        γάτα
    τραγουδούσε η Αλίκη Βουγιουκλάκη στην ταινία «Το ξύλο βγήκε απ' τον παράδεισο».

Some <u>masculine and feminine nouns become neuter</u> in their diminutive form, and some have <u>two diminutive forms</u>: one in their original gender and one in the neuter. There is no clear pattern, so you would need to memorize them if you wanted to learn them.

We have seen a few common ones, like *ο φίλος → ο φιλαράκος / το φιλαράκι, η μπάλα → η μπαλίτσα / το μπαλάκι, η Μαρία → το Μαράκι*. Let's look at some more.

masculine			*feminine*		
ο καναπές *sofa*	→	το καναπεδάκι	η Κατερίνα	→	το Κατερινάκι
ο μπουφές *buffet, credenza*	→	το μπουφεδάκι	η αρκούδα *bear*	→	το αρκουδάκι (less common: η αρκουδίτσα)
ο κουβάς *bucket*	→	το κουβαδάκι	η τσάντα *bag*	→	η τσαντούλα, το τσαντάκι

ο καφές *coffee*	→	το καφεδάκι	η μαϊμού *monkey*	→	η μαϊμουδίτσα, το μαϊμουδάκι
ο λύκος *wolf*	→	το λυκάκι	η καρέκλα *chair*	→	η καρεκλίτσα, το καρεκλάκι
ο σκύλος	→	το σκυλάκι (less common: ο σκυλάκος)	η μπλούζα	→	η μπλουζίτσα, το μπλουζάκι
ο λαγός *hare*	→	το λαγουδάκι	η γάτα	→	η γατούλα, το γατάκι
ο ναύτης	→	το ναυτάκι	η αδελφή	→	η αδελφούλα, το αδελφάκι
ο δρόμος	→	το δρομάκι (less common: ο δρομάκος)			
ο άγγελος *angel*	→	το αγγελάκι, το αγγελούδι			
ο πίθηκος *ape*	→	το πιθηκάκι			
ο σκούφος *beanie, knit hat*	→	το σκουφάκι			
ο άνθρωπος	→	ο ανθρωπάκος, το ανθρωπάκι			
ο αδελφός	→	ο αδελφούλης, το αδελφάκι			

... and many more.

ANSWERS TO THE EXERCISES
ΛΥΣΕΙΣ ΤΩΝ ΑΣΚΗΣΕΩΝ

1. 1. ο θεός, 2. ο κόσμος, 3. ο άνθρωπος, 4. ο Γιώργος, 5. ο γάιδαρος, 6. ο ξάδελφος, 7. ο Μιχάλης, 8. ο πατέρας, 9. ο έμπορος/έμπορας, 10. ο Γιάννης, 11. ο κήπος, 12. ο ύπνος

2. 1. η πέτρα, 2. η πατάτα, 3. η λίμνη, 4. η πεταλούδα, 5. η βαλίτσα, 6. η καρδιά, 7. η ελιά, 8. η βροχή, 9. οι φωνές, 10. η κόρη, 11. η φράουλα, 12. οι βάρκες, 13. η νεράιδα, 14. η ντομάτα, 15. η σούπα

3. 1. το ποδήλατο, 2. το βιβλίο, 3. το ποντίκι, 4. τα τραπέζια, 5. το σύννεφο, 6. το χρώμα, 7. τα δέντρα, 8. το ποτάμι, 9. τα φρούτα, 10. τα τέρατα, 11. τα χέρια, 12. τα γράμματα, 13. το λάθος, 14. τα δάχτυλα, 15. το πόδι, 16. τα παπούτσια, 17. το αγόρι, 18. τα κορίτσια, 19. τα μπουκάλια, 20. το μπουζούκι, 21. το βέλος, 22. το πιπέρι, 23. το αλάτι, 24. το λάδι, 25. το μήλο, 26. το βιβλίο, 27. το ρούχο, 28. το ρολόι

4. 1. τραπεζάκι, 2. φιλαράκι, φιλαράκι, 3. βολτίτσα / βολτούλα, 4. βοτσαλάκια, καβουράκια, 5. φιλάκι, φιλάκια, φιλάκια, φιλάκ, 6. τραγουδάκι, 7. ζεστούλα, 8. χεράκι, 9. ποδαράκια, 10. λαθάκια, 11. γατούλα, μυτούλα, γατούλα.

NOUN INFLECTION
ΚΛΙΣΗ ΟΥΣΙΑΣΤΙΚΩΝ

Nominative – Ονομαστική → answers the question "who", "what" *(subject)*

Genitive – Γενική → answers the question "whose" *(possession)*

Accusative – Αιτιατική → answers the question "whom", "what" *(object)*

Vocative – Κλητική → used to call/address someone/something

Examples – Παραδείγματα

Ο Κωνσταντίνος είναι ευγενικός. *(Constantine is polite.)*
    Ποιος είναι ευγενικός; *(Who is polite?)*
    Ο Κωνσταντίνος. → **Nominative** *(*think *"he")*

Το ποδήλατο **του Κωνσταντίνου** είναι κόκκινο. *(Constantine's bicycle is red.)*
    Ποιου το ποδήλατο είναι κόκκινο; *(Whose bicycle is red?)*
    Του Κωνσταντίνου. → **Genitive** *(*think *"his")*

Αγαπώ **τον Κωνσταντίνο**. *(I love Constantine.)*
    Ποιον αγαπώ; *(Whom do I love?)*
    Τον Κωνσταντίνο. → **Accusative** *(*think *"him")*

Καλημέρα, **Κωνσταντίνε**! *(Good morning, Constantine!)*
    We are addressing him → **Vocative** *(*think *"hey!")*

MASCULINE: common endings

Singular

Nom.	ο δρόμ**ος**	ο δάσκαλος	ο γιατρός
Gen.	του δρόμ**ου**	του δασκάλου*	του γιατρού
Accus.	το(ν) δρόμ**ο**	το(ν) δάσκαλο	το(ν) γιατρό
Voc.	δρόμ**ε**	δάσκαλε	γιατρέ

Plural

Nom.	οι δρόμ**οι**	οι δάσκαλοι	οι γιατροί
Gen.	των δρόμ**ων**	των δασκάλων*	των γιατρών
Accus.	τους δρόμ**ους**	τους δασκάλους*	τους γιατρούς
Voc.	δρόμ**οι**	δάσκαλοι	γιατροί

Singular

Nom.	ο άνδρ**ας**	ο χάρτ**ης**
Gen.	του άνδρ**α**	του χάρτ**η**
Accus.	τον άνδρ**α**	το(ν) χάρτ**η**
Voc.	άνδρ**α**	χάρτ**η**

Plural

Nom.	οι άνδρ**ες**	οι χάρτ**ες**
Gen.	των ανδρ**ών***	των χαρτ**ών***
Accus.	τους άνδρ**ες**	τους χάρτ**ες**
Voc.	άνδρ**ες**	χάρτ**ες**

*Note the change in stress

Let's look at the patterns:

Like **δρόμος**: χρόνος , νόμος *(law)*, πόνος *(pain)*

Like **δάσκαλος**: κάτοικος *(resident)*, άνεμος *(wind)*, άνθρωπος

Like **γιατρός**: ουρανός *(sky)*, αδελφός, θεός

Like **άνδρας**: μήνας, κανόνας *(rule)*, αιώνας *(century)*

Like **χάρτης**: ναύτης, επιβάτης *(passenger)*, καθηγητής

MASCULINE: exceptions and uncommon endings

Singular

Nom.	ο μπαμπ**άς**	ο παππ**ούς**	ο καφ**ές**
	dad	*grandfather, old man*	*coffee*
Gen.	του μπαμπ**ά**	του παππ**ού**	του καφ**έ**
Accus.	τον μπαμπ**ά**	τον παππ**ού**	τον καφ**έ**
Voc.	μπαμπ**ά**	παππ**ού**	καφ**έ**

Plural

Nom.	οι μπαμπ**άδες**	οι παππ**ούδες**	οι καφ**έδες**
Gen.	των μπαμπ**άδων**	των παππ**ούδων**	των καφ**έδων**
Accus.	τους μπαμπ**άδες**	τους παππ**ούδες**	τους καφ**έδες**
Voc.	μπαμπ**άδες**	παππ**ούδες**	καφ**έδες**

Singular

Nom.	ο ταξι**τζής***	ο μανά**βης**	ο κουρ**έας**
	taxi driver	*grocer*	*barber*
Gen.	του ταξι**τζή**	του μανά**βη**	του κουρ**έα**
Accus.	τον ταξι**τζή**	τον μανά**βη**	τον κουρ**έα**
Voc.	ταξι**τζή**	μανά**βη**	κουρ**έα**

Plural

Nom.	οι ταξιτζ**ήδες**	οι μανά**βηδες**	οι κουρ**είς**
Gen.	των ταξιτζ**ήδων**	των μανά**βηδων**	των κουρ**έων**
Accus.	τους ταξιτζ**ήδες**	τους μανά**βηδες**	τους κουρ**είς**
Voc.	ταξιτζ**ήδες**	μανά**βηδες**	κουρ**είς**

* *This ending comes from the Turkish language.*

Let's look at the patterns:

Like **μπαμπάς**: κουβάς *(bucket)*, παπάς *(priest)*, ψαράς *(fisherman)*
Like **καφές**: καναπές, μπουφές, λεκές *(stain)*, κεφτές *(meatball)*, μπαξές *(garden)*
    καφενές *(traditional coffee shop mostly for men)*, μεζές *(snack, appetizer)*
Like **ταξιτζής**: παλιατζής *(junk dealer)*, καφετζής, παγωτατζής *(ice-cream man)*
Like **κουρέας**: αποστολέας *(sender)*, εκσκαφέας *(excavator)*, δρομέας *(runner)*,
    γραμματέας *(secretary)*, διερμηνέας *(interpreter)*

Examples – Παραδείγματα

- **Ο άνδρας** είναι κουρασμένος.
  Q: Who is tired? → *Nominative (he), singular (because there is one man)*

- **Οι δρόμοι** είναι κλειστοί.
  Q: What is closed? → *Nominative (they), plural (many roads)*

- Το αυτοκίνητο <u>του</u> δασκάλ<u>ου</u> είναι μπλε.
  Q: Whose car is blue? → *Genitive (his), singular (one teacher)*

- Παίρνω τηλέφωνο <u>τον</u> γιατρ<u>ό</u>.
  Q: Whom do I call on the phone? → *Accusative (him), singular (one doctor)*

- Τα φώτα <u>των</u> δρόμ<u>ων</u> είναι αναμμένα.
  Q: Whose lights are on? → *Genitive (their), plural (many roads)*

- Δίνω το βιβλίο <u>στον</u> δάσκαλ<u>ο</u>.   *(σε+τον→στον)*
  Q: To whom do I give the book? → *Accusative (to him), singular (one teacher)*

- Σεβόμαστε <u>τους</u> νόμ<u>ους</u>.
  Q: What do we respect? → *Accusative (them), plural (many laws)*

- Γιατρ<u>έ</u>, πονάει το πόδι μου.
  I am addressing the doctor → *Vocative, singular (one doctor)*

- Φίλοι μου, τι κάνετε;
  I am addressing my friends → *Vocative, plural (many friends)*

- Ψάχνω <u>τον</u> Καναδ<u>ά</u> στον χάρτη.
  Q: What am I searching on the map? → *Accusative, singular*

- Σήμερα το χρώμα <u>του</u> ουραν<u>ού</u> είναι γκρίζο.
  Q: Whose color is grey today? → *Genitive, singular*

- Τα βιβλία <u>των</u> καθηγητ<u>ών</u> είναι βαριά.
  Q: Whose books are heavy? → *Genitive, plural (many professors)*

EXERCISES
ΑΣΚΗΣΕΙΣ

1. Let's practice the <u>genitive</u> of masculine nouns. – Ας εξασκήσουμε τη <u>γενική</u> των αρσενικών ουσιαστικών.

1. Το σπιτάκι _____ είναι ξύλινο. (ο σκύλος)
   little house   wooden

2. Το βιβλίο _____ είναι δύσκολο. (ο φοιτητής)
   *   difficult   college student*

3. Οι τσάντες _____ είναι βαριές. (οι μαθητές)
   *   heavy   school students, pupils*

4. Το πουκάμισο _____ είναι άσπρο. (ο Νίκος)
   shirt (with buttons)   white

5. Το ρολόι _____ πάει λάθος. (ο τοίχος)
   *   wrong   wall*

6. Η πολυθρόνα _____ είναι παλιά. (ο παππούς)
   armchair   old

7. «Το ρολόι _____ χτυπά μεσάνυχτα» είναι ένα γνωστό
   clock (also watch)   strikes   midnight   known, famous
   μυθιστόρημα του Μενέλαου Λουντέμη. (ο κόσμος)
   novel   world

8. Τα παγωτά _____ είναι πολύ νόστιμα. (ο παγωτατζής)
   *   tasty*

9. Οι οθόνες _____ είναι βρόμικες. (οι υπολογιστές)
   screens   dirty   computers

10. Τα λουλούδια _____ μυρίζουν υπέροχα. (ο κήπος)
    flowers   smell   wonderfully

11. Τα εργαλεία _____ είναι βαριά. (οι εργάτες)
    tools   heavy   workers

12. Τα φρούτα _____ είναι φρέσκα. (ο μανάβης)
    fruits   *fresh*   *grocer*

13. Τα μαλλιά _____ μου είναι μαύρα. (ο μπαμπάς)
    hair   *black*

14. Έσπασα το φλιτζανάκι _____. (ο καφές)
    I broke   little cup

15. Το παντελόνι _____ είναι μακρύ. (ο Αλέξης)
    pants   *long   proper name (short for Αλέξανδρος)*

16. Η φανέλα _____ είναι κόκκινη. (ο ποδοσφαιριστής)
    jersey, sports shirt   *red*   *soccer player*

17. Τα μαξιλάρια _____ είναι μαλακά. (ο καναπές)
    cushions   *soft*   *sofa*

18. Η φωνή _____ είναι καταπληκτική. (ο τραγουδιστής)
    voice   *terrific, amazing*   *singer (male)*

19. Το ψωμί _____ είναι ζεστό. (ο φούρνος)
    bread   *warm, hot*   *bakery (also oven)*

20. Το τρακτέρ _____ είναι πράσινο. (ο αγρότης)
    tractor   *green*   *farmer*

2. Let's practice the <u>accusative</u> of masculine nouns. – Ας εξασκήσουμε την <u>αιτιατική</u> των αρσενικών ουσιαστικών.

1. Κοιτάζω _____ και ονειρεύομαι. (ο ουρανός)
   I look/am looking   I dream/am dreaming   sky

2. Λατρεύω _____ μου. (ο αδελφός)
   I adore   *brother*

3. Τηρώ πάντα _____. (οι κανόνες)
   I abide by, I observe   *the rules (singular: ο κανόνας)*

4. Ο Γιάννης δεν ακούει ποτέ _____ του. (οι καθηγητές)
                listens to

5. Η Ελένη προσεύχεται _____ . (ο Θεός)
          prays   *σε + article and noun*   *God*

6. Προτιμώ _____ μου γλυκό. (ο καφές)
     I prefer   *sweet*

7. Παίζω ποδόσφαιρο με _____ μου. (οι φίλοι)
     I play *soccer*

8. Κάθομαι _____ και βλέπω τηλεόραση. (ο καναπές)
     I sit   *σε + article and noun*   *I watch* *television*

9. Η Βασιλική μιλάει με _____. (ο κύριος Γιώργος)
             talks/is talking

10. Έχει κίνηση _____. (ο δρόμος)
        traffic (also movement)   *σε + ...*

11. Τα πουλιά πετάνε ψηλά _____. (ο ουρανός)
      birds *fly* *high*   *σε + ...*

12. Σήμερα θα πάω _____ να πάρω φρούτα. (ο μανάβης)
              σε + ...

13. Πιστεύω _____ μου. (ο εαυτός)
      I believe *σε + ...*   *self*

14. Ο Χούλιο είναι από _____. (ο Παναμάς)
                       Panama

15. Κάνει κρύο, βάλε _____ σου! (ο σκούφος)
      cold *put on*   *beanie, knit cap*

16. Περιμένω _____. (ο ταχυδρόμος)
      I wait/am waiting   *postman*

17. Προσπαθώ να βγάλω _____ από το παντελόνι μου. (ο λεκές)
      I am trying *take off/out*   *stain*

18. Πίνω _____ με το καλαμάκι. (ο χυμός)
      I drink/am drinking   *straw* *juice*

19. Γράψε το όνομά σου _____. (ο πίνακας)
      Write *your name*   *board*

20. Πήδηξα πάνω από _____. (ο φράχτης)
      I jumped   *fence (also φράκτης)*

3. Let's practice the <u>vocative</u> of masculine nouns. – Ας εξασκήσουμε την <u>κλητική</u> των αρσενικών ουσιαστικών.

1. _____, πού είναι η μαμά; (ο μπαμπάς)

2. _____, έλα μαζί μου. (ο Κώστας)

                  come with me

3. _____, τι κάνετε; (ο κύριος Γιώργος)

4. _____ μου, άκου την προσευχή μου. (ο Θεός)

                hear, listen to   prayer

5. Σ' ευχαριστώ, _____ μου. (ο αδελφός)

6. «_____, όχι, δεν θα πω το ναι», λέει ένα γνωστό τραγούδι του Βασίλη Λέκκα. (ο ουρανός)
   (Τίτλος τραγουδιού: «Η μπαλάντα του Ούρι». Μουσική: Μάνος Χατζιδάκις)

7. «Μη φεύγεις _____, λίγο ακόμα μείνε», τραγουδάει η Τάνια

                              a bit more   *sings*
   Τσανακλίδου. (ο φίλος) (The song title is the word you have to fill in.)

8. «Φίλα με, _____ μου να γίνω Πούλια,

   Kiss me   *Pleiades*
   τραγούδι να μου λένε τα θαλασσοπούλια»,

   song   *seabirds*
   τραγούδησε η Δήμητρα Γαλάνη. (ο Αυγερινός)

                                               morning star
   (Τίτλος τραγουδιού: «Μια Κυριακή του Μάρτη»)

9. Κυρίες και _____, καλωσήρθατε στο θέατρό μας! (οι κύριοι)

                                 welcome   *theater*

10. «Θάλασσα, μη με διώχνεις μακριά!

           don't send me away
    _____, μου ματώνεις την καρδιά»,

                     you make my heart bleed
    λέει ένα πολύ γνωστό ερωτικό τραγούδι. (ο χωρισμός)

                love song   *separation*
    (Τίτλος γραγουδιού: «Θάλασσα»)

4. Put the masculine noun in the appropriate case. – Βάλε το αρσενικό ουσιαστικό στην κατάλληλη πτώση.

1. Θέλω πολύ να δω _____. (ο Παρθενώνας)
   the Parthenon

2. «Ο γύρος _____ σε 80 ημέρες» είναι ένα μυθιστόρημα του Ιουλίου Βερν. (ο κόσμος)
   Jules Verne   world
   (This is the Greek translation of "Around the world in 80 days".)

3. Αγόρασα πορτοκάλια από τον _____. (ο μανάβης)
   I bought   oranges

4. Πίνω _____ μου με λίγη ζάχαρη. (ο καφές)
   I drink   sugar

5. - Τι θα πάρετε, _____; (οι κύριοι)

   - Δύο _____. (οι καφέδες)

6. Τα φώτα _____ ανάβουν τη νύχτα. (ο δρόμος)
   lights   light up

7. _____ είναι το αγαπημένο μου όργανο. (ο μπαγλαμάς)
   favorite   instrument

8. Τα μπαστούνια _____ είναι ξύλινα. (οι παππούδες)
   walking canes   wooden

9. Αυτό το απορρυπαντικό βγάζει όλους _____. (οι λεκέδες)
   detergent   stains

10. _____ ρίχνουν τα δίχτυα τους στη θάλασσα. (οι ψαράδες)
    throw, drop   nets   fishermen

11. Το γραφείο _____ είναι στον δεύτερο όροφο. (ο γραμματέας)
    office (also desk)   floor   secretary (male)

12. «Πήγαινέ με όπου θέλεις, _____», λέει ένα ελληνικό λαϊκό
    Take me wherever you want
    τραγούδι. (ο ταξιτζής)

13. «Θα σε ξανάβρω _____ (οι μπαξέδες)
              find again

    τρεις του Σεπτέμβρη να περνάς

    και τσικουδιά _____ (οι καφενέδες)
          traditional Cretan alcoholic beverage

    τα παλικάρια, τα παλικάρια να κερνάς»,
      brave young men   *treat sb to sth*

    τραγουδάει η Άλκηστις Πρωτοψάλτη με τον Αντώνη Καλογιάννη.
    (The title of the song is the first verse that you have to complete.)

14. Ο γιατρός έχει το στηθοσκόπιο γύρω από _____ του. (ο λαιμός)
                   stethoscope   *neck*

15. Στο μουσείο βλέπουμε τα έργα πολλών _____ και
      museum *we see*   *the works*

    _____. (οι ζωγράφοι, οι γλύπτες)
        painters   *sculptors*

ANSWERS TO THE EXERCISES
ΛΥΣΕΙΣ ΤΩΝ ΑΣΚΗΣΕΩΝ

1. 1. του σκύλου, 2. του φοιτητή, 3. των μαθητών, 4. του Νίκου, 5. του τοίχου, 6. του παππού, 7. του κόσμου, 8. του παγωτατζή, 9. των υπολογιστών, 10. του κήπου, 11. των εργατών, 12. του μανάβη, 13. του μπαμπά, 14. του καφέ, 15. του Αλέξη, 16. του ποδοσφαιριστή, 17. του καναπέ, 18. του τραγουδιστή, 19. του φούρνου, 20. του αγρότη

2. 1. τον ουρανό, 2. τον αδελφό, 3. τους κανόνες, 4. τους καθηγητές, 5. στο(ν) Θεό, 6. τον καφέ, 7. τους φίλους, 8. στον καναπέ, 9. τον κύριο Γιώργο, 10. στο(ν) δρόμο, 11. στον ουρανό, 12. στο(ν) μανάβη, 13. στον εαυτό, 14. τον Παναμά, 15. το(ν) σκούφο, 16. τον ταχυδρόμο, 17. το(ν) λεκέ, 18. το(ν) χυμό, 19. στον πίνακα, 20. το(ν) φράχτη

3. 1. Μπαμπά, 2. Κώστα, 3. Κύριε Γιώργο, 4. Θεέ, 5. αδελφέ, 6. Ουρανέ, 7. φίλε, 8. Αυγερινέ, 9. κύριοι, 10. Χωρισμέ

4. 1. τον Παρθενώνα, 2. του κόσμου, 3. το(ν) μανάβη, 4. τον καφέ, 5. κύριοι, καφέδες, 6. του δρόμου, 7. Ο μπαγλαμάς, 8. των παππούδων, 9. τους λεκέδες, 10. Οι ψαράδες, 11. του γραμματέα, 12. ταξιτζή, 13. στους μπαξέδες, στους καφενέδες, 14. το(ν) λαιμό, 15. ζωγράφων, γλυπτών

FEMININE: common endings

Singular

Nom.	η γραμμ**ή**	η γυναίκ**α**	η πατρίδ**α**
	line	*woman*	*homeland*
Gen.	της γραμμ**ής**	της γυναίκ**ας**	της πατρίδ**ας**
Accus.	τη γραμμ**ή**	τη γυναίκ**α**	την πατρίδ**α**
Voc.	γραμμ**ή**	γυναίκ**α**	πατρίδ**α**

Plural

Nom.	οι γραμμ**ές**	οι γυναίκ**ες**	οι πατρίδ**ες**
Gen.	των γραμμ**ών**	των γυναικ**ών***	των πατρίδ**ων**
Accus.	τις γραμμ**ές**	τις γυναίκ**ες**	τις πατρίδ**ες**
Voc.	γραμμ**ές**	γυναίκ**ες**	πατρίδ**ες**

Singular

Nom.	η λέξ**η**	η δύναμ**η**
	word	*strengh, force*
Gen.	της λέξ**ης**	της δύναμ**ης**
Accus.	τη λέξ**η**	τη δύναμ**η**
Voc.	λέξ**η**	δύναμ**η**

Plural

Nom.	οι λέξ**εις**	οι δυνάμ**εις***	
Gen.	των λέξ**εων**	των δυνάμ**εων***	
Accus.	τις λέξ**εις**	τις δυνάμ**εις***	
Voc.	λέξ**εις**	δυνάμ**εις***	*Note the change in stress*

Let's look at the patterns:

Like **γραμμή**: ψυχή *(soul)*, αλλαγή *(change)*

Like **γυναίκα**: χώρα *(country)*, πόρτα, θάλασσα, ημέρα

Like **πατρίδα**: ελπίδα *(hope)*, εφημερίδα *(newspaper)*, εβδομάδα *(week)*

Like **λέξη**: σκέψη *(thought)*, πόλη *(city)*, γεύση *(taste)*, σχέση *(relationship)*

Like **δύναμη**: αίσθηση *(sensation)*, έκθεση *(exhibition, essay, report)*

FEMININE: exceptions and uncommon endings

Singular

Nom.	η γιαγ**ιά**	η αλεπ**ού**	η είσοδ**ος**†
	grandmother, old woman	*fox*	*entrance*
Gen.	της γιαγ**ιάς**	της αλεπ**ούς**	της εισόδ**ου***
Accus.	τη γιαγ**ιά**	την αλεπ**ού**	την είσοδ**ο**
Voc.	γιαγ**ιά**	αλεπ**ού**	είσοδ**ε**

Plural

Nom.	οι γιαγ**ιάδες**	οι αλεπ**ούδες**	οι είσοδ**οι**
Gen.	των γιαγ**ιάδων**	των αλεπ**ούδων**	των εισόδ**ων**
Accus.	τις γιαγ**ιάδες**	τις αλεπ**ούδες**	τις εισόδ**ους**
Voc.	γιαγ**ιάδες**	αλεπ**ούδες**	είσοδ**οι**

* Note the change in stress.

† *The ending –ος (preserved from the Ancient Greek) is similar to the masculine ending –ος, so these feminine nouns are inflected like masculine nouns. However, the gender of the word does not change, so the feminine article is used. The names of many Greek islands follow this inflection (e.g. η Μύκονος, η Πάρος, η Νάξος, η Σκόπελος, η Σύρος, η Αμοργός, η Θάσος, η Ρόδος).*

Let's look at the patterns:

Like **γιαγιά**: μαμά, Παναγιά *(this refers to the Virgin Mary, so it does not have a plural, except in a particular curse expression)*

Like **αλεπού**: μαϊμού *(monkey)*, καφετζού *(woman who makes and serves coffee and often reads the fortune in the sediment in the coffee cup)*

Like **είσοδος**: έξοδος *(exit)*, λεωφόρος *(avenue, boulevard)*, μέθοδος *(method)*, επέτειος *(anniversary)*, άνοδος *(ascent)*, κάθοδος *(descent)*

EXERCISES
ΑΣΚΗΣΕΙΣ

1. Let's practice the <u>genitive</u> of feminine nouns. – Ας εξασκήσουμε τη <u>γενική</u> των θηλυκών ουσιαστικών.

1. Ο γιος _____ είναι πέντε χρονών. (η Ελένη)
       son   *five years old*

2. Το σπίτι _____ είναι στο δάσος. (η γιαγιά)
                                   forest

3. Μου αρέσουν πολύ τα γλυκά _____. (η μαμά)
                          pastries

4. Τα πιάτα είναι στο ντουλάπι _____. (η κουζίνα)
      plates   *cabinet*   *kitchen*

5. «Τα λόγια _____» είναι μια συλλογή διηγημάτων του
       words   *collection*   *stories*
   Ανδρέα Καρκαβίτσα. (η πλώρη)
                         prow, bow of a ship

6. Η Όλγα είναι η αδελφή _____. (η Μαρία)

7. Μ' αρέσει να κοιτάζω τα φώτα _____ τη νύχτα. (η πόλη)

8. Ο θόρυβος _____ είναι ενοχλητικός. (οι πόλεις)
                                  annoying, disturbing

9. Στην αρχαία Ελλάδα, η Αθηνά ήταν η θεά _____. (η σοφία)
          ancient   *goddess*   *wisdom*

10. Το λιοντάρι είναι ο βασιλιάς _____. (η ζούγκλα)
        lion   *king*   *jungle*

11. Το λουρί _____ μου είναι πολύ μακρύ. (η τσάντα)
        strap   *long*   *bag, purse*

12. Λατρεύω τη σιωπή _____. (η νύχτα)
       I adore   *silence*

13. Η αγαπημένη μου ταινία είναι «Η μελωδία _____». (η ευτυχία)
                                                                                          happiness
    (This is how the movie title "The Sound of Music" was translated in Greek.)

14. Θέλεις να επισκεφτείς τα νησιά _____; (η Ελλάδα)
                   visit   *islands*

15. Αυτές τις μέρες διαβάζω το βιβλίο «Ταξίδι στο κέντρο _____»
    του Ιουλίου Βερν. (η Γη)
                         Earth
    (This is the Greek translaton of "Journey to the Center of the Earth")

16. «Η μπαλάντα _____ και _____» είναι ένα
          ballad
    υπέροχο τραγούδι σε μουσική του Μάνου Χατζιδάκι.
    (οι αισθήσεις, οι παραισθήσεις)
       senses, sensations   *illusions*

17. Ο Παρθενώνας βρίσκεται στον ιερό βράχο _____. (η Ακρόπολη)
                                          holy rock

18. Το κλίμα _____ είναι μεσογειακό, ενώ το κλίμα
            climate   *mediterranean*
    _____ είναι τροπικό. (η Ιταλία, η Κούβα)
                    tropical   *Italy*   *Cuba*

19. «Κόκκινο γαρίφαλο, κόκκινο γαρίφαλο
       red   *carnation*
    πάνω στο πουκάμισο στο μέρος _____» (η καρδιά)
                                                          heart
    τραγούδησε η Χάρις Αλεξίου με τον Γιάννη Πάριο.
                                                              accusative of Γιάννης Πάριος
    (Τίτλος τραγουδιού: «Κόκκινο γαρίφαλο»)

20. «Αθήνα, Αθήνα,
    χαρά _____ και _____ (η γη, η αυγή)
        joy   *earth*   *dawn*
    μικρό γαλάζιο κρίνο»
    little   *blue*   *lily*
    τραγούδησε η Νάνα Μούσχουρη.
    (Τίτλος τραγουδιού: «Αθήνα», σε μουσική του Μάνου Χατζιδάκι)

2. Let's practice the <u>accusative</u> of feminine nouns. – Ας εξασκήσουμε την <u>αιτιατική</u> των θηλυκών ουσιαστικών.

1. Λατρεύω _____ μου. (οι φίλες)

2. Σου χαρίζω αυτό το δώρο με όλη μου _____. (η αγάπη)*
   I give/offer you   *with all my*   *love*

   *By now you are probably used to what may seem like "excessive" use of the article "the" in Greek. "I come from the Athens, I go to the Greece, I love the Mexico", and here the sentence actually says "I offer you this the gift with all my the love".

3. Πίνω _____ μου σε ένα μεγάλο ποτήρι. (η πορτοκαλάδα)
        orange juice

4. Δε θέλω _____, θέλω _____. (οι φράουλες, οι μπανάνες)†
        strawberries

   †Note: if you use an article, it means "I don't want the strawberiess, I want the bananas", i.e. these particular strawberries and bananas. If you don't use an article, it means "I don't want strawberries, I want bananas", just like in English.

5. Έκοψα ένα τριαντάφυλλο από _____. (η τριανταφυλλιά)
   I cut (past tense)   *rose*   *rose bush*

6. Λατρεύω _____ και _____. (η Ζάκυνθος, η Κέρκυρα)
        Zakynthos   *Corfu*

7. Τα παιδιά παίζουν _____ (οι αυλές)
        σε + ...

8. «Όμορφή μου Κατερίνα,
   του μπαξέ μου καρδερίνα
        goldfinch
   άνοιξε _____ σου (η αγκαλιά)
   και τα ροδοφλέφαρά σου»
   τραγουδάει ο ανεπανάληπτος Αντώνης Καλογιάννης.
        unrepeatable, one of a kind
   (Τίτλος τραγουδιού: «Όμορφή μου Κατερίνα»)

9. «Μες σ' αυτή _____ είμαι μοναχή   (η βάρκα)
    <small>alone   boat</small>

    κι έχω συντροφιά μου κάτασπρο πουλί»
    <small>company   totally white   bird</small>

    τραγουδούσε η Αλίκη Βουγιουκλάκη στην ταινία «Μανταλένα» (η μουσική είναι του Μάνου Χατζιδάκι)

10. «Βρέχει πάλι απόψε στα σπιτάκια τα φτωχά
    <small>It's raining again tonight   poor</small>

    κι όμως στη δική σου _____ είναι ζεστά (η γωνιά)
    <small>and yet   corner, alcove</small>

    Έχεις λησμονήσει _____ την παλιά (η αγάπη)
    <small>you have forgotten   old</small>

    Βρέχει πάλι απόψε στη μικρή _____. (η γειτονιά)
    <small>   neighborhood</small>

    Κάποιος περνάει απ' το σπίτι σου μπροστά
    στέκει και κλαίει _____ (η γωνιά)
    <small>he stops/stands and cries   σε + ...</small>

    έχει στο στήθος της αγάπης _____ (η φωτιά)
    <small>   chest   fire</small>

    στα χείλη του _____.» (η παγωνιά)
    <small>   lips   freezing cold</small>

    Ένα αξέχαστο τραγούδι του Γιάννη Πουλόπουλου σε μουσική του
    <small>   unforgettable   (genitive of Γιάννης Πουλόπουλος)</small>
    Μίμη Πλέσσα. (Τίτλος τραγουδιού: «Βρέχει πάλι απόψε»)

3. Let's practice the <u>vocative</u> of feminine nouns. – Ας εξασκήσουμε την <u>κλητική</u> των θηλυκών ουσιαστικών.

1. _____, να σε κεράσω έναν καφέ; (η κοπελιά)
    <small>   luv, gal</small>

2. Γεια σου, _____! Τι κάνεις; (η Αλεξάνδρα)

3. _____ μου, πάμε μια βόλτα. (η αγάπη)

4. Γεια σου, _____. Έχουμε καιρό να τα πούμε. (η φιλενάδα)
   Hello, girlfriend   *η φίλη*

5. «_____, _____, τι μου 'χεις κάνει (η θάλασσα [use it twice])
                       what have you done to me
   για σένα έχασα κάθε λιμάνι»: ένα υπέροχο τραγούδι του Νίκου Νομικού.
        I missed/lost   port   *(genitive of Nikos Nomikos)*

6. _____, πού είναι τα παιχνίδια μου; (η μαμά)
                            toys (also: games)

7. «_____ μου, _____ μου, (η ζήλια)
                                              jealousy
   σαν την αγάπη είσαι τόσο δυνατή»,
                        strong
   τραγούδησε η Χάρις Αλεξίου.

8. «_____ μου, _____ μου, (η ιστορία, η αμαρτία)
                                                  history, story   sin
   λάθος μου μεγάλο
   mistake   big
   είσ' αρρώστια μου μες στα στήθια μου
        disease, illness   chest
   και πώς να σε βγάλω»,
                pull out, remove
   τραγουδούσε η Ρίτα Σακελλαρίου.

4. Put the feminine noun in the appropriate case. – Βάλε το θηλυκό ουσιαστικό στην κατάλληλη πτώση.

1. Η Μαγιόρκα είναι νησί _____. (η Ισπανία)

2. Η θεία Τασούλα είναι η αδελφή _____ μου. (η μαμά)
       aunt

3. Προτιμάς _____ ή _____; (η θάλασσα, η πισίνα)
      you prefer   *sea*   *pool*

4. Η μπλούζα _____ είναι κοντομάνικη ενώ η μπλούζα
                                 short-sleeved
   _____ είναι μακρυμάνικη. (η Δήμητρα, η Ειρήνη)
      long-sleeved

5. «Αχ _____ του χιονιά   (η Αννούλα)
         whiteout, heavy snow   *diminutive of Anna*
   δεν θα είμαι πια μαζί σου
   στου Δεκέμβρη τις εννιά
   που έχεις, Άννα, τη γιορτή* σου.»
   τραγούδησε ο Αντώνης Καλογιάννης.

   *γιορτή means party, holiday, celebration, name day. Here it refers to "name day" (the full term would be ονομαστική γιορτή); it is the day a Saint is celebrated in the Greek Orthodox religion, and all people named after that Saint celebrate as well; it is their name day. Anna celebrates on December 9, as we read in the 3rd verse of this song, because that is when Saint Anna, mother of Virgin Mary, was conceived according to the Orthodox tradition.

6. Τρώω μια πολύ νόστιμη _____ και πίνω _____.
   (η τυρόπιτα, η λεμονάδα)
         cheese pie   *lemonade*

7. «Καλημέρα, καινούρια μου _____, (η αγάπη)
   καλημέρα, καινούρια _____, (η ζωή)
   από σήμερα τέλος τα λάθη
   φτάνει να 'μαστε πάντα μαζί»,
   τραγούδησε η Άννα Βίσση. (The title of the song is the first verse that you have to complete.)

8. Λατρεύω την ελληνική _____ και ειδικά _____.
   (η γλώσσα, η γραμματική)   *especially*

9. Η Νάνα Μούσχουρη είναι μια από τις αγαπημένες μου _____.
   (οι τραγουδίστριες)

10. «Μεθυσμένη πολιτεία κάποιας άλλης _____ (η εποχή)
     Drunk   town   *era, season*
     σε γυρεύω στο τραγούδι _____ (η βροχή)
     σε ψάχνω, I'm looking for you   *rain*

     μια παλιά _____ στο συρτάρι το κλειστό (η φωτογραφία)
                        drawer   closed   *photograph*
     μεθυσμένη πολιτεία, σ' αγαπώ»,
     τραγούδησε η Άννα Βίσση (this song is the soundtrack of the old TV series «Μεθυσμένη πολιτεία»).

ANSWERS TO THE EXERCISES
ΛΥΣΕΙΣ ΤΩΝ ΑΣΚΗΣΕΩΝ

1. 1. της Ελένης, 2. της γιαγιάς, 3. της μαμάς, 4. της κουζίνας, 5. της πλώρης, 6. της Μαρίας, 7. της πόλης, 8. των πόλεων, 9. της σοφίας, 10. της ζούγκλας, 11. της τσάντας, 12. της νύχτας, 13. της ευτυχίας, 14. της Ελλάδας, 15. της Γης, 16. των αισθήσεων, των παραισθήσεων, 17. της Ακρόπολης, 18. της Ιταλίας, της Κούβας, 19. της καρδιάς, 20. της γης, της αυγής

2. 1. τις φίλες, 2. την αγάπη, 3. την πορτοκαλάδα, 4. φράουλες, μπανάνες (or τις φράουλες, τις μπανάνες), 5. την τριανταφυλλιά, 6. τη Ζάκυνθο, την Κέρκυρα, 7. στις αυλές, 8. την αγκαλιά, 9. τη βάρκα, 10. τη γωνιά, την αγάπη, τη γειτονιά, στη γωνιά, τη φωτιά, την παγωνιά

3. 1. Κοπελιά, 2. Αλεξάνδρα, 3. Αγάπη, 4. φιλενάδα, 5. Θάλασσα, θάλασσα, 6. Μαμά, 7. Ζήλια, ζήλια, 8. Ιστορία, αμαρτία

4. 1. της Ισπανίας, 2. της μαμάς, 3. τη θάλασσα, την πισίνα / θάλασσα, πισίνα 4. της Δήμητρας, της Ειρήνης, 5. Αννούλα, 6. τυρόπιτα, λεμονάδα, 7. αγάπη, ζωή, 8. γλώσσα, τη γραμματική, 9. τραγουδίστριες, 10. εποχής, της βροχής, φωτογραφία

NEUTER: common endings

Singular

Nom.	το νερ**ό**	το δέντρ**ο**	το παιδ**ί**
	water	*tree*	*child*
Gen.	του νερ**ού**	του δέντρ**ου**	του παιδ**ιού**
Accus.	το νερ**ό**	το δέντρ**ο**	το παιδ**ί**
Voc.	νερ**ό**	δέντρ**ο**	παιδ**ί**

Plural

Nom.	τα νερ**ά**	τα δέντρ**α**	τα παιδ**ιά**
Gen.	των νερ**ών**	των δέντρ**ων**	των παιδ**ιών**
Accus.	τα νερ**ά**	τα δέντρ**α**	τα παιδ**ιά**
Voc.	νερ**ά**	δέντρ**α**	παιδ**ιά**

Singular

Nom.	το όνο**μα**	το λάθ**ος**
	name	*error, mistake*
Gen.	του ονό**ματος***	του λάθ**ους**
Accus.	το όνο**μα**	το λάθ**ος**
Voc.	όνο**μα**	λάθ**ος**

Plural

Nom.	τα ονό**ματα**	τα λάθ**η**
Gen.	των ονο**μάτων***	των λαθ**ών***
Accus.	τα ονό**ματα**	τα λάθ**η**
Voc.	ονό**ματα**	λάθ**η**

*Note the change in stess

Let's look at the patterns:

Like **νερό**: μυαλό *(mind, brain)*, χωριό *(village)*, ποτό *(drink)*, βουνό *(mountain)*

Like **δέντρο**: πλοίο, βιβλίο, χόρτο *(grass)*, φύλλο *(leaf)*

Like **παιδί**: χέρι *(hand)*, σπίτι *(house)*, τραγούδι, νησί *(island)*

Like **όνομα**: βήμα *(step)*, πρόβλημα *(problem)*, ρήμα *(verb)*, πράγμα *(thing)*, μάθημα, σώμα *(body)*, θέμα *(theme, subject)*, χρώμα *(color)*, γράμμα *(letter)*, φόρεμα *(dress)*, έγκλημα *(crime)*, κόσμημα *(jewel)*, δόλωμα *(bait)*

Like **λάθος**: πάθος *(passion)*, έτος *(year)*, μέγεθος *(size)*, τέλος *(end)*, είδος *(type, kind)*, βάθος *(depth)*, μήκος *(length)*, πλάτος *(width)*, ύψος *(height)*

NEUTER: exceptions and uncommon endings

Singular

Nom.	το ντύσι**μο**	το προϊ**όν**	το κρέ**ας**
	outfit, dressing style	*product*	*meat*
Gen.	του ντυσί**ματος**	του προϊ**όντος**	του κρέ**ατος**
Accus.	το ντύσι**μο**	το προϊ**όν**	το κρέ**ας**
Voc.	ντύσι**μο**	προϊ**όν**	κρέ**ας**

Plural

Nom.	τα ντυσί**ματα**	τα προϊ**όντα**	τα κρέ**ατα**
Gen.	των ντυσι**μάτων***	των προϊ**όντων**	των κρε**άτων***
Accus.	τα ντυσί**ματα**	τα προϊ**όντα**	τα κρέ**ατα**
Voc.	ντυσί**ματα**	προϊ**όντα**	κρέ**ατα**

Singular

Nom.	το σύμπ**αν**	το φ**ως**
Gen.	του σύμπ**αντος**	του φ**ωτός**
Accus.	το σύμπ**αν**	το φ**ως**
Voc.	σύμπ**αν**	φ**ως**

Plural

Nom.	τα σύμπ**αντα**	τα φ**ώτα**
Gen.	των συμπ**άντων***	των φ**ώτων**
Accus.	τα σύμπ**αντα**	τα φ**ώτα**
Voc.	σύμπ**αντα**	φ**ώτα**

*Note the change in stess

Rare endings:

- **-υ:** το οξύ *(acid)*, του οξέος, το οξύ, οξύ, τα οξέα, των οξέων, τα οξέα, οξέα

- **-εν:** το φωνήεν *(vowel)*, του φωνήεντος, το φωνήεν, φωνήεν, τα φωνήεντα, των φωνηέντων, τα φωνήεντα, φωνήεντα

Let's look at the patterns:

Like **ντύσιμο**: γράψιμο *(writing)*, τρέξιμο *(runnning)*, κάψιμο *(burn)*, πλέξιμο *(knitting, braiding)*, ράψιμο *(sewing, stitching)*, κόψιμο *(cutting)*, δέσιμο *(binding, tying)*, etc.

Nouns with this ending are abstract nouns derived from verbs:
ντύσιμο *from* ντύνω *(to dress)*/ντύνομαι *(to get dressed)*,
γράψιμο *from* γράφω *(to write)*,
τρέξιμο *from* τρέχω *(to run)*,
κάψιμο *from* καίω *(to burn)*,
πλέξιμο *from* πλέκω *(to knit, to braid)*,
ράψιμο *from* ράβω *(to sew)*,
κόψιμο *from* κόβω *(to cut)*,
δέσιμο *from* δένω *(to tie, bind)*, etc.

Like **προϊόν**: ον *(being)*, ενδιαφέρον *(interest - as in something interesting)*, συμφέρον *(interest – as in best interest, benefit (not as in interest rate))*, καθήκον *(duty, obligation)*

Like **κρέας**: τέρας *(monster)*, πέρας *(completion, end)*, πάγκρεας *(pancreas)*

Like **σύμπαν**: παν *(everything;* often used in the plural: τα πάντα*)*

Like **φως**: καθεστώς *(regime)*

EXERCISES
ΑΣΚΗΣΕΙΣ

1. Let's practice the <u>genitive</u> of neuter nouns. – Ας εξασκήσουμε τη <u>γενική</u> των ουδέτερων ουσιαστικών.

1. Κάνω ευχάριστα τα μαθήματα _____. (το σχολείο)
   with pleasure

2. Τα ρούχα _____ είναι καθαρά. (τα παιδιά)
   clothes   *clean*

3. Μήπως ξέρετε πού είναι η στάση _____; (το λεωφορείο)
                          the stop   *bus*

4. Το σπίτι _____ είναι ένα πολύ γνωστό μυθιστόρημα που έγινε ταινία. (τα πνεύματα)
   which was made into a movie   *spirits*
   (This is the Greek title of Isabel Allende's novel "The House of the Spirits")

5. Οι νόμοι _____ είναι δίκαιοι. (το κράτος)
   laws   *fair, just*   *state (in the sense of civil government), nation*

6. Λατρεύω τη ζέστη _____. (το καλοκαίρι)
                                              summer

7. Βάφω τα νύχια _____ μου κόκκινα και τα νύχια
   I'm painting *nails*   *red*
   _____ μου ροζ. (τα χέρια, τα πόδια)
                  pink

8. Τα φίδια αυτού _____ είναι δηλητηριώδη. (το είδος)
      snakes   *poisonous*   *type, kind*

9. Βρήκες τη λύση _____; (το πρόβλημα)
   you found   solution

10. Πού είναι η πλατεία _____; (το χωριό)

11. Δεν ξέρω τους στίχους _____. (το τραγούδι)
    lyrics, verses

12. Η ταχύτητα _____ είναι 300.000 km/s (τριακόσιες χιλιάδες χιλιόμετρα το δευτερόλεπτο). (το φως)
    Note that a period is used to denote thousands, as we saw in the Numbers chapter.

13. Σ' αρέσει το χρώμα αυτού _____; (το φόρεμα)
    dress

14. Η αρχή είναι το ήμισυ _____. (το παν)
    beginning   το μισό, half
    This is a common saying, "the beginning is half of everything", i.e. the most important thing is to start / the first step is the most important.

15. «Ένα κοχύλι μες στο φως _____ (το φεγγάρι)
    seashell   moon
    το στόμα _____ (το παλικάρι)
    mouth   brave young man
    μέσα απ' το φύσημα του ανέμου
            blowing   of the wind
    σε καρτερώ να'ρθεις καλέ μου,
    wait, περιμένω   my dear (vocative of καλός)
    σε καρτερώ να'ρθεις καλέ μου
    στον ήλιο _____» (το μεσημέρι)
                noon
    τραγούδησε η Αλίκη Βουγιουκλάκη με τον Δημήτρη Παπαμιχαήλ.
    (Ο τίτλος του τραγουδιού είναι ο τελευταίος στίχος.)

16. «Γη της λεμονιάς, της ελιάς,
    Land   lemon tree   olive tree
    γη της αγκαλιάς, της χαράς,
    hugging   joy
    γη _____, _____, (το πεύκο, το κυπαρίσσι)
    pine tree   cypress
    _____ και της αγάπης (τα παλικάρια)

    Χρυσοπράσινο φύλλο ριγμένο στο πέλαγο.
    golden-green   leaf   thrown   sea (also πέλαγος)*

    . . .

    Γη _____ που γελούν, (τα κορίτσια)
    who laugh

    γη _____ που μεθούν, (τα αγόρια)
    who get drunk

    γη _____, του χαιρετισμού (το μύρο)
    greeting, salute   myrrh

    Κύπρος της αγάπης και _____ (το όνειρο)
    Cyprus   dream

    Χρυσοπράσινο φύλλο ριγμένο στο πέλαγο.»

Ένα τραγούδι γραμμένο για την Κύπρο το 1964, σε στίχους του Λεωνίδα Μαλένη και μουσική του Μίκη Θεοδωράκη. Τραγουδήθηκε από πάρα πολλούς καλλιτέχνες. – *A song written for Cyprus in 1964; lyrics by Leonidas Malenis and music by Mikis Theodorakis. It has been sung by numerous artists.*

*as in Αιγαίο Πέλαγος (Aegean Sea), Ιόνιο Πέλαγος (Ionian Sea), etc.

2. Let's practice the <u>accusative</u> of neuter nouns. They are given in the singular, you may have to change some to the plural. – Ας εξασκήσουμε την <u>αιτιατική</u> των ουδέτερων ουσιαστικών. Δίνονται στον ενικό, ίσως χρειαστεί να βάλεις μερικά στον πληθυντικό.

1. Ο Γιώργος έχει δύο _____. (το αυτοκίνητο)

2. Έβαλα τρία _____ στο γράμμα. (το γραμματόσημο)
   I put (past tense)   *stamp*

3. Αγαπώ πολύ _____, ειδικά _____ και _____.
   (το ζώο, το άλογο, το σκυλί)
   animal   horse   dog

4. Ποια ήταν τα αγαπημένα σου _____ στο πανεπιστήμιο;
   (το μάθημα)   *university*

5. Θέλω να πάω διακοπές _____. (το νησί)
                        σε + ...

6. Έκανα πολλά _____ στο διαγώνισμα. (το λάθος)
   I made   *test, exam*

7. Σου ζητάω συγγνώμη από _____ της καρδιάς μου. (το βάθος)
   ask, request forgiveness, sorry   *depth*

8. Σβήσε _____ και κοιμήσου. (το φως)
   Turn off   *sleep (imperative)*

9. Λατρεύω _____. Τρώω _____! (το φαγητό, το παν)

10. «Και δεν κρατάω πια _____ (το κλάμα)
         hold, hold back   *crying*

   μεσάνυχτα με βρίσκουν μοναχή να σκίζω _____ (το γράμμα)
     midnight   *alone*   *tearing up*   *letter*

   να βρίζω και να σπάω σαν τρελή στους τοίχους _____ (το πράγμα)
     cursing   *breaking*   *crazy*   *walls*   *thing*

   να λέω "θα γυρίσει, δεν μπορεί, ως _____"» (το χάραμα)
           come back   *dawn, sunrise*

   τραγούδησε η Άννα Βίσση (τίτλος τραγουδιού: «Πράγματα»).

Note the use of double quotes here. When we have quotes within quotes, the outer ones are « ... » and the inner ones are " ... ". And if we had a third set, it would be single quotes ' ... '.

E.g. Το μυθιστόρημα αρχίζει ως εξής: «Ο Κωστάκης ρώτησε τη μαμά
          novel   *begins*   *as follows*   *asked*
του: "Μαμά, τι σημαίνει 'ερπετό';" κι εκείνη του εξήγησε».
                         reptile   *explained*

3. Let's practice the <u>vocative</u> of neuter nouns. – Ας εξασκήσουμε την <u>κλητική</u> των ουδέτερων ουσιαστικών.

1. Αμάν βρε _____ μου! Πρόσεχε λίγο! (το παιδάκι)
   be careful

2. _____, πώς σε λένε; (το κοριτσάκι)

3. «Αχ, _____μου, (το χελιδόνι)
   swallow
   πώς να πετάξεις σ' αυτό το μαύρο τον ουρανό»
   how can you fly in this black sky
   τραγουδάει ο Γιώργος Νταλάρας. (Ο τίτλος του τραγουδιού είναι ο πρώτος στίχος.)

4. «Εμπρός, λοιπόν, καλό μου _____! Εμπρός, λοιπόν, καλό μου
   Go ahead
   _____», έλεγε ο Αστυνόμος Σαΐνης. (το χέρι, το ελικόπτερο)
   Inspector Gadget   *helicopter*

5. Ελάτε, _____! Αρχίζει το μάθημα. (τα παιδιά)

6. Πώς είσαι, _____ μου; Έχω καιρό να σε δω. (το Μαράκι)
   It's been a while /   *dinimutive of* η Μαρία
   I haven't seen you in a while

Not too many examples here of a neutral vocative, as you can see. We use the vocative to address or call someone, and that's usually another person, so it's masculine or feminine. We find the neutral vocative a lot in poems and songs, as in the children's song "αχ, παλιοκουνούπι, τώρα θα σου δείξω" ("ah, darned mosquito, now I'll show you") or as in the song lyrics of item 3 above, but it's not too common in everyday language. Unless, of course, you're Inspector Gadget and you regularly talk to your hat and limbs; but I assume you aren't.

4. Put the neuter noun in the right case. – Βάλε το ουδέτερο ουσιαστικό στη σωστή πτώση.

1. Λύθηκε το κορδόνι _____ μου. (το παπούτσι)
   got untied   shoelace, string

2. Η αγάπη είναι _____. (το παν)

3. Ο οδηγός _____ είναι πολύ κουρασμένος. (το φορτηγό)
   driver   tired   truck

4. _____ είναι πολύ μεγάλο. Το κόβω με _____ γιατί
                                                    I cut
   χρειάζομαι ένα _____ μικρότερου _____.
   I need   smaller
   (το χαρτί, το ψαλίδι, το χαρτί, το μέγεθος)
   paper   scissors   size

5. Τι υπέροχο που είναι το άρωμα _____! (τα λουλούδια)
                              scent, aroma

6. Πες το τραγούδι με _____! (το πάθος)
                         passion

7. Δώσε μου τον αριθμό _____ σου. (το τηλέφωνο)

8. Στην κορυφή _____ έχει* _____. (το βουνό, τα χιόνια)
                                                  mountain   snow
   *This is an impersonal έχει, meaning there is / there are.

9. Βάλε λίγο _____ στο _____ μου. Μ' αρέσει η γεύση
   Put (imperative)   *taste*
   αυτού _____. (το κρασί, το ποτήρι, το κρασί)
              wine

10. _____ παίζουν στην αυλή _____. Σε λίγο θα χτυπήσει
    _____ και θα τελειώσει _____. Τα παιδιά θα μπούνε
    στην τάξη για το επόμενο _____. Την ώρα _____ κάνουν
                          classroom   next
    ησυχία. Όταν ένα παιδί θέλει να πει κάτι, σηκώνει _____ του.
    silence, quiet   raise, lift
    Όταν τελειώσουν _____, τα παιδιά μπαίνουν _____
    και επιστρέφουν _____ τους.
    return, go back   σε + ...   *σε + ...*
    (τα παιδιά, το σχολείο, το κουδούνι, το διάλειμμα, μάθημα, το μάθημα,
                                     bell   recess
    το χέρι, τα μαθήματα, το σχολικό, το σπίτι)
                         school bus

ANSWERS TO THE EXERCISES
ΛΥΣΕΙΣ ΤΩΝ ΑΣΚΗΣΕΩΝ

1. 1. του σχολείου, 2. των παιδιών, 3. του λεωφορείου, 4. των πνευμάτων, 5. του κράτους, 6. του καλοκαιριού, 7. των χεριών, των ποδιών, 8. του είδους, 9. του προβλήματος, 10. του χωριού, 11. του τραγουδιού, 12. του φωτός, 13. του φορέματος, 14. του παντός, 15. του φεγγαριού, του παλικαριού, του μεσημεριού, 16. του πεύκου, του κυπαρισσιού, των παλικαριών, των κοριτσιών, των αγοριών, του μύρου, του ονείρου

2. 1. αυτοκίνητα, 2. γραμματόσημα, 3. τα ζώα, τα άλογα, τα σκυλιά, 4. μαθήματα, 5. στα νησιά / στο νησί, 6. λάθη, 7. τα βάθη, 8. το φως / τα φώτα, 9. στο φαγητό, τα πάντα, 10. τα κλάματα, γράμματα, πράγματα, τα χαράματα

3. 1. παιδάκι, 2. Κοριτσάκι, 3. χελιδόνι, 4. χέρι, ελικόπτερο, 5. παιδιά, 6. Μαράκι

4. 1. του παπουτσιού, 2. το παν, 3. του φορτηγού, 4. Το χαρτί, το ψαλίδι, χαρτί, μεγέθους, 5. των λουλουδιών, 6. πάθος, 7. (του) τηλεφώνου, 8. του βουνού, χιόνια, 9. κρασί, ποτήρι, του κρασιού, 10. Τα παιδιά, του σχολείου, το κουδούνι, το διάλειμμα, μάθημα, του μαθήματος, το χέρι, τα μαθήματα, στο σχολικό / στα σχολικά, στο σπίτι/στα σπίτια

DEMONSTRATIVE PRONOUNS
ΔΕΙΚΤΙΚΕΣ ΑΝΤΩΝΥΜΙΕΣ

αυτός: this,   *εκείνος*: that

Singular

	Masc.	*Fem.*	*Neut.*
Nom.	αυτός	αυτή	αυτό
Gen.	αυτού	αυτής	αυτού
Accus.	αυτόν	αυτή(ν)	αυτό

Plural

	Masc.	*Fem.*	*Neut.*
Nom.	αυτοί	αυτές	αυτά
Gen.	αυτών	αυτών	αυτών
Accus.	αυτούς	αυτές	αυτά

Singular

	Masc.	*Fem.*	*Neut.*
Nom.	εκείνος	εκείνη	εκείνο
Gen.	εκείνου	εκείνης	εκείνου
Accus.	εκείνον	εκείνη(ν)	εκείνο

Plural

	Masc.	*Fem.*	*Neut.*
Nom.	εκείνοι	εκείνες	εκείνα
Gen.	εκείνων	εκείνων	εκείνων
Accus.	εκείνους	εκείνες	εκείνα

EXERCISES
ΑΣΚΗΣΕΙΣ

1. Put the demonstrative pronoun <u>*αυτός*</u> in the right person and number so that it agrees with the noun (all in the nominative). – Βάλε τη δεικτική αντωνυμία <u>*αυτός*</u> στο σωστό πρόσωπο και αριθμό ώστε να συμφωνεί με το ουσιαστικό (όλα στην ονομαστική).

1. _____ το ποτήρι
2. _____ τα τραπέζια
3. _____ οι δρόμοι
4. _____ ο άνθρωπος
5. _____ η μέρα
6. _____ οι νύχτες
7. _____ ο υπολογιστής
8. _____ τα δάση
   το δάσος: forest
9. _____ το ποντίκι
   το ποντίκι: mouse
10. _____ η αγάπη
11. _____ οι καρέκλες
    η καρέκλα: chair
12. _____ τα σύννεφα
    το σύννεφο: cloud
13. _____ η βροχή
14. _____ το λάθος
15. _____ οι διακοπές
16. _____ οι μελωδίες
17. _____ οι καθηγητές
18. _____ τα παπούτσια
19. _____ τα μέρη
    το μέρος: place
20. _____ το ποτό

2. Put the demonstrative pronoun _εκείνος_ in the right person and number so that it agrees with the noun (all in the nominative). – Βάλε τη δεικτική αντωνυμία _εκείνος_ στο σωστό πρόσωπο και αριθμό ώστε να συμφωνεί με το ουσιαστικό (όλα στην ονομαστική).

1. _____ τα χρόνια
2. _____ ο καναπές
3. _____ το παιδί
4. _____ η κότα
   hen
5. _____ οι πόρτες
6. _____ οι χάρτες
   maps
7. _____ τα βουνά
8. _____ το γραφείο
9. _____ η βρύση
   faucet, tap
10. _____ τα μπουκάλια
    το μπουκάλι: bottle
11. _____ ο τραγουδιστής
12. _____ τα νησιά
13. _____ οι σημειώσεις
    η σημείωση: note
14. _____ το σχολείο
15. _____ τα γαρίφαλα
16. _____ οι στόχοι
    ο στόχος: goal, target
17. _____ ο πόθος
    desire
18. _____ η εποχή
    era, season
19. _____ τα αγόρια
20. _____ οι αναμνήσεις
    η ανάμνηση: memory, recollection

3. Put the demonstrative pronoun *αυτός* in the right form (case, person, and number). – Βάλε τη δεικτική αντωνυμία *αυτός* στο σωστό τύπο (πτώση, πρόσωπο και αριθμό).

1. _____ το κορίτσι είναι ξανθό.
   blond

2. _____ η μπάλα είναι ξεφούσκωτη.
   deflated

3. Δώσε μου _____ τα μολύβια, σε παρακαλώ.
   Give me (imperative)   *pencils*

4. _____ το τηλέφωνο είναι του Νίκου.

5. Κάνει πολύ κρύο _____ τις μέρες.

6. _____ το καλοκαίρι θα πάμε διακοπές στη Ρόδο.
   η Ρόδος: the island of Rhodes

7. Τι νόστιμες που είναι _____ οι μπανάνες!
   tasty

8. Τα παιδιά _____ των γυναικών πηγαίνουν στο σχολείο.

9. Τα σύνορα ανάμεσα σ' _____ τις χώρες είναι ανοιχτά.
   borders between   *open*

10. Εντάξει, _____ τη φορά σε συγχωρώ.
    I forgive you

11. Δεν υπάρχουν πίνακες σ' _____ τους τοίχους.
    paintings   *walls*

12. _____ ο χρόνος είναι δίσεκτος.
    year   *leap*

13. _____ τα γυαλιά ηλίου είναι πλαστικά.
    sunglasses

14. Το θέμα _____ του βιβλίου είναι πολύ ενδιαφέρον.
    topic, subject   *interesting*

4. Put the demonstrative pronoun *εκείνος* in the right form (case, person, and number). – Βάλε τη δεικτική αντωνυμία *εκείνος* στο σωστό τύπο (πτώση, πρόσωπο και αριθμό).

1. - Αυτός είναι ο μπαμπάς σου;
   - Όχι, είναι __εκείνος__.

2. - Σ' αρέσει αυτή η φούστα;
   - Ναι, αλλά προτιμώ __εκείνη__.

3. Αυτά τα βιβλία είναι βαριά, αλλά __εκείνα__ είναι ελαφριά.

4. Γιατί τρως αυτές τις φράουλες; __Εκείνες__ είναι πολύ πιο νόστιμες.

5. Αυτά τα κορίτσια είναι φίλες μου, ενώ __εκείνα__ δεν είναι.
   Remember: το κορίτσι *is neuter, although it is a girl.*

6. Η τσάντα αυτού του αγοριού είναι κόκκινη, ενώ η τσάντα __εκείνου__ του αγοριού είναι μαύρη.

   You could omit the 2nd instance of "τσάντα" here, it is included only for clarity. The sentence would become «Η τσάντα αυτού του αγοριού είναι κόκκινη, ενώ __εκείνου__ του αγοριού είναι μαύρη» (lLike in English, "this boy's bag is red but that boy's is black", without having to say "that boy's bag").
   In fact you could even omit the 2nd instance of "αγοριού": «Η τσάντα αυτού του αγοριού είναι κόκκινη, ενώ __εκείνου__ είναι μαύρη» (This boy's bag is red but that one's is black).

7. Ποιο είναι το αυτοκίνητό σου; Αυτό εδώ ή __εκείνο__ εκεί;

8. Θέλεις αυτόν τον καφέ ή __εκείνον__;

9. Τα λουλούδια αυτής της αυλής μυρίζουν υπέροχα, ενώ τα λουλούδια __εκείνης__ της αυλής είναι ξερά.
   dry
   Here you could omit "τα λουλούδια" from the 2nd part of the sentence: «Τα λουλούδια αυτής της αυλής μυρίζουν υπέροχα, ενώ __εκείνης__ της αυλής είναι ξερά». And you can also omit the second instance of "της αυλής": «Τα λουλούδια αυτής της αυλής μυρίζουν υπέροχα, ενώ __εκείνης__ είναι ξερά.»

10. Αυτό το ποδήλατο έχει κουδουνάκι, όμως _____ δεν έχει.
    το κουδούνι: bell

11. _____ η καρέκλα είναι ξύλινη, ενώ _____ το καρεκλάκι είναι πλαστικό.

12. _____ τα νησιά είναι οι Σποράδες.

5. Put the noun in the right form so that it agrees with the demonstrative pronoun. – Βάλε το ουσιαστικό στον σωστό τύπο ώστε να συμφωνεί με τη δεικτική αντωνυμία.

1. Αυτή _____ είναι πολύ ευχάριστη. (η δουλειά)
   pleasant   work, job

2. Αυτός _____ είναι πικρός. (ο καφές)
   bitter

3. Βάλε μου λίγο νερό σ' αυτό _____. (το ποτηράκι)

4. Αυτόν _____ έχω πολλή δουλειά. (ο καιρός)

5. Αυτές _____ κάνει πολλή ζέστη. (η μέρα)
   These days it is very hot.

6. Βάλε αυτές _____ στη σαλάτα. (η ντομάτα)

7. Δώσε μου εκείνο _____ κι εκείνα _____, σε παρακαλώ. (το τετράδιο, το βιβλίο)
   notebook

8. Σ' αρέσουν εκείνες _____; (η μπότα)
   boot

9. Η πλατεία αυτού _____ είναι γεμάτη μαγαζάκια. (το χωριό)
   town square   full of   το μαγαζί: shop, store

10. Η φωνή _____ της τραγουδίστριας μου αρέσει πολύ. (η τραγουδίστρια)

ANSWERS TO THE EXERCISES
ΛΥΣΕΙΣ ΤΩΝ ΑΣΚΗΣΕΩΝ

1. 1. αυτό, 2. αυτά, 3. αυτοί, 4. αυτός, 5. αυτή, 6. αυτές, 7. αυτός, 8. αυτά, 9. αυτό, 10. αυτή, 11. αυτές 12. αυτά, 13. αυτή, 14. αυτό, 15. αυτές, 16. αυτές, 17. αυτοί, 18. αυτά, 19. αυτά, 20. αυτό

2. 2. εκείνα, 2. εκείνος, 3. εκείνο, 4. εκείνη, 5. εκείνες, 6. εκείνοι, 7. εκείνα, 8. εκείνο, 9. εκείνη, 10. εκείνα, 11. εκείνος, 12. εκείνα, 13. εκείνες, 14. εκείνο, 15. εκείνα, 16. εκείνοι, 17. εκείνος, 18. εκείνη, 19. εκείνα, 20. εκείνες

3. 1. Αυτό, 2. Αυτή, 3. αυτά, 4. Αυτό, 5. αυτές, 6. Αυτό, 7. αυτές, 8. αυτών, 9. αυτές, 10. αυτή, 11. αυτούς, 12. Αυτός, 13. Αυτά, 14. αυτού

4. 1. εκείνος, 2. εκείνη(ν), 3. εκείνα, 4. Εκείνες, 5. εκείνα, 6. εκείνου, (εκείνου, εκείνου), 7. εκείνο, 8. εκείνον, 9. εκείνης, (εκείνης, εκείνης), 10. εκείνο, 11. Εκείνη, εκείνο, 12. Εκείνα

5. 1. η δουλειά, 2. ο καφές, 3. το ποτηράκι, 4. τον καιρό, 5. τις μέρες, 6. τις ντομάτες, 7. το τετράδιο, τα βιβλία, 8. οι μπότες, 9. του χωριού, 10. της τραγουδίστριας

POSSESSIVE PRONOUNS
ΚΤΗΤΙΚΕΣ ΑΝΤΩΝΥΜΙΕΣ

η μαμά **μου**	my
ο μπαμπάς **σου**	your
ο αδελφός **του**	his
ο ξάδελφός **της**	her
οι φίλοι **του**	its
το βιβλίο **μας**	our
το σπίτι **σας**	your (plural/polite)
το παιδί **τους**	their

The above is called the "weak form" or "simple form".

For emphasis we use the "strong form":

		masculine	*feminine*	*neuter*
mine	singular	**δικός μου**	**δική μου/δικιά μου**	**δικό μου**
	plural	**δικοί μου**	**δικές μου**	**δικά μου**
yours	singular	**δικός σου**	**δική σου**	**δικό σου**
	plural	**δικοί σου**	**δικές σου**	**δικά σου**
his	singular	**δικός του**	**δική του**	**δικό του**
	plural	**δικοί του**	**δικές του**	**δικά του**
hers	singular	**δικός της**	**δική της**	**δικό της**
	plural	**δικοί της**	**δικές της**	**δικά της**
its	singular	**δικός του**	**δική του**	**δικό του**
	plural	**δικοί του**	**δικές του**	**δικά του**
ours	singular	**δικός μας**	**δική μας**	**δικό μας**
	plural	**δικοί μας**	**δικές μας**	**δικά μας**
yours	singular	**δικός σας**	**δική σας**	**δικό σας**
	plural	**δικοί σας**	**δικές σας**	**δικά σας**
theirs	singular	**δικός τους**	**δική τους**	**δικό τους**
	plural	**δικοί τους**	**δικές τους**	**δικά τους**

Example – Παράδειγμα

Τα παιδιά μου είναι μικρά. *(My children are small.)*
Τα δικά μου παιδιά είναι μικρά, ενώ τα δικά της είναι μεγάλα. *(My children are small [emphasis on "My"], whereas hers are big)*

Pronoun-noun agreement

The ending of the word δικ**ός** / δικ**ή** / δικ**ό** / ... depends on the gender of the thing owned.
For example, if I own *a book* (which is neuter, *το βιβλίο*), I will say "Το **δικό** μου **βιβλίο**", where "**δικό**" agrees with "**βιβλίο**".

The pronoun that follows δικός / δική / δικό / ... (i.e. the pronoun μου, σου, του, ...) depends on who owns it.
So If *I* own the book, I will say "Το δικό **μου** βιβλίο".
If *you* own the book: "Το δικό **σου** βιβλίο".
If *they* own the book: "Το δικό **τους** βιβλίο".

The same applies when the possessive pronoun is placed at the end of a sentence. For example, if the watch is mine (where watch-*το ρολόι* is neuter), I'll say "Το **ρολόι** είναι **δικό** μου", where "**δικό**" agrees with "**ρολόι**".

If *you* own the watch: "Το ρολόι είναι **δικό σου**", where "δικό" still agrees with "ρολόι", but now the owner changes, so we use "**σου**".

Again, the use of "δικός/δική/δικό" is for emphasis. If we simply want to say "your watch", as in "your watch is blue": "**Το ρολόι σου είναι μπλε**". But if we want to emphasize *your* watch versus someone else's watch, as in "your watch is blue whereas mine is white": "**Το δικό σου ρολόι είναι μπλε ενώ το δικό μου είναι άσπρο**".

With a feminine noun, such as *μπάλα (ball)*: «Άσε τη **μπάλα**! Είναι **δική** μου!» *(Leave the ball! It is mine!)*, where "**δική**" agrees with "**μπάλα**".

EXERCISES
ΑΣΚΗΣΕΙΣ

1. Replace the possessive noun (the "owner", which is in the genitive) with a possessive pronoun.– Αντικατάστησε το κτητικό ουσιαστικό με μια κτητική αντωνυμία.

1. Το σπίτι της Χρύσας.   _Το σπίτι της._

2. Τα παιχνίδια του παιδιού.   _____

3. Τα παιδιά της Μαρίνας και του Αλέξη.   _____

4. Τα βιβλία των μαθητών.   _____

5. Ο αδελφός του Χρήστου.   _____

6. Η φιλία της Ελένης και της Ντίνας.   _____
    friendship

7. Τα νησιά της Ελλάδας.   _____

8. Το χρώμα του ουρανού.   _____

9. Η ουρά της γάτας.   _____
    tail

10. Το σχολείο του Κωστή και του Τάσου.   _____

11. Τα λουλούδια του κήπου.   _____

12. Η μπάλα των ποδοσφαιριστών.   _____

2. Replace the emphatic (strong) form of the posessive pronouns with the simple (weak) form. – Αντικατάστησε τον εμφατικό (δυνατό) τύπο των κτητικών αντωνυμιών με τον απλό (αδύνατο) τύπο.

1. Η δική μου τσάντα.   <u>Η τσάντα μου.</u>

2. Οι δικές σου φίλες.   _____

3. Τα δικά μου ρούχα.   _____

4. Τα δικά τους χέρια.   _____

5. Τα δικά της πράγματα.   _____

6. Ο δικός τους κόπος.   _____
   effort, hard work

7. Το δικό του ρολόι.   _____

8. Η δική σας χαρά.   _____

9. Η δική μας ευτυχία.   _____

10. Το δικό μου μπουζούκι.   _____

3. Replace the simple form of the possessive pronoun with the emphatic form. – Αντικατάστησε τον απλό τύπο της προσωπικής αντωνυμίας με τον εμφατικό τύπο.

1. Αυτή είναι η μαμά μου.
   Αυτή είναι η δική μου μαμά.

2. Αυτό είναι το αυτοκίνητό μου.
   _____

3. Αυτές είναι οι φίλες σου;
   _____

4. Εκείνα είναι τα παπούτσια της.
   _____

5. Το βιβλίο σας είναι ενδιαφέρον.
   _____

6. Η αγάπη μας είναι δυνατή.
   _____

7. Τα τραγούδια τους είναι υπέροχα.
   _____

8. Η προσπάθειά της είναι μεγάλη.
   effort
   _____

9. Ο κήπος μου έχει πολλούς θάμνους.
   bushes
   _____

10. Ποια είναι η πατρίδα σας;
    _____

4. Answer the following questions using a possesive pronoun. – Απάντησε στις παρακάτω ερωτήσεις χρησιμοποιώντας μια κτητική αντωνυμία.

1. - Αυτό το δαχτυλίδι είναι της Άννας;
   - Ναι, <u>είναι δικό της</u>. / Ναι, <u>δικό της είναι</u>.

2. - Αυτή η κουβέρτα είναι του μωρού;
   - Όχι, <u>δεν είναι δική του.</u>

3. - Αυτά τα ρούχα είναι δικά σου;
   - Ναι, _____.

4. - Το κόκκινο ποδήλατο είναι του Κώστα;
   - Όχι, _____.

5. - Δικά σας είναι αυτά τα χρήματα;
        money
   - Όχι, _____.

6. - Της Πηνελόπης είναι αυτά τα σκουλαρίκια;
        earrings
   - Ναι, _____.

7. - Αυτό το σπίτι είναι της Ελένης και του Τάσου;
   - Όχι, _____.

8. - Οι δερμάτινες τσάντες είναι των κοριτσιών;
        made of leathear
   - Όχι, _____.

9. - Τα σουέντ παπούτσια είναι του Ιάσονα;
        suede
   - Ναι, _____.

10. - Η μαύρη ζακέτα είναι της Μαρίας;
         cardigan
    - Όχι, _____.

ANSWERS TO THE EXERCISES
ΛΥΣΕΙΣ ΤΩΝ ΑΣΚΗΣΕΩΝ

1. 1. Το σπίτι της, 2. Τα παιχνίδια του, 3. Τα παιδιά τους, 4. Τα βιβλία τους, 5. Ο αδελφός του, 6. Η φιλία τους, 7. Τα νησιά της, 8. Το χρώμα του, 9. Η ουρά της, 10. Το σχολείο τους, 11. Τα λουλούδια του, 12. Η μπάλα τους

2. 1. Η τσάντα μου, 2. Οι φίλες σου, 3. Τα ρούχα μου, 4. Τα χέρια τους, 5. Τα πράγματά της, 6. Ο κόπος τους, 7. Το ρολόι του, 8. Η χαρά σας, 9. Η ευτυχία μας, 10. Το μπουζούκι μου

3. 1. Αυτή είναι η δική μου μαμά.
   2. Αυτό είναι το δικό μου αυτοκίνητο.
   3. Αυτές είναι οι δικές σου φίλες;
   4. Εκείνα είναι τα δικά της παπούτσια.
   5. Το δικό σας βιβλίο είναι ενδιαφέρον.
   6. Η δική μας αγάπη είναι δυνατή.
   7. Τα δικά τους τραγούδια είναι υπέροχα.
   8. Η δική της προσπάθεια είναι μεγάλη.
   9. Ο δικός μου κήπος έχει πολλούς θάμνους.
   10. Ποια είναι η δική σας πατρίδα;

4. 3. Ναι, είναι δικά μου. / Ναι, δικά μου είναι.
   4. Όχι, δεν είναι δικό του.
   5. Όχι, δεν είναι δικά μας. / Όχι, δεν είναι δικά μου. *(if we assume that the question is in the polite form)*
   6. Ναι, είναι δικά της. / Ναι, δικά της είναι.
   7. Όχι δεν είναι δικό τους.
   8. Όχι, δεν είναι δικές τους.
   9. Ναι, είναι δικά του. / Ναι, δικά του είναι.
   10. Όχι, δεν είναι δική της.

PERSONAL PRONOUNS: DIRECT & INDIRECT OBJECT
ΠΡΟΣΩΠΙΚΕΣ ΑΝΤΩΝΥΜΙΕΣ: ΑΜΕΣΟ ΚΑΙ ΕΜΜΕΣΟ ΑΝΤΙΚΕΙΜΕΝΟ

We went over the personal pronouns earlier. Now let's look at their accusative. This is is a similar concept to the English ***I*** vs. ***me***
he/she vs. ***him/her***
we vs. ***us***
they vs. ***them***

Note that in English, "you" is the same in both cases but in Greek we do make a distinction.

εγώ	→	**εμένα**
I		*me*
εσύ	→	**εσένα**
you		*you*
αυτός	→	**αυτόν**
he		*him*
αυτή	→	**αυτή(ν)**
she		*her*
αυτό	→	**αυτό**
it		*it*
εμείς	→	**εμάς**
we		*us*
εσείς	→	**εσάς**
you		*you*
αυτοί	→	**αυτούς**
they (masc.)		*them (masc.)*
αυτές	→	**αυτές**
they (fem.)		*them (fem.)*
αυτά	→	**αυτά**
they (neut.)		*them (neut.)*

Examples – Παραδείγματα

Εσύ αγαπάς **εμένα**. (me)

Εγώ αγαπώ **εσένα**. (you)

Θέλω τον Κώστα. → Θέλω **αυτόν**. (him)

Θέλεις την Κατερίνα. → Θέλεις **αυτήν**. (her)

Το παιδί θέλει το μολύβι. → Το παιδί θέλει **αυτό**. (it)

Μιλάω στον Ανδρέα και στην Άννα. → Μιλάω σ' **αυτούς**. (them masc.)
   *Note: Since we have both masculine and feminine (Ανδρέας is a man and Άννα is a woman), we use the masculine pronoun **αυτούς** which is inclusive.*
Αγαπάω την Ελένη και την Αναστασία. → Αγαπάω **αυτές**. (them fem.)

Αγκαλιάζω τα παιδιά. → Αγκαλιάζω **αυτά**. (them neut.)
I hug

There is a shorter, more straightforward (and less emphatic) way to form the direct and indirect object. What we just saw was the emphatic form, e.g. Δίνω το βιβλίο **σε αυτήν**. *(I give the book **to her**)*. Just like in English, we can also say "I give **her** the book" (**Της** δίνω το βιβλίο). So let's go over this shorter form.

Direct – Άμεσο		_Indirect - Έμμεσο_	
με	(εμένα)	**μου**	(σε εμένα)
σε	(εσένα)	**σου**	(σε εσένα)
τον	(αυτον)	**του**	(σε αυτόν)
την	(αυτήν)	**της**	(σε αυτήν)
το	(αυτό)	**του**	(σε αυτό)
μας	(εμάς)	**μας**	(σε εμάς)
σας	(εσάς)	**σας**	(σε εσάς)
τους	(αυτούς)	**τους**	(σε αυτούς)
τις	(αυτές)	**τους**	(σε αυτές)
τα	(αυτά)	**τους**	(σε αυτά)

Examples – Παραδείγματα

Replacing the direct object with a pronoun

Αγαπώ <u>τον Κώστα</u>.	→	<u>Τον</u> αγαπώ.
Χτυπάω <u>την πόρτα</u>.	→	<u>Τη</u> χτυπάω.
Κλείνω <u>το παράθυρο</u>.	→	<u>Το</u> κλείνω.
Βάφω <u>τους τοίχους</u>.	→	<u>Τους</u> βάφω.
Μετράω <u>τις μέρες</u>.	→	<u>Τις</u> μετράω.
Σβήνω <u>τα φώτα</u>.	→	<u>Τα</u> σβήνω.

Replacing the indirect object with a pronoun

Η πίτα αρέσει σ' εμένα.   →   Η πίτα μού αρέσει.* / Μου αρέσει η πίτα.

Μιλάω σ' εσένα.   →   Σου μιλάω.

Μιλάω στην Όλγα.   →   Της μιλάω.

Το παγωτό αρέσει στα παιδιά. → Το παγωτό τούς αρέσει./ Τους αρέσει το παγωτό.

* We put a stress mark on "**μού**" to distinguish it from the possessive **μου** (my); in this example, the phrase without the stress mark would be "Η πίτα μου αρέσει", where **μου** would refer to "πίτα" (η πίτα μου: *my pie*), and it would be possessive, so the phrase would mean *My pie is pleasing (to others) / People like my pie.* When we put a stress mark on "**μού**", then it refers to the verb that follows it, "μου αρέσει". So "Η πίτα μού αρέσει" means *I like the pie.*
Now if we use the second structure mentioned above, "Μου αρέσει η πίτα", there is no confusion, the "μου" could not be mistaken for a possessive pronoun because there's no noun before it, so it clearly refers to the verb "αρέσει", hence no need for a stress mark.
The same applies to the last example given above: "Το παγωτό τούς αρέσει".

Replacing both the direct and the indirect object

Δίνεις <u>τον χάρτη</u> σ' <u>εμένα</u>.   →   <u>Μου</u> <u>τον</u> δίνεις.

Χαρίζω <u>το βιβλίο</u> στη <u>Μαρίνα</u>.   →   <u>Της</u> <u>το</u> χαρίζω.

Δίνω <u>το παιχνίδι</u> στο <u>παιδάκι</u>.   →   <u>Του</u> <u>το</u> δίνω.

Η Έλλη μοιράζει <u>τις καραμέλες</u> σ' <u>εσάς</u>.   →   Η Έλλη <u>σάς</u> <u>τις</u> μοιράζει.**

Προσφέρω <u>τα δώρα</u> στις <u>φίλες μου</u>.   →   <u>Τους</u> <u>τα</u> προσφέρω.

Φωνάζω στον <u>Αλέξη</u> <u>ότι τον αγαπάω</u>.   →   <u>Του</u> <u>το</u> φωνάζω.

** Similar to the explanation given above, if we didn't put a stress mark on the "σας" it could be considered a possessive σας, as in "*Your* Ellie hands them out".

EXERCISES
ΑΣΚΗΣΕΙΣ

1. Underline the <u>direct</u> object; then replace it with a pronoun using the short form. – Υπογράμμισε το <u>άμεσο</u> αντικείμενο· έπειτα αντικατάστησέ το με μια αντωνυμία χρησιμοποιώντας τον σύντομο τύπο.

1. Αγαπώ <u>την Ελπίδα</u>.   <u>Την αγαπώ.</u>

2. Λατρεύω τον γιο μου.   _____

3. Βάζω τα κλειδιά στην πόρτα.   _____
       keys

4. Πίνω τον καφέ.   _____

5. Τρώω τις πατάτες.   _____

6. Διαβάζω τα βιβλία.   _____

7. Ανοίγω την πόρτα.   _____

8. Κλείνω το παράθυρο.   _____

9. Αγαπάς εμένα και τον Αλέξη;   _____

10. Ξέρω το μυστικό σου.   _____
       secret

11. Τρώμε τις καραμέλες.   _____
       candy

12. Χρησιμοποιώ τους μαρκαδόρους.   _____
   I use/I'm using   *markers*

13. Βάζω τον βασιλικό στη σαλάτα. _____
    basil   salad

14. Πλένω τα ρούχα στο πλυντήριο. _____
    clothes   washing machine

15. Στέλνω το γράμμα. _____
    I send

16. Λατρεύω τις διακοπές. _____

17. Γράφω τους αριθμούς. _____

18. Δανείζω το ποδήλατο στη Λένα. _____
    I lend   bicycle

19. Κατεβαίνω τη σκάλα. _____
    I go down   stairs

20. Θαυμάζω τον τραγουδιστή. _____
    I admire

21. Ανάβω το φως. _____
    I turn on the light.

22. Βράζω τα λαχανικά. _____
    I boil   vegetables

23. Τηγανίζω το ψάρι. _____
    I fry   fish

24. Αγαπάει πολύ τα παιδιά της. _____

25. Καθαρίζουμε το σπίτι. _____
    We clean

2. Underline the <u>indirect</u> object; then replace it with a pronoun using the short form. – Υπογράμμισε το <u>έμμεσο</u> αντικείμενο· έπειτα αντικατάστησέ το με μια αντωνυμία χρησιμοποιώντας τον σύντομο τύπο.

1. Λέω το μυστικό <u>στον Τάσο</u>.   <u>Του λέω το μυστικό.</u>

2. Χαρίζω το παιχνίδι στο παιδάκι.   _____

3. Δίνω την τσάντα στην Έλενα.   _____

4. Δίνω τα βιβλία στους μαθητές.   _____

5. Ο Αϊ-Βασίλης μοιράζει τα δώρα στα παιδιά.   _____
   Αϊ-Βασίλης (Saint Vasilios) is the Greek equivalent of Santa Claus.

6. Πλέκω ένα πουλόβερ στην εγγονή μου.   _____
   I knit   jumper   granddaughter

7. Δανείζω το δαχτυλίδι στη Μαρίνα.   _____
   I lend   ring

8. Δείχνω την πόλη στους τουρίστες.   _____
   I show

9. Τραγουδάω το τραγούδι σ' εσένα.   _____

10. Λέω το ποίημα στον καθηγητή.   _____
    poem

11. Διαβάζω τα παραμύθια στην κόρη μου.   _____
    fairy tales

12. Γράφω ένα γράμμα στη μαμά μου.   _____

13. Εξηγώ την άσκηση στις μαθήτριες.   _____
    I explain

14. Διδάσκω το μάθημα στους φοιτητές. _____
    I teach

15. Βάζω την πάνα στο μωρό. _____
         diaper   baby

16. Αφιερώνω αυτό το τραγούδι στον _____
    I dedicate
    αγαπημένο μου.
    beloved, darling

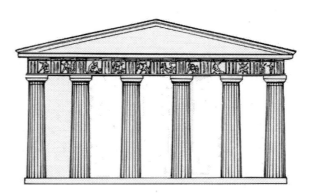

3. Now let's use the same sentences as in the previous exercise, but this time let's replace both the direct and the indirect object with personal pronouns. – Τώρα ας χρησιμοποιήσουμε τις ίδιες προτάσεις με την προηγούμενη άσκηση, αλλά αυτή τη φορά ας αντικαταστήσουμε και το άμεσο και το έμμεσο αντικείμενο με προσωπικές αντωνυμίες.

1. Λέω <u>το μυστικό</u> <u>στον Τάσο</u>.   <u>Του το λέω.</u>

2. Χαρίζω το παιχνίδι στο παιδάκι.   _____

3. Δίνω την τσάντα στην Έλενα.   _____

4. Δίνω τα βιβλία στους μαθητές.   _____

5. Ο Αϊ-Βασίλης μοιράζει τα δώρα στα παιδιά.   _____

6. Πλέκω το πουλόβερ στην εγγονή μου.   _____

7. Δανείζω το δαχτυλίδι στη Μαρίνα.   _____

8. Δείχνω την πόλη στους τουρίστες.   _____

9. Τραγουδάω το τραγούδι σ' εσένα.   _____

10. Λέω το ποίημα στον καθηγητή.   _____

11. Διαβάζω τα παραμύθια στην κόρη μου.   _____

12. Γράφω το γράμμα στη μαμά μου.   _____

13. Εξηγώ την άσκηση στις μαθήτριες.   _____

14. Διδάσκω το μάθημα στους φοιτητές.   _____

15. Βάζω την πάνα στο μωρό.   _____

16. Αφιερώνω αυτό το τραγούδι στον αγαπημένο μου.   _____

ANSWERS TO THE EXERCISES
ΛΥΣΕΙΣ ΤΩΝ ΑΣΚΗΣΕΩΝ

1.
   1. την Ελπίδα - Την αγαπώ.
   2. τον γιο μου - Τον λατρεύω.
   3. τα κλειδιά - Τα βάζω στην πόρτα.
   4. τον καφέ - Τον πίνω.
   5. τις πατάτες - Τις τρώω.
   6. τα βιβλία - Τα διαβάζω.
   7. την πόρτα - Την ανοίγω.
   8. το παράθυρο - Το κλείνω.
   9. εμένα και τον Αλέξη - Μας αγαπάς;
   10. το μυστικό σου - Το ξέρω.
   11. τις καραμέλες - Τις τρώμε.
   12. τους μαρκαδόρους - Τους χρησιμοποιώ.
   13. τον βασιλικό - Τον βάζω στη σαλάτα.
   14. τα ρούχα - Τα πλένω στο πλυντήριο.
   15. το γράμμα - Το στέλνω.
   16. τις διακοπές - Τις λατρεύω.
   17. τους αριθμούς - Τους γράφω.
   18. το ποδήλατο - Το δανείζω στη Λένα.
   19. τη σκάλα - Την κατεβαίνω.
   20. τον τραγουδιστή - Τον θαυμάζω.
   21. το φως – Το ανάβω.
   22. τα λαχανικά – Τα βράζω.
   23. το ψάρι – Το τηγανίζω.
   24. τα παιδιά της – Τα αγαπάει πολύ.
   25. το σπίτι – Το καθαρίζουμε.

2.
   1. στον Τάσο – Του λέω το μυστικό.
   2. στο παιδάκι – Του χαρίζω το παιχνίδι.
   3. στην Έλενα – Της δίνω την τσάντα.
   4. στους μαθητές – Τους δίνω τα βιβλία.
   5. στα παιδιά – Ο Αϊ-Βασίλης τούς μοιράζει τα δώρα.
   6. στην εγγονή μου – Της πλέκω το πουλόβερ.
   7. στη Μαρίνα – Της δανείζω το δαχτυλίδι.
   8. στους τουρίστες – Τους δείχνω την πόλη.
   9. σ' εσένα – Σου τραγουδάω το τραγούδι.

10. στον καθηγητή – Του λέω το ποίημα.
11. στην κόρη μου – Της διαβάζω τα παραμύθια.
12. στη μαμά μου – Της γράφω ένα γράμμα.
13. στις μαθήτριες – Τους εξηγώ την άσκηση.
14. στους φοιτητές – Τους διδάσκω το μάθημα.
15. στο μωρό – Του βάζω την πάνα.
16. στον αγαπημένο μου – Του αφιερώνω αυτό το τραγούδι.

3.   1. Του το λέω.
    2. Του το χαρίζω.
    3. Της τη(ν) δίνω.
    4. Τους τα δίνω.
    5. Ο Αϊ-Βασίλης τούς τα μοιράζει.
    6. Της το πλέκω.
    7. Της το δανείζω.
    8. Τους τη δείχνω.
    9. Σου το τραγουδάω.
    10. Του το λέω.
    11. Της τα διαβάζω.
    12. Της το γράφω.
    13. Τους την εξηγώ.
    14. Τους το διδάσκω.
    15. Του τη βάζω.
    16. Του το αφιερώνω.

ADJECTIVES
ΕΠΙΘΕΤΑ

Adjectives always accompany a noun, and they take the same gender (and, of course, number) of that noun. So, like nouns, they have a masculin, a feminine, and a a neuter gender in the singular and the plural. If there is an article, then the article, the adjective, and the noun must have the same gender.

E.g. ο καλός άνθρωπος   *(masc. sing.)*
the good person

η έξυπνη γυναίκα   *(fem. sing.)*
the smart woman

το ωραίο σπίτι   *(neut. sing.)*
the beautiful house

οι μεγάλοι ελέφαντες   *(masc. pl.)*
the big elephants

οι μαύρες γάτες   *(fem. pl.)*
the black cats

τα άσπρα ρούχα   *(neut. pl.)*
the white clothes

We saw that there are some female nouns with a masculine ending, like *η είσοδος, η έξοδος, η άμμος, η Μύκονος, η Πάρος*, etc. Here the adjective must follow the gender of the noun, so it is feminine, regardless of the masculine ending. So we'd say *η μεγάλη είσοδος (the big entrance), η πρώτη έξοδος (the first exit), η ζεστή άμμος (the warm sand), η γραφική Μύκονος (picturesque Mykonos), η όμορφη Πάρος (beautiful Paros)*.

Let's look at a few **regular adjectives** in the three genders, paying attention to the endings.

adjectives in -ος, -η, -ο

Examples – Παραδείγματα

καλός (καλή, καλό), δυνατός (δυνατή, δυνατό), ακριβός, φωτεινός, υπέροχος,
good   strong   expensive   bright   wonderful

άσπρος, μαύρος, εύκολος, δύσκολος, ζεστός, έτοιμος, απλός, καταπληκτικός,
white   black   easy   difficult   warm, hot ready   simple   amazing

μεγάλος, μικρός, έξυπνος κ.λπ.
big   small   smart

Singular

Nom.	ο καλός	η καλή	το καλό
Gen.	του καλού	της καλής	του καλού
Acc.	τον καλό	την καλή	το καλό
Voc.	καλέ	καλή	καλό

Plural

Nom.	οι καλοί	οι καλές	τα καλά
Gen.	των καλών	των καλών	των καλών
Acc.	τους καλούς	τις καλές	τα καλά
Voc.	καλοί	καλές	καλά

adjectives in -ος, -α, -ο

Examples – Παραδείγματα

ωραίος (ωραία, ωραίο), κρύος (κρύα, κρύο), τελευταίος, πλούσιος, άγριος, ίσιος,
beautiful, nice   cold   last   rich   wild   straight

καινούριος, μέτριος, μεσαίος, σπάνιος, παλιός, τέλειος, τεράστιος, ίδιος κ.λπ.
new   average middle   rare   old   perfect   huge   same

Singular

Nom.	ο ωραίος	η ωραία	το ωραίο
Gen.	του ωραίου	της ωραίας	του ωραίου
Acc.	τον ωραίο	την ωραία	το ωραίο
Voc.	ωραίε	ωραία	ωραίο

Plural

Nom.	οι ωραίοι	οι ωραίες	τα ωραία
Gen.	των ωραίων	των ωραίων	των ωραίων
Acc.	τους ωραίους	τις ωραίες	τα ωραία
Voc.	ωραίοι	ωραίες	ωραία

adjectives in -ός, -ιά, -ό

Examples – Παραδείγματα

γλυκός (γλυκιά, γλυκό), κακός (κακιά/κακή, κακό), ξανθός (ξανθιά/ξανθή,
<small>sweet   bad   blond</small>

ξανθό), νηστικός (νηστικιά/νηστική, νηστικό), φτωχός (φτωχιά/φτωχή,
<small>   who hasn´t eaten, with an empty stomach   poor</small>

φτωχό), κ.λπ.

Singular

Nom.	ο γλυκός	η γλυκιά	το γλυκό
Gen.	του γλυκού	της γλυκιάς	του γλυκού
Acc.	το(ν) γλυκό	τη γλυκιά	το γλυκό
Voc.	γλυκέ	γλυκιά	γλυκό

Plural

Nom.	οι γλυκοί	οι γλυκές	τα γλυκά
Gen.	των γλυκών	των γλυκών	των γλυκών
Acc.	τους γλυκούς	τις γλυκές	τα γλυκά
Voc.	γλυκοί	γλυκές	γλυκά

adjectives in -ύς, -ιά, -ύ

Examples – Παραδείγματα

βαρύς (βαριά, βαρύ), ελαφρύς (ελαφριά, ελαφρύ), βαθύς, μακρύς, παχύς,
heavy　　　　　　　　　　*lightweight, light*　　　　　　*deep*　*long*　*fat, thick*

πλατύς, φαρδύς κ.λπ.
wide　　*wide (synonym of πλατύς)*

Singular

Nom.	ο βαρύς	η βαριά	το βαρύ
Gen.	του βαριού / βαρύ	της βαριάς	του βαριού / βαρύ
Acc.	το(ν) βαρύ	τη βαριά	το βαρύ
Voc.	βαρύ	βαριά	βαρύ

Plural

Nom.	οι βαριοί	οι βαριές	τα βαριά
Gen.	των βαριών	των βαριών	των βαριών
Acc.	τους βαριούς	τις βαριές	τα βαριά
Voc.	βαριοί	βαριές	βαριά

adjectives in -ής, -ιά, -ί

Examples – *Παραδείγματα*

Adjectives denoting color, like: θαλασσής (θαλασσιά, θαλασσί),
　　　　　　　　　　　　　　　blue (from *θάλασσα*: sea)

σταχτής (σταχτιά, σταχτί), καφετής (καφετιά, καφετί), χρυσαφής, ασημής,
ash grey (from *στάχτη:ash*)　　　*brown* (also: *καφέ*)　　　　*gold-colored*　*silver-colored*

πορτοκαλής, μενεξεδής, βυσσινής κ.λπ.
orange　　　*violet*　　　*burgundy, maroon* (from *βύσσινο: sour cherry*)

Singular

Nom.	ο χρυσαφής	η χρυσαφιά	το χρυσαφί
Gen.	του χρυσαφή/ χρυσαφιού	της χρυσαφιάς	του χρυσαφιού
Acc.	το(ν) χρυσαφή	τη χρυσαφιά	το χρυσαφί
Voc.	χρυσαφή	χρυσαφιά	χρυσαφί

Plural

Nom.	οι χρυσαφιοί	οι χρυσαφιές	τα χρυσαφιά
Gen.	των χρυσαφιών	των χρυσαφιών	των χρυσαφιών
Acc.	τους χρυσαφιούς	τις χρυσαφιές	τα χρυσαφιά
Voc.	χρυσαφιοί	χρυσαφιές	χρυσαφιά

adjectives in -ης, -α, -ικο

Examples – *Παραδείγματα*

τεμπέλης (τεμπέλα, τεμπέλικο), γκρινιάρης (γκρινιάρα, γκρινιάρικο), ζηλιάρης,
lazy   *grouchy*   *jealous*

πεισματάρης, ζημιάρης, φοβιτσιάρης κ.λπ.
stubborn   *clumsy*   *fearful*

Singular

Nom.	ο τεμπέλης	η τεμπέλα	το τεμπέλικο
Gen.	του τεμπέλη	της τεμπέλας	του τεμπέλικου
Acc.	τον τεμπέλη	την τεμπέλα	το τεμπέλικο
Voc.	τεμπέλη	τεμπέλα	τεμπέλικο

Plural

Nom.	οι τεμπέληδες	οι τεμπέλες	τα τεμπέλικα
Gen.	των τεμπέληδων	_____	των τεμπέλικων
Acc.	τους τεμπέληδες	τις τεμπέλες	τα τεμπέλικα
Voc.	τεμπέληδες	τεμπέλες	τεμπέλικα

Before moving on to irregular adjectives, let's review the regular adjectives:

RECAP – REGULAR ADJECTIVES

Endings – Καταλήξεις		Examples – Παραδείγματα	
Singular	Plural	Singular	Plural
-ος -η -ο -ος -α -ο -ός -ιά -ό } -οι -ες -α		καλός, καλή, καλό ωραίος, ωραία, ωραίο γλυκός, γλυκιά, γλυκό	καλοί, καλές, καλά ωραίοι, ωραίες, ωραία γλυκοί, γλυκές, γλυκά
-ύς -ιά -ύ -ής -ιά -ί } -ιοί -ιές -ιά		βαρύς, βαριά, βαρύ χρυσαφής, χρυσαφιά, χρυσαφί	βαριοί, βαριές, βαριά χρυσαφιοί, χρυσαφιές, χρυσαφιά
-ης -α -ικο } -ηδες -ες -ικα		τεμπέλης, τεμπέλα, τεμπέλικο	τεμπέληδες, τεμπέλες, τεμπέλικα

Now let's go over a couple of **irregular adjectives** in the three genders:

adjectives in -ης, -ης, -ες

Examples – Παραδείγματα

διεθνής (διεθνής, διεθνές), συνεχής (συνεχής, συνεχές), ακριβής, υγιής,
international　　　　　　　*continuous*　　　　　　　　　*exact*　　*healthy*
επιεικής, επιμελής, αγενής, διαρκής, θυελλώδης κ.λπ.
lenient　*diligent*　*rude*　*constant*　*stormy*

Singular

Nom.	ο διεθνής	η διεθνής	το διεθνές
Gen.	του διεθνούς	της διεθνούς	του διεθνούς
Acc.	το(ν) διεθνή	τη διεθνή	το διεθνές
Voc.	διεθνή(ς)	διεθνής	διεθνές

Plural

Nom.	οι διεθνείς	οι διεθνείς	τα διεθνή
Gen.	των διεθνών	των διεθνών	των διεθνών
Acc.	τους διεθνείς	τις διεθνείς	τα διεθνή
Voc.	διεθνείς	διεθνείς	διεθνή

The irregular adjective *πολύς – πολλή – πολύ*

Singular

Nom.	ο πολύς	η πολλή	το πολύ
Gen.	——	της πολλής	——
Acc.	τον πολύ	την πολλή	το πολύ
Voc.	——	——	——

Plural

Nom.	οι πολλοί	οι πολλές	τα πολλά
Gen.	των πολλών	των πολλών	των πολλών
Acc.	τους πολλούς	τις πολλές	τα πολλά
Voc.	πολλοί	πολλές	πολλά

The adjective does not always have to be right next to the noun. When using possessive pronouns with an adjective and a noun (e.g. ***my*** *new house: το καινούριο σπίτι **μου***), it is very common to put the pronoun <u>between</u> the adjective and the noun, e.g. *το καινούριο **μου** σπίτι.*

Examples – Παραδείγματα

Βάζω τα καλά μου ρούχα.

Ο μεγάλος μου γιος είναι αρχιτέκτονας.
                         architect

Το σπανακόριζο είναι το αγαπημένο μου φαγητό.
   typical Greek dish
   with spinach and rice

Γλυκό μου παιδί, σε λατρεύω.
 My sweet child

Η Ελενίτσα είναι η μικρή μου αδελφή.

EXERCISES
ΑΣΚΗΣΕΙΣ

1. Write the masculine or feminine of each adjective (only in the singular).
– Γράψε το αρσενικό ή το θηλυκό κάθε επιθέτου (μόνο στον ενικό).

	<u>masculine</u> <u>αρσενικό</u>	<u>feminine</u> <u>θηλυκό</u>
1.	όμορφος	_____
2.	τεμπέλης	_____
3.	_____	γλυκιά
4.	καινούριος	_____
5.	_____	ωραία
6.	βαρύς	_____

7.	_____	συνεχής
8.	ζημιάρης	_____
9.	_____	κρύα
10.	μέτριος	_____
11.	θαλασσής	_____
12.	_____	τέλεια
13.	διεθνής	_____
14.	_____	γκρινιάρα
15.	πλατύς	_____
16.	_____	νηστική
17.	_____	κακιά
18.	παλιός	_____
19.	υγιής	_____
20.	_____	ίδια

2. Write the adjective in the gender that is missing. It can be in the singular or in the plural. – Γράψε το επίθετο στο γένος που λείπει. Μπορεί να είναι στον ενικό ή στον πληθυντικό.

	masculine _αρσενικό_	_feminine_ _θηλυκό_	_neuter_ _ουδέτερο_	
1.	ελεύθερος *free (also: single, unmarried)*	_____	ελεύθερο	*sing.*
2.	_____	παράξενη *strange*	παράξενο	*sing.*
3.	τεράστιος *huge*	_____	τεράστιο	*sing.*
4.	_____	μεσαίες *middle*	μεσαία	*pl.*
5.	καταπληκτικός *amazing*	καταπληκτική	_____	*sing.*

6.	σπάνιοι *rare*	σπάνιες	_____	pl.
7.	δύσκολοι *difficult*	_____	δύσκολα	pl.
8.	_____	πλούσια *rich*	πλούσιο	sing.
9.	μαύρος *black*	_____	μαύρο	sing.
10.	_____	άσπρες *white*	άσπρα	pl.
11.	δυνατός *strong*	_____	δυνατό	sing.
12.	εύκολοι *easy*	_____	εύκολα	pl.
13.	_____	φωτεινές *bright*	φωτεινά	pl.
14.	ζεστός *warm, hot*	ζεστή	_____	sing.
15.	κρύοι *cold*	_____	κρύα	pl.
16.	_____	ίσια *straight*	ίσιο	sing.

3. Add the right ending to the adjectives (nominative only). – Βάλε τη σωστή κατάληξη στα επίθετα (ονομαστική μόνο).

e.g. Το δωμάτιο είναι σκοτειν<u>ό</u>.
         room   *dark*

1. Η μαθήτρια είναι έξυπν___.
                              smart

2. Η πόρτα είναι ξύλιν___.

3. Ο φράχτης είναι ψηλ___.
      fence   *tall, high*

4. Το παντελόνι είναι μακρ___.
                                long

5. Το μπλουζάκι είναι κοντ___.
                                 short

6. Το πάτωμα είναι καθαρ___.
   floor   clean

7. Ο κήπος είναι μεγάλ___.

8. Η θάλασσα είναι βαθ___.
   deep

9. Το μάθημα είναι δύσκολ___.
   difficult

10. Η κουζίνα είναι μικρ___.

11. Τα παπούτσια είναι τεράστι___.
    huge

12. Η υπάλληλος είναι τεμπέλ___.
    employee   lazy

    We know that this is a feminine noun from the article. It is one of those feminine nouns that have a masculine ending.

13. Τα βιβλία είναι βαρ___.
    heavy

14. Η Άννα έχει μακρι___ μαλλιά.
    hair

15. Ο Δημήτρης έχει μεγάλ___ μύτη.
    nose

16. Έχω δύο κοντ____ και δύο μακρ____ φούστες.
    short   long   skirts

17. Ο μπαμπάς μου είναι κοντ___, αλλά ο αδελφός μου κι εγώ είμαστε ψηλ___. Η μαμά μου δεν είναι ούτε κοντ___ ούτε ψηλ___.
    neither   nor

18. Ο καφές μου είναι πικρ___.
    bitter

19. Η ζάχαρη είναι γλυκ___.
    sugar   sweet

20. Οι φίλοι μου είναι έμπιστ___.
    trustworthy

4. Fill in the blanks with the adjectives in the box. They all refer to colors.
– Συμπλήρωσε τα κενά με τα επίθετα στο πλαίσιο. Αναφέρονται όλα σε χρώματα.

> άσπρο – γαλανός – πράσινο – κόκκινα – κίτρινες – καστανά –
> *white   light blue   green   red   yellow   chestnut brown*
> γκρίζος –γαλάζια – κόκκινα – πράσινα – κόκκινη – μαύρα
> *grey   light blue   black*

1. Η σκεπή είναι _____.
   roof

2. Η Κατερίνα έχει _____ μάτια.
   eyes

3. Η θάλασσα είναι _____.

4. Τα μήλα είναι _____.
   apples

5. Ο ουρανός είναι _____.
   sky

6. Βάφω τα νύχια μου _____.
   I paint   fingernails/toenails

7. Τα μαλλιά της Όλγας είναι ξανθά, ενώ της Μαρίας είναι _____.

8. Οι μπανάνες είναι _____.

9. Το χορτάρι είναι _____.
   grass

10. Το χιόνι είναι _____.
    snow

11. Ο καναπές μας είναι _____.

12. Τα παπούτσια του Αργύρη είναι _____.

5. Change the singular to plural. – Άλλαξε τον ενικό σε πληθυντικό.

e.g. Η φαρδιά μπλούζα.   Οι φαρδιές μπλούζες.

1. Το θαλασσί πουκάμισο.   _____

2. Η μαύρη τρύπα.   _____
   hole

3. Ο γρήγορος λαγός.   _____
   fast   hare

4. Η αργή χελώνα.   _____
   slow   tortoise/turtle

5. Το γυάλινο ποτήρι.   _____
   made of glass

6. Η μάλλινη ζακέτα.   _____
   woolen   cardigan

7. Η ασπρόμαυρη φωτογραφία.   _____
   black and white

8. Ο εργατικός φοιτητής.   _____
   hardworking

9. Ο γοητευτικός άντρας.   _____
   charming

10. Το αγωνιστικό αυτοκίνητο.   _____
    race car

6. Put the phrases in the genitive. – Βάλε τις φράσεις στη γενική.

e.g.	το καλό παιδί	του καλού παιδιού
1.	η ηλεκτρική σκούπα *vacuum cleaner*	_____
2.	η έγχρωμη τηλεόραση *color television*	_____
3.	ο καθαρός ουρανός *clear sky*	_____
4.	το καινούριο ποδήλατο *new bicycle*	_____
5.	ο παλιός υπολογιστής *old computer*	_____
6.	τα μαύρα παπούτσια	_____
7.	ο δυνατός αέρας *strong wind*	_____
8.	οι καλές τέχνες *fine arts*	_____
9.	η εθνική οδός *highway (literally: national road)*	_____
10.	ο ζεστός καφές	_____
11.	η κύρια είσοδος *main entrance*	_____
12.	η γραφική Μύκονος	_____
13.	η μεγάλη λεωφόρος	_____
14.	ο συμπαθής άνθρωπος	_____
15.	τα ψηλά βουνά	_____
16.	το αειθαλές δέντρο *evergreen tree*	_____
17.	οι δύσκολες ασκήσεις *difficult exercises*	_____
18.	το εύκολο διαγώνισμα *easy test/exam*	_____
19.	το γνήσιο δέρμα *genuine leather*	_____
20.	ο γενναίος ήρωας *brave hero*	_____

7. Fill in the blanks with the adjectives in the right person in the accusative. They are given in the masculine, in the nominative case. – Συμπλήρωσε τα κενά με τα επίθετα στο σωστό πρόσωπο, στην αιτιατική. Δίνεται το αρσενικό στην ονομαστική.

e.g. Λατρεύω την __ελληνική__ γλώσσα. (ελληνικός)

1. Μιλάω με τον _____ μου αδελφό. (μεγάλος)

2. Φοράω ένα _____ παντελόνι, μια _____ ζακέτα και έναν _____ σκούφο. (μακρύς, χοντρός, ζεστός)
                               long   thick   warm

3. Θέλω έναν _____ καφέ με _____ γάλα. (μέτριος, λίγος)

4. Η Λίτσα μένει στον _____ όροφο. (εικοστός)
                          twentieth

5. Αυτό το κράτος έχει πολύ _____ νόμους. (αυστηρός)
                                       strict

6. Βλέπω τον _____ ουρανό. (γαλάζιος)

7. Θέλω μια _____ λεμονάδα. (δροσερός)
                lemon juice cool

8. Αγόρασα έναν _____ πίνακα. (υπέροχος)
   I bought   *painting*

9. Φέτος έχουμε δύο _____ δασκάλους στο σχολείο. (καινούριος)
     new

10. Θαυμάζω τους _____ ανθρώπους. (εργατικός)
    I admire

11. Φοβάμαι τις _____ αράχνες. Συχνά είναι _____.
    I'm scared of   *spiders*   *Often*
    (μεγάλος, δηλητηριώδης)
    poisonous, venomous

12. Το σπίτι έχει _____ παράθυρα. (πολύς)

13. Διαβάζω ένα πολύ _____ βιβλίο. (βαρετός)
                                      boring

14. Κάθε χρόνο επισκέπτομαι τη _____ έκθεση Θεσσαλονίκης.
    (διεθνής)   *exposition*

15. Κρεμάω έναν _____ χάρτη στον _____ τοίχο.
    I hang   *map*   *wall*
    (παγκόσμιος, άσπρος)
    world (adj.), worldwide

16. Συμμετέχω σε έναν _____ διαγωνισμό. (δύσκολος)
    I participate   *contest*

17. Λατρεύω την _____ σοκολάτα! (άσπρος)

18. Δεν συμπαθώ τους _____ ανθρώπους. (αγενής)
    I don't like   *rude*

ANSWERS TO THE EXERCISES
ΛΥΣΕΙΣ ΤΩΝ ΑΣΚΗΣΕΩΝ

1.
   1. όμορφη
   2. τεμπέλα
   3. γλυκός
   4. καινούρια
   5. ωραίος
   6. βαριά
   7. συνεχής
   8. ζημιάρα
   9. κρύος
   10. μέτρια
   11. θαλασσιά
   12. τέλειος
   13. διεθνής
   14. γκρινιάρης
   15. πλατιά
   16. νηστικός
   17. κακός
   18. παλιά
   19. υγιής
   20. ίδιος

2.
   1. ελεύθερη
   2. παράξενος
   3. τεράστια
   4. μεσαίος
   5. καταπληκτικό
   6. σπάνια
   7. δύσκολες
   8. πλούσιος
   9. μαύρη
   10. άσπροι
   11. δυνατή
   12. εύκολες
   13. φωτεινοί
   14. ζεστό
   15. κρύες
   16. ίσιος

3.
   1. έξυπνη
   2. ξύλινη
   3. ψηλός
   4. μακρύ
   5. κοντό
   6. καθαρό
   7. μεγάλος
   8. βαθιά
   9. δύσκολο
   10. μικρή
   11. τεράστια
   12. τεμπέλα
   13. βαριά
   14. μακριά
   15. μεγάλη
   16. κοντές, μακριές
   17. κοντός, ψηλοί, κοντή, ψηλή
   18. πικρός
   19. γλυκιά,
   20. έμπιστοι

4.
   1. κόκκινη
   2. πράσινα
   3. γαλάζια
   4. κόκκινα
   5. γαλανός
   6. κόκκινα
   7. καστανά
   8. κίτρινες
   9. πράσινο
   10. άσπρο
   11. γκρίζος
   12. μαύρα

5.
1. Τα θαλασσιά πουκάμισα
2. Οι μαύρες τρύπες
3. Οι γρήγοροι λαγοί
4. Οι αργές χελώνες
5. Τα γυάλινα ποτήρια
6. Οι μάλλινες ζακέτες
7. Οι ασπρόμαυρες φωτογραφίες
8. Οι εργατικοί φοιτητές
9. Οι γοητευτικοί άνδρες
10. Τα αγωνιστικά αυτοκίνητα

6.
1. της ηλεκτρικής σκούπας
2. της έγχρωμης τηλεόρασης
3. του καθαρού ουρανού
4. του καινούριου ποδηλάτου
5. του παλιού υπολογιστή
6. των μαύρων παπουτσιών
7. του δυνατού αέρα
8. των καλών τεχνών
9. της εθνικής οδού
10. του ζεστού καφέ
11. της κύριας εισόδου
12. της γραφικής Μυκόνου
13. της μεγάλης λεωφόρου
14. του συμπαθούς ανθρώπου
15. των ψηλών βουνών
16. του αειθαλούς δέντρου
17. των δύσκολων ασκήσεων
18. του εύκολου διαγωνίσματος
19. του γνήσιου δέρματος
20. του γενναίου ήρωα

7.
1. μεγάλο
2. μακρύ, χοντρή, ζεστό
3. μέτριο, λίγο
4. εικοστό
5. αυστηρούς
6. γαλάζιο
7. δροσερή
8. υπέροχο
9. καινούριους
10. εργατικούς
11. μεγάλες
12. πολλά
13. βαρετό
14. διεθνή
15. παγκόσμιο, άσπρο
16. δύσκολο
17. άσπρη
18. αγενείς

The adjective *πολύς – πολλή – πολύ* vs. the adverb *πολύ*

The adjective **πολύς – πολλή – πολύ** is <u>not</u> the same as the adverb **πολύ** followed by an adjective.

Πολύς – πολλή – πολύ means "a lot of, much, many", is used with a noun, and it agrees with that noun; whereas the adverb **πολύ** means "very, very much, a lot" and does not change.

This is a sore point with many students and with many native Greek speakers too! So let's look at some examples and do some exercises.

Examples of adjective-noun agreement with <u>πολύς</u> *in all genders*

ο πολύς κόσμος *(a lot of people)*   οι πολλοί άνδρες *(many men)*

η πολλή ώρα *(much time, a long time)*   οι πολλές κιθάρες *(many guitars)*

το πολύ νερό *(a lot of water)*   τα πολλά βιβλία *(many books)*

Examples of the adverb <u>πολύ</u> *(very) followed by an adjective; it does not change, it's always "πολύ"*

πολύ όμορφος κόσμος *(masc. sing.)*   *(very beautiful world)*

πολύ ικανή γυναίκα *(fem. sing.)*   *(very capable woman)*

πολύ μικρό σπίτι *(neut. sing.)*   *(very small house)*

πολύ καλοί άνθρωποι *(masc. pl.)*   *(very good people)*

πολύ δύσκολες ασκήσεις *(fem. pl.)*   *(very difficult exercises)*

πολύ έξυπνα παιδιά *(neut. pl.)*   *(very smart children)*

Read the following sentences and make sure you understand the difference. If you still find it confusing, don't get discouraged; as mentioned above, even native Greek speakers often confuse the two. You will get the hang of it with practice.

1. Ο Νίκος είναι πολύ έξυπνος.
   very   smart

   adverb, so it does not characterize the noun and does not need to agree with it

2. Αγαπώ πολύ το μπάσκετ.
   I love basketball very much.

   adverb

3. Θέλω πολύ ένα παγωτό.
   I want an ice cream very much.

   adverb

4. Κάνει πολλή ζέστη.

   adjective, feminine because η ζέστη is feminine. Although we'd translate this as "it's very hot", word for word "πολλή ζέστη" means "a lot of heat"

5. Κάνει πολύ κρύο.

   adjective, neuter because το κρύο is neuter. As above, this says "there's much cold" even though we'd translate it as "it's very cold"

6. Έχω πολύ καιρό να σε δω.

   adjective in the accusative because after έχω we use accusative, like in English "I have <u>him</u>", not "I have <u>he</u>". Ο καιρός is masculine. Nominative masc.: ο πολύς καιρός. Accusative masc.: τον πολύ καιρό.

7. Σε πεθύμησα πολύ.
   I missed you a lot.

   adverb

8. Έχω πολλούς φίλους.

   adj. masculine accusative plural; agrees with φίλους which is masculine accusative plural

9. Έχω πολύ λίγες φίλες.
   very few female friends

   adverb, modifying the adjective λίγες. λίγες is the adjective that agrees with φίλες, and πολύ is the adverb that modifies this adjective

10. Στην Αυστραλία υπάρχουν πολλοί Έλληνες.

    adj. masc. nominative plural – many Greeks

11.	Έφαγα πολύ καρπούζι. *I ate a lot of watermelon.*	*adj. neuter accusative singular –* *a lot of watermelon*
12.	Πολλά παιδιά λατρεύουν το παγωτό.	*adj. neuter nominative plural –* *many children*
13.	Σήμερα έφαγα πολύ σπανάκι. *Today I ate a lot of spinach*	*adj. neuter accusative singular*
14.	Έχω πολλά να σου πω. *or* Έχω να σου πω πολλά.	*adjective – implied "Έχω πολλά πράγματα να σου πω", so πολλά agrees with πράγματα*
15.	Χρόνια πολλά!	*adjective. This is a general wish used for birthdays, Christmas, Easter, name days, etc. It means "[May you live] many years" (πολλά χρόνια).*

EXERCISES
ΑΣΚΗΣΕΙΣ

1. Add the adjective <u>πολύς – πολλή – πολύ</u> or the adverb <u>πολύ</u> in front of each word. – Πρόσθεσε το επίθετο <u>πολύς – πολλή – πολύ</u> ή το επίρρημα <u>πολύ</u> μπροστά από κάθε λέξη.

1. _____ ζάχαρη
2. _____ λίγη ζάχαρη
3. _____ ζέστη
4. _____ ζεστή μέρα
5. _____ χιόνι
6. _____ πυκνό χιόνι
   dense
7. _____ μεγάλη χαρά
   joy

8. _____ χαρά

9. _____ θόρυβος
   noise

10. _____ δυνατός θόρυβος
    loud noise

11. _____ βροχή

12. _____ δυνατή βροχή

13. βρέχει _____

14. _____ κρύο

15. _____ δυνατό κρύο

16. _____ κόσμος

17. _____ χαρούμενος κόσμος

2. Fill in the blanks with the adjective <u>πολύς</u> in the appropriate form or with the adverb <u>πολύ</u>. – Συμπλήρωσε τα κενά με το επίθετο <u>πολύς</u> στον κατάλληλο τύπο ή με το επίρρημα <u>πολύ</u>.

1. Θέλω _____ να σε δω.

2. Έφαγα _____ σαλάτα και ήπια _____ κρασί.

3. Ρίχνει _____ χιόνι στο βουνό.
   It is dropping

   We'd translate this as "a lot of snow is falling on the mountain" but literally it says "It is dropping a lot of snow on the mountain".

4. Έχω _____ ώρα που σε περιμένω.

5. Το Έβερεστ είναι _____ ψηλό.

6. Τα πορτοκάλια είναι _____ υγιεινά γιατί έχουν
      oranges   *healthful*
   _____ βιταμίνες.
      vitamins

7. Έχει _____ λιακάδα σήμερα. Πάμε μια βόλτα στο πάρκο!
              sunshine

8. Το χωριό μου δεν έχει _____ κατοίκους. Είναι
   _____ μικρό.

9. Η πόλη μας έχει _____ πλατείες και πάρα _____ πάρκα.
                   town squares   *parks*

10. Μην τρως τόσο _____ κοτόπουλο! Θα σκάσεις!
    Don't eat   *so*   *much*   *chicken*   *You'll explode, burst*

11. Έχει περάσει _____ καιρός από τότε.
    has passed   *since then*

12. Αυτό το έργο χρειάζεται _____ κόπο.
    project needs, requires   *ο κόπος: effort, hard work*

13. Αυτό το βιβλίο είναι _____ ενδιαφέρον. Έχω ήδη διαβάσει
                                  interesting   *already*
    _____ σελίδες.

14. Σου εύχομαι χρόνια _____ με _____ αγάπη.
    I wish you

3. Fill in the blanks in the following paragraph with the adjective <u>πολύς</u> in the right form or with the adverb <u>πολύ</u>. – Συμπλήρωσε τα κενά στην ακόλουθη παράγραφο με το επίθετο <u>πολύς</u> στο σωστό τύπο ή με το επίρρημα <u>πολύ</u>.

Η κυρία Κατερίνα είναι _____ καλή δασκάλα. Αγαπάει _____ τα
                                               teacher

παιδιά. Έχει _____ παιδιά στην τάξη της και κάθε μέρα τους μαθαίνει*
                                          classroom, class

_____ πράγματα. Ο Γιώργος είναι μαθητής της κυρίας Κατερίνας.

Είναι _____ καλός μαθητής. Του αρέσουν _____ μαθήματα: η

ιστορία, τα μαθηματικά, η μουσική και η γυμναστική. Ο Γιώργος έχει
history   *mathematics*   *physical education*

_____ φίλους στο σχολείο. _____ φορές πηγαίνουν όλοι μαζί για
                                                                   all together

ποδόσφαιρο μετά το μάθημα. Περνάνε _____ ωραία.**

* Note that *μαθαίνω* here does not mean "to learn" but "to teach". This usage is very common. We could have also used *διδάσκω* («κάθε μέρα τους διδάσκει»). The meaning of *μαθαίνω* depends on whether there is an indirect object in the sentence or only a direct object:

    μαθαίνω ισπανικά = I learn/I'm learning Spanish *(direct object only)*

    μαθαίνω κάτι σε κάποιον = to teach something to somebody *(direct and indirect object)*

    μαθαίνω ισπανικά στα παιδιά = διδάσκω ισπανικά στα παιδιά = I teach the children Spanish

** We'd translate this as "They have a very good time" but word for word it says "They pass (the time) very nicely".

ANSWERS TO THE EXERCISES
ΛΥΣΕΙΣ ΤΩΝ ΑΣΚΗΣΕΩΝ

1.
   1. πολλή
   2. πολύ
   3. πολλή
   4. πολύ
   5. πολύ
   6. πολύ
   7. πολύ
   8. πολλή
   9. πολύς
   10. πολύ
   11. πολλή
   12. πολύ
   13. πολύ
   14. πολύ
   15. πολύ
   16. πολύς
   17. πολύ

2.
   1. πολύ
   2. πολλή, πολύ
   3. πολύ
   4. πολλή
   5. πολύ
   6. πολύ, πολλές
   7. πολλή
   8. πολλούς, πολύ
   9. πολλές, πολλά
   10. πολύ
   11. πολύς
   12. πολύ
   13. πολύ, πολλές
   14. πολλά, πολλή

3. πολύ, πολύ, πολλά, πολλά, πολύ, πολλά, πολλούς, Πολλές, πολύ

ADVERBS
ΕΠΙΡΡΗΜΑΤΑ

Adverbs indicate
- manner (e.g. γρήγορα, ωραία, άνετα, μαζί, αλλιώς)
  quickly   beautifully comfortably together differently, otherwise

- place (e.g. μέσα, έξω, παντού, κοντά, εδώ, εκεί, αλλού, πίσω)
  inside outside everywhere near here there elsewhere back, behind

- time (e.g. σήμερα, αύριο, αμέσως, νωρίς, αργά,
  today   tomorrow immediately early late, slowly

  φέτος, του χρόνου, ήδη, τώρα, μετά)
  this year next year already now later, afterwards

- quantity (e.g. πολύ, λίγο, περίπου, αρκετά, τόσο, εξίσου)
  a lot a little approximately quite this much equally

There are adjectives derived from adverbs, e.g.:

κοντά	→	κοντινός	μακριά	→	μακρινός
			far		
χτες	→	χτεσινός	σήμερα	→	σημερινός
αύριο	→	αυριανός	τώρα	→	τωρινός
φέτος	→	φετινός	πέρσι	→	περσινός
πάντα	→	παντοτινός			
always					

and adverbs derived from adjectives, e.g.:

καλός	→	καλά *well*		εύκολος	→	εύκολα *easily*
ωραίος	→	ωραία		υπέροχος	→	υπέροχα
άλλος *other*	→	αλλού *elsewhere*		τέλειος *perfect*	→	τέλεια
ψηλός *tall, high*	→	ψηλά		χαμηλός *low*	→	χαμηλά
σίγουρος *sure, certain*	→	σίγουρα *certainly*		φυσικός *natural*	→	φυσικά *naturally*
ευχάριστος *pleasant*	→	ευχάριστα *pleasantly* & ευχαρίστως *gladly, with pleasure*				

We can have two adverbs in a row, one modifying the other. For example:

Σήμερα αισθάνομαι <u>κάπως</u> <u>καλύτερα</u>.
Today I am feeling somewhat better

Περάσαμε <u>πολύ</u> <u>καλά</u> στην παραλία.
very well

Έφτασα <u>αρκετά</u> <u>αργά</u> στο πάρτι.
I arrived quite late

Δεν έγραψα <u>καθόλου</u> <u>καλά</u> στο διαγώνισμα.
not at all well (i.e. not well at all)

EXERCISES
ΑΣΚΗΣΕΙΣ

1. Underline the adverbs in the following text. – Υπογράμμισε τα επιρρήματα στο ακόλουθο κείμενο.

Χτες έκανε πολλή ζέστη, ενώ σήμερα κάνει αρκετό κρύο. Ο αέρας φυσάει
blows
δυνατά. Είναι λογικό, αφού είναι Φεβρουάριος. Πάντα η θερμοκρασία
since, given that   temperature
πέφτει πολύ το Φεβρουάριο, και το κρύο κρατάει αρκετά, τουλάχιστον
drops   lasts   at least
(also: falls)   (also: holds)
δυο-τρεις μήνες ακόμα. Δεν κρυώνουμε μόνο εμείς αλλά και ο σκύλος μας.
more, still
Στην αυλή κρυώνει πολύ και στο σπιτάκι του δεν αισθάνεται άνετα γιατί
feels
είναι λίγο μικρό. Προσπαθεί συνέχεια να μπει μέσα στο σπίτι μας. Η μαμά
tries   continuously, constantly
δεν θέλει καθόλου γιατί ο σκύλος αφήνει τρίχες παντού, αλλά φυσικά τον
leaves, sheds
βάζει μέσα γιατί τον λυπάται.
feels sorry for him

2. Fill in the blanks with the adverbs derived from the adjectives in parenthesis. – Συμπλήρωσε τα κενά με τα επιρρήματα που παράγονται από τα επίθετα σε παρένθεση.

1. Τα παιδιά περνάνε _____ στο πάρκο. (ευχάριστος)

2. Το βιβλίο ελληνικών είναι πολύ _____ στη βιβλιοθήκη. (ψηλός)
bookcase
(also: library)

3. Ο Γιώργος δε φέρεται _____. (τίμιος)
behaves   honest, plain dealing

4. Σου μιλάω _____. (ειλικρινής)
   frank, truthful

5. Ταξιδεύω _____ στην Ελλάδα. (συχνός)
   frequent

6. Μίλα _____! (ξεκάθαρος)
   clear, straightforward

7. _____ τρώμε μελιτζάνες. (σπάνιος)
   eggplants   rare, scarce

8. Ντύνομαι πολύ _____ όταν καθαρίζω το σπίτι. (πρόχειρος)
   I get dressed   I clean   casual, informal

9. Ο διευθυντής μιλάει πάντα πολύ _____ στους υπαλλήλους.
   director   employees
   (ευγενικός)
   polite

10. Ρίξαμε την άγκυρα _____ στη θάλασσα. (βαθύς)
    We dropped   anchor   deep

11. Σήμερα ντύθηκα _____ γιατί κάνει κρύο. (χοντρός)
    I got dressed   thick
    *   (also: fat)*

12. Δεν τα υπολόγισα _____. (σωστός)
    I calculated   correct

13. Τρέχα _____! (γρήγορος)
    Run (imperative)   fast

14. Κάτσε _____, Γιωργάκη! (φρόνιμος)
    *   well-behaved*

15. Στρίψε _____, συνέχισε _____ και μετά στρίψε
    Turn (imperative)   continue
    _____. (δεξής, ευθύς, αριστερός)
    right   straight   left

16. Η μαμά μου μαγειρεύει _____. (καταπληκτικός)
    cooks   awesome

ANSWERS TO THE EXERCISES
ΛΥΣΕΙΣ ΤΩΝ ΑΣΚΗΣΕΩΝ

1. Χτες, σήμερα, δυνατά, Πάντα, πολύ, αρκετά, τουλάχιστον, ακόμα, μόνο, πολύ, άνετα, λίγο, συνέχεια, μέσα, καθόλου, παντού, φυσικά, μέσα

2.
   1. ευχάριστα
   2. ψηλά
   3. τίμια
   4. ειλικρινά
   5. συχνά
   6. ξεκάθαρα
   7. Σπάνια
   8. πρόχειρα
   9. ευγενικά
   10. βαθιά
   11. χοντρά
   12. σωστά
   13. γρήγορα
   14. φρόνιμα
   15. δεξιά, ευθεία, αριστερά
   16. καταπληκτικά

COMPARATIVES & SUPERLATIVES
ΣΥΓΚΡΙΤΙΚΟΣ ΚΑΙ ΥΠΕΡΘΕΤΙΚΟΣ ΒΑΘΜΟΣ

(as in *good* – **better** *(comparative)* – **best** *(superlative)* in English)

THE COMPARATIVE
ΣΥΓΚΡΙΤΙΚΟΣ

The comparative form of adjectives is formed as follows:

- with **πιο + adjective**
  more

  e.g. μεγάλος → πιο μεγάλος
  bigger (literally more big)

  όμορφη → πιο όμορφη
  more beautiful

  μικρό → πιο μικρό
  smaller (literally more small)

- and for many adjectives (not all) it is also formed by using the ending
  -τερος, -τερη, -τερο
  (masc.) (fem.) (neut.)

  e.g. μεγάλος → μεγαλύτερος
  όμορφη → ομορφότερη
  μικρό → μικρότερο

  a. Adjectives in **-ος -η -ο** become **-ότερος -ότερη -ότερο**.

  e.g. έξυπνος → εξυπνότερος
  σωστή → σωστότερη
  φρόνιμο → φρονιμότερο

  Exceptions:
  καλός → καλύτερος, μεγάλος → μεγαλύτερος, πρώτος → πρωτύτερος

  b. Adjectives in **-ύς -ιά -ύ** become **-ύτερος -ύτερη -ύτερο**.

  e.g. βαρύς → βαρύτερος
  μακριά → μακρύτερη
  ελαφρύ → ελαφρύτερο

c. Adjectives in **-ης -ης -ες** become **-έστερος -έστερη -έστερο**.

e.g. συμπαθής → συμπαθέστερος
(συμπαθητικός)

επιμελής → επιμελέστερη

ακριβές → ακριβέστερο

A few adjectives have not two but <u>three</u> comparative forms. For example:

ελαφρύς → πιο ελαφρύς, ελαφρότερος, ελαφρύτερος

χοντρός → πιο χοντρός, χοντρότερος, χοντρύτερος

κοντός → πιο κοντός, κοντότερος, κοντύτερος

They are equally common; use the one you are most comfortable with.

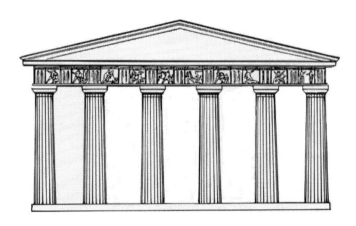

THE SUPERLATIVE
ΥΠΕΡΘΕΤΙΚΟΣ

The superlative is formed as follows:

- **article + comparative**
  where the comparative can be either the single-word form or the longer form.

  e.g. ο μεγαλύτερος   or   ο πιο μεγάλος   *(the biggest)*

  η δυσκολότερη   or   η πιο δύσκολη   *(the most difficult)*

  το ευκολότερο   or   το πιο εύκολο   *(the easiest)*

- and for many adjectives it is also formed by using the ending
  -τατος, -τατη, -τατο
  (masc.)   (fem.)   (neut.)

  a. Adjectives in **-ος -α/η -ο** become **-ότατος -ότατη -ότατο**.

     e.g. πλούσιος → πλουσιότατος

     ωραία → ωραιότατη

     όμορφη → ομορφότατη

     φρόνιμο → φρονιμότατο

  b. Adjectives in **-ύς -ιά -ύ** become **-ύτατος -ύτατη -ύτατο**.

     e.g. φαρδύς → φαρδύτατος

     βαριά → βαρύτατη

     ελαφρύ → ελαφρύτατο

  c. Adjectives in **-ης -ης -ες** become **-έστερος -έστερη -έστερο**.

     e.g. συμπαθής → συμπαθέστατος

     επιεικής → επιεικέστατη

     ακριβές → ακριβέστατο

Let's also look at some common **irregular** **comparatives/superlatives**.

positive	_comparative_	_superlative_
απλός	απλούστερος	απλούστατος, ο πιο απλός, ο απλούστερος
καλός	καλύτερος	άριστος, ο πιο καλός, ο καλύτερος
κακός	**χειρότερος**	χείριστος, ο πιο κακός, ο χειρότερος
μεγάλος	μεγαλύτερος	μέγιστος, ο πιο μεγάλος, ο μεγαλύτερος
μικρός	μικρότερος	ελάχιστος, ο πιο μικρός, ο μικρότερος
πολύς	**περισσότερος**	—— ο πιο πολύς, ο περισσότερος
λίγος	λιγότερος	ελάχιστος, ο πιο λίγος, ο λιγότερος

SUMMARY TABLE

positive	_comparative_		_superlative_		
ψηλός	πιο ψηλός	ψηλότερος	ο πιο ψηλός	ο ψηλότερος	ψηλότατος
μικρός	πιο μικρός	μικρότερος	ο πιο μικρός	ο μικρότερος	ελάχιστος
μεγάλος	πιο μεγάλος	μεγαλύτερος	ο πιο μεγάλος	ο μεγαλύτερος	μέγιστος
βαρύς	πιο βαρύς	βαρύτερος	ο πιο βαρύς	ο βαρύτερος	βαρύτατος
συμπαθής	πιο συμπαθής	συμπαθέστερος	ο πιο συμπαθής	ο συμπαθέστερος	συμπαθέστατος
ωραία	πιο ωραία	ωραιότερη	η πιο ωραία	η ωραιότερη	ωραιότατη
εύκολη	πιο εύκολη	ευκολότερη	η πιο εύκολη	η ευκολότερη	ευκολότατη
φαρδιά	πιο φαρδιά	φαρδύτερη	η πιο φαρδιά	η φαρδύτερη	φαρδύτατη
δύσκολο	πιο δύσκολο	δυσκολότερο	το πιο δύσκολο	το δυσκολότερο	δυσκολότατο
μακρύ	πιο μακρύ	μακρύτερο	το πιο μακρύ	το μακρύτερο	μακρύτατο

Example sentences – Παραδείγματα προτάσεων:

Σήμερα ο καιρός είναι <u>καλύτερος</u> από χτες.
better (comparative of καλός)

Η κόρη μου είναι <u>μεγαλύτερη</u> από τον γιο μου.
older (comparative of μεγάλη)
Note that "μεγαλύτερος" means "bigger" but we also use it for age, to mean "older". The same applies to "μικρότερος"; strictly speaking, it means smaller but we also use it to mean younger.

Ο Όλυμπος είναι <u>ψηλότερος</u> από τον Παρνασσό.
higher, taller (comparative of ψηλός)

Ο Όλυμπος είναι <u>το ψηλότερο</u> βουνό της Ελλάδας.
highest, tallest (superlative of ψηλό)

Η Μαρία είναι <u>η καλύτερη</u> μαθήτρια της τάξης.
the best (superlative of καλή)

Το τεστ μαθηματικών ήταν <u>ευκολότατο</u>.
math test   was   extremely easy (superlative of εύκολο)

<u>Τα περισσότερα</u> παιδιά λατρεύουν το παγωτό.
most (superlative of πολλά)

Σήμερα έφαγα <u>περισσότερο</u> σπανάκι από χτες.
more (comparative of πολύ)
which is the same as

Σήμερα έφαγα <u>πιο πολύ</u> σπανάκι από χτες.

Adverbs also have a comparative and a superlative (just like in English,
e.g. quickly → more quickly → most quickly).
The patterns are similar to those of adjectives, with the corresponding adverb endings.

Examples – *Παραδείγματα*:

adjective	adverb	adverb comparative	adverb superlative
καλός	καλά *well*	πιο καλά, καλύτερα	(πάρα) πολύ καλά, άριστα
αργός	αργά *slowly, late*	πιο αργά, αργότερα	(πάρα) πολύ αργά
πολύς	πολύ *a lot*	πιο πολύ, περισσότερο	πάρα πολύ
λίγος	λίγο *a little*	πιο λίγο, λιγότερο	(πάρα) πολύ λίγο, ελάχιστα
ωραίος	ωραία	πιο ωραία, ωραιότερα	(πάρα) πολύ ωραία, ωραιότατα
εύκολος	εύκολα	πιο εύκολα, ευκολότερα	(πάρα) πολύ εύκολα, ευκολότατα

Example sentences – Παραδείγματα προτάσεων:

Περάσαμε ωραιότατα στη γιορτή.
We had a really good time at the party.

Τον γνωρίζω ελάχιστα.
I know him very little.

Θα σου τηλεφωνήσω αργότερα.
I will call you later.

Οι φράουλες μου αρέσουν περισσότερο από τις μπανάνες.
I like strawberries more than bananas.

Σήμερα έφαγα πολύ περισσότερο από χτες.
Today I ate much more than yesterday.   (Note: two adverbs in a row)

EXERCISES
ΑΣΚΗΣΕΙΣ

1. Fill in the blanks with the comparative of the adjectives in parenthesis.
– Συμπλήρωσε τα κενά με τον συγκριτικό των επιθέτων σε παρένθεση.

1. Το σπίτι μου είναι _____ από το δικό σου. (μικρό)

2. Η Ελένη είναι _____ από την αδελφή της. (ψηλή)

3. Η κουζίνα είναι _____ από το σαλόνι. (φωτεινή)
   bright

4. Η σημερινή μέρα είναι _____ από τη χτεσινή. (ζεστή)

5. Τα ελληνικά είναι λίγο _____ από τα ιταλικά. (δύσκολα)

6. Το πράσινο κουτί είναι _____ από το άσπρο. (ελαφρύ)

7. Ο κήπος μας έχει _____ λουλούδια από τον κήπο του γείτονα. (πολλά)
   neighbor

8. Σήμερα έχει _____ κρύο από χτες. (πολύ)

9. Τα παπούτσια μου είναι _____ από του Κώστα. (παλιά)

10. Το μαύρο παντελόνι είναι _____ από το καφετί. (μακρύ)

11. Το μπλε αυτοκίνητο είναι _____ από το κόκκινο. (καινούριο)

12. Η πολυθρόνα είναι _____ από την καρέκλα. (άνετη)
    armchair   chair   comfortable

13. Το βιβλίο των γαλλικών έχει _____ σελίδες από το βιβλίο
    French   pages
    των γερμανικών. (λίγες)
    German

14. Το ρολόι στο τηλέφωνό μου είναι _____ από το ρολόι
    The clock on my phone
    του τοίχου. (ακριβές)
    wall   accurate, exact

2. Fill in the blanks with the adjectives in the superlative given in the box.
– Συμπλήρωσε τα κενά με τα επίθετα στον υπερθετικό που δίνονται στο πλαίσιο.

> το μικρότερο – απλούστατη – το ωραιότερο – τις πιο διάσημες – η πιο δύσκολη – η καλύτερη – τα νοστιμότερα – η ομορφότερη – τους εξυπνότερους – συμπαθέστατος – τα πιο γνωστά - άριστος

1. Η μαμά μου φτιάχνει _____ φαγητά.

2. Ο Μάριος είναι _____ μαθητής.

3. Έχουμε _____ σπίτι στη γειτονιά.
                                                   neighborhood

4. Η μαμά μου είναι _____ μαμά του κόσμου.

5. Η πατρίδα μου είναι _____ χώρα της Γης.
      homeland   Earth

6. Η λύση του προβλήματος είναι _____.

7. «_____ πλάσμα του κόσμου» είναι ένα γνωστό τραγούδι
                 creature
   του Λευτέρη Πανταζή.

8. Νομίζω ότι τα κινέζικα είναι _____ γλώσσα.
      I think   Chinese

9. Αυτός ο ηθοποιός είναι _____.
              actor

10. Ο Κώστας είναι ένας από _____ επιστήμονες που ξέρω.
              one of   scientists
    (επιστήμονες here is in the accusative – we know this because we have the preposition από, which is followed by the accusative; just like in English, we say one of them: ένας από <u>αυτούς</u>. So the adjective that comes before it must be in the accusative too.)

11. Η Μαρινέλλα είναι μια από _____ ελληνίδες τραγουδίστριες.

12. Η Μύκονος είναι ένα από _____ νησιά της Ελλάδας.

3. Rewrite the sentences, replacing the underlined parts with the single-word form of the superlative. – Ξαναγράψε τις προτάσεις αντικαθιστώντας τα υπογραμμισμένα τμήματα με τη μονολεκτική μορφή του υπερθετικού.

e.g.   Η δασκάλα είναι <u>πάρα πολύ επιεικής</u>.
    <u>Η δασκάλα είναι επιεικέστατη.</u>

1. Το ποτάμι είναι <u>πάρα πολύ βαθύ</u>.
   _____

2. Ο Χάρης είναι <u>πάρα πολύ υγιής</u> γιατί τρώει πολλά φρούτα.
   _____

3. Ο γείτονάς μου είναι <u>πάρα πολύ αγενής</u>.
   _____

4. Η άσκηση είναι <u>πάρα πολύ απλή</u>.
   _____

5. Ο δικαστής είναι <u>πάρα πολύ νέος</u>.
      judge   *young*
   _____

6. Αυτή η μαθήτρια είναι <u>πάρα πολύ επιμελής</u>.
   _____

7. Όλα τα φαγητά σ' αυτό το εστιατόριο είναι <u>πάρα πολύ νόστιμα</u>.
   _____

8. Ο Μιχάλης είναι πάντα <u>πολύ συνεπής</u> στα ραντεβού του.
                              punctual   *το ραντεβού: appointment, date*
   _____

4. Fill in the blanks with the comparative of the adverbs in parenthesis. – Συμπλήρωσε τα κενά με τον συγκριτικό των επιρρημάτων σε παρένθεση.

1. Τι σου αρέσει _____, ο καφές ή το τσάι; (πολύ)

2. Το πάρτι αρχίζει στις οχτώ αλλά εγώ θα πάω _____. (αργά)

3. Η Κατερίνα τραγουδάει _____ από τη Φανή. (ωραία)

4. Μίλα _____, δε σ' ακούω. (δυνατά)
   Speak (imperative)   hear (also: listen) loudly (also: strongly)

5. Η Σοφία μιλάει αραβικά _____ από την Ασπασία. (καλά)
   Arabic

6. Περπατάω _____ και _____ με τα
   I walk
   αθλητικά παπούτσια. (γρήγορα, εύκολα)
   sneakers

7. Απάντησα στις ερωτήσεις του τεστ _____ από τους
   I answered
   συμμαθητές μου. (σωστά)
   classmates

8. Αισθάνομαι _____ με τους φίλους μου παρά με
   I feel   than, rather than
   αγνώστους. (άνετα)
   strangers

9. Λες βλακείες! Σκέψου _____! (λογικά)
   nonsense   Think (imperative)   rationally, logically

10. Τα παιδιά περνάνε _____ στο πάρκο παρά στο σχολείο. (ευχάριστα)

11. Το καλοκαίρι τρώμε παγωτό _____. (συχνά)
    we eat   often

12. - Μαμά, θέλω παγωτό!
    - Αν το ζητήσεις _____, θα σου πάρω. (ευγενικά)
    If you ask for it   I will get you (some)

ANSWERS TO THE EXERCISES
ΛΥΣΕΙΣ ΤΩΝ ΑΣΚΗΣΕΩΝ

1.
1. μικρότερο / πιο μικρό
2. ψηλότερη / πιο ψηλή
3. φωτεινότερη / πιο φωτεινή
4. ζεστότερη / πιο ζεστή
5. δυσκολότερα / πιο δύσκολα
6. ελαφρύτερο / πιο ελαφρύ
7. περισσότερα / πιο πολλά
8. περισσότερο / πιο πολύ
9. παλιότερα / πιο παλιά
10. μακρύτερο / πιο μακρύ
11. πιο καινούριο
12. πιο άνετη
13. λιγότερες / πιο λίγες
14. ακριβέστερο / πιο ακριβές

2.
1. τα νοστιμότερα
2. άριστος
3. το μικρότερο
4. η καλύτερη
5. η ομορφότερη
6. απλούστατη
7. Το ωραιότερο
8. η πιο δύσκολη
9. συμπαθέστατος
10. τους εξυπνότερους
11. τις πιο διάσημες
12. τα πιο γνωστά

3.
1. βαθύτατο
2. υγιέστατος
3. αγενέστατος
4. απλούστατη
5. νεότατος
6. επιμελέστατη
7. νοστιμότατα
8. συνεπέστατος

4.
1. περισσότερο / πιο πολύ
2. αργότερα / πιο αργά
3. ωραιότερα / πιο ωραία
4. πιο δυνατά
5. καλύτερα / πιο καλά
6. γρηγορότερα / πιο γρήγορα, ευκολότερα / πιο εύκολα
7. σωστότερα / πιο σωστά
8. πιο άνετα
9. λογικότερα / πιο λογικά
10. πιο ευχάριστα
11. συχνότερα / πιο συχνά
12. πιο ευγενικά

**And now...
finally...
the section you've been waiting for!**

VERBS!

**Και τώρα...
επιτέλους...
η ενότητα που περίμενες!**

ΡΗΜΑΤΑ!

PRESENT TENSE
ΕΝΕΣΤΩΤΑΣ

ACTIVE VOICE
ΕΝΕΡΓΗΤΙΚΗ ΦΩΝΗ

Let's conjugate some common verbs in the present tense, paying attention to how the ending changes in the various persons:

	<u>πάω</u> go	<u>πηγαίνω</u> go (same as πάω)	<u>θέλω</u> want	<u>κάνω</u> do, make
εγώ	**πάω**	**πηγαίνω**	**θέλω**	**κάνω**
εσύ	**πας**	**πηγαίνεις**	**θέλεις**	**κάνεις**
αυτός	**πάει**	**πηγαίνει**	**θέλει**	**κάνει**
εμείς	**πάμε**	**πηγαίνουμε**	**θέλουμε**	**κάνουμε**
εσείς	**πάτε**	**πηγαίνετε**	**θέλετε**	**κάνετε**
αυτοί	**πάνε**	**πηγαίνουν(ε)**	**θέλουν(ε)**	**κάνουν(ε)**

	<u>δουλεύω</u> work	<u>μένω</u> stay, live	<u>ξέρω</u> know
εγώ	**δουλεύω**	**μένω**	**ξέρω**
εσύ	**δουλεύεις**	**μένεις**	**ξέρεις**
αυτός	**δουλεύει**	**μένει**	**ξέρει**
εμείς	**δουλεύουμε**	**μένουμε**	**ξέρουμε**
εσείς	**δουλεύετε**	**μένετε**	**ξέρετε**
αυτοί	**δουλεύουν(ε)**	**μένουν(ε)**	**ξέρουν(ε)**

Examples – Παραδείγματα

Πά**ω** στο σπίτι. / Πηγαίν**ω** στο σπίτι.
Το παιδί πά**ει** στο σχολείο. / Το παιδί πηγαίν**ει** στο σχολείο.
Πού πά**τε**; / Πού πηγαίν**ετε**;

Θέλ**ω** σούπα.
Θέλ**εις** παγωτό;
Θέλ**ετε** κάτι;

Κάν**ω** τις ασκήσεις.
Τι κάν**εις** εκεί;
Τι κάν**ει** ο Γιώργος;
Κάν**ουμε** μπάνιο στη θάλασσα.
Τι κάν**ετε**, κύριε Παναγιώτη;
Οι μαθητές κάν**ουν** μάθημα.

- Ξέρ**εις** γαλλικά;
- Όχι, αλλά ξέρ**ω** ελληνικά.

- Ξέρ**ετε** πού είναι η Πάτρα;
- Όχι, δεν ξέρ**ουμε**.
- Εσύ, Νίκο, ξέρ**εις**;
- Ναι, ξέρ**ω**. Είναι στην Πελοπόννησο.

Ο Δημήτρης δουλεύ**ει** στον Πειραιά.
Η Μαρία και η Βασιλική δουλεύ**ουν** σκληρά.
          hard

- Πού δουλεύ**εις**, Ασπασία;
- Δεν δουλεύ**ω**. Είμαι άνεργη.
      unemployed

Εγώ μέν**ω** στην Αμερική αλλά η αδελφή μου μέν**ει** στην Ελλάδα.

Μέν**ουμε** στην Αθήνα αλλά το καλοκαίρι πηγαίν**ουμε** πάντα στο εξοχικό μας στην Κρήτη.

EXERCISES
ΑΣΚΗΣΕΙΣ

1. Fill in the blanks with the words in the box. – Συμπλήρωσε τα κενά με τις λέξεις στο πλαίσιο.

> εγώ – ο Θοδωρής – εσείς – η Φωτεινή κι ο Χρήστος – ο Ανδρέας κι εγώ – εσύ

1. _____ δουλεύει
2. _____ δουλεύουν
3. _____ δουλεύουμε
4. _____ δουλεύω
5. _____ δουλεύεις
6. _____ δουλεύετε

2. Put the verb _πηγαίνω_ in the right person. – Βάλε το ρήμα _πηγαίνω_ στο σωστό πρόσωπο.

1. η Βαρβάρα _____
2. εσύ κι ο Κώστας _____
3. η μαμά κι ο μπαμπάς _____
4. εγώ _____
5. εσείς _____

6. ο Νίκος κι εγώ _____

7. εσύ _____

8. ο Αλέξης _____

9. τα παιδιά _____

10. εμείς _____

3. Fill in the blanks with the verbs in the right person. – Συμπλήρωσε τα κενά με τα ρήματα στο σωστό πρόσωπο.

1. Η Βαλέρια _____ από την Ιταλία, από τη Ρώμη. _____ στην Αθήνα και _____ στον Πειραιά. (είμαι, μένω, δουλεύω)

2. Ο Χουάν και ο Πάμπλο _____ από την Ισπανία. _____ στη Μαδρίτη. Δεν _____. (είμαι, μένω, δουλεύω)

3. Η Σοφία _____ από την Ελλάδα αλλά _____ στην Τουρκία. _____ στην Άγκυρα. Κάθε πρωί _____ στη δουλειά της με το λεωφορείο. (είμαι, μένω, δουλεύω, πηγαίνω)

4. Η Πηνελόπη κι εγώ _____ αγγλικά αλλά τώρα _____ να μάθουμε πορτογαλικά. (ξέρω, θέλω)
   Portuguese

5. - Εσύ _____ παγωτό; (θέλω)
   - Φυσικά! Πάντα _____ παγωτό! (θέλω)

6. - Πού _____, Κατερίνα; (μένω)
   - _____ στο Παρίσι. (μένω)
   - _____ γαλλικά; (ξέρω)
   - Ναι, _____. (ξέρω)

7. - Γεια σου, Τασούλα! Πού _____ αυτές τις μέρες; (είμαι)
   - _____ διακοπές στη Ρόδο. Εσύ; (κάνω)
   - Εγώ κι άντρας μου _____ στην Αθήνα. Δεν _____ διακοπές φέτος. (είμαι, κάνω)
   - Δεν _____; (θέλω)
   - _____, αλλά δεν _____. (θέλω, μπορώ)

8. - _____ γερμανικά, κύριε Αντώνη; (ξέρω)
   - Όχι, δυστυχώς δεν _____. (ξέρω)
   - Δεν _____ να μάθετε; (θέλω)
   - _____ αλλά δεν _____, είναι πολύ δύσκολα! (θέλω, μπορώ)
   - Δεν _____ έτσι, κύριε Αντώνη. Όποιος _____, _____!
     That is not so
   (είμαι, θέλω, μπορώ)

9. - Πού _____, παιδιά; (πάω)
   - _____ στο σχολείο. (πάω)
   - Κι εγώ _____ στο σχολείο. _____ μαζί; (πάω, πάω)
   - Ναι!

10. - Εσείς πού _____ διακοπές τα καλοκαίρια; (πηγαίνω)
    - _____ στα νησιά. Εσύ; (πηγαίνω)
    - Εγώ _____ στο χωριό μου. (πηγαίνω)

ANSWERS TO THE EXERCISES
ΛΥΣΕΙΣ ΤΩΝ ΑΣΚΗΣΕΩΝ

1.
   1. ο Θοδωρής
   2. η Φωτεινή κι ο Χρήστος
   3. ο Ανδρέας κι εγώ
   4. εγώ
   5. εσύ
   6. εσείς

2.
   1. πηγαίνει
   2. πηγαίνετε
   3. πηγαίνουν
   4. πηγαίνω
   5. πηγαίνετε
   6. πηγαίνουμε
   7. πηγαίνεις
   8. πηγαίνει
   9. πηγαίνουν
   10. πηγαίνουμε

3.
   1. είναι, Μένει, δουλεύει
   2. είναι, Μένουν, δουλεύουν
   3. είναι, μένει, Δουλεύει, πηγαίνει
   4. ξέρουμε, θέλουμε
   5. θέλεις, θέλω
   6. μένεις, Μένω, Ξέρεις, ξέρω
   7. είσαι, Κάνω, είμαστε, κάνουμε, θέλετε, Θέλουμε, μπορούμε
   8. Ξέρετε, ξέρω, θέλετε, Θέλω, μπορώ, είναι, θέλει, μπορεί
   9. πάτε, Πάμε, πάω, πάμε
   10. πηγαίνετε, Πηγαίνουμε, πηγαίνω

verbs in -άω / -ώ

e.g. αγαπάω/αγαπώ, μιλάω/μιλώ, ρωτάω/ρωτώ, απαντάω/απαντώ,
love   talk, speak   ask   answer
ξεκινάω/ξεκινώ, περνάω/περνώ, τραγουδάω/τραγουδώ, χτυπάω/χτυπώ,
start   pass   sing   hit, knock
γελάω/γελώ, πονάω/πονώ, περπατάω/περπατώ, ξεχνάω/ξεχνώ,
laugh   hurt   walk   forget

	αγαπάω/αγαπώ	**μιλάω/μιλώ**	**ρωτάω/ρωτώ**
εγώ	**αγαπάω/αγαπώ**	**μιλάω/μιλώ**	**ρωτάω/ρωτώ**
εσύ	**αγαπάς**	**μιλάς**	**ρωτάς**
αυτός	**αγαπάει/αγαπά**	**μιλάει/μιλά**	**ρωτάει/ρωτά**
εμείς	**αγαπάμε/αγαπούμε**	**μιλάμε/μιλούμε**	**ρωτάμε/ρωτούμε**
εσείς	**αγαπάτε**	**μιλάτε**	**ρωτάτε**
αυτοί	**αγαπάνε*/αγαπούν(ε)**	**μιλάνε/μιλούν(ε)**	**ρωτάνε/ρωτούν(ε)**

	περνάω/περνώ	**χτυπάω/χτυπώ**	**ξεχνάω/ξεχνώ**
εγώ	**περνάω/περνώ**	**χτυπάω/χτυπώ**	**ξεχνάω/ξεχνώ**
εσύ	**περνάς**	**χτυπάς**	**ξεχνάς**
αυτός	**περνάει/περνά**	**χτυπάει/χτυπά**	**ξεχνάει/ξεχνά**
εμείς	**περνάμε/περνούμε**	**χτυπάμε/χτυπούμε**	**ξεχνάμε/ξεχνούμε**
εσείς	**περνάτε**	**χτυπάτε**	**ξεχνάτε**
αυτοί	**περνάνε/περνούν(ε)**	**χτυπάνε/χτυπούν(ε)**	**ξεχνάνε/ξεχνούν(ε)**

* In the 3rd person plural, in colloquial speech you may come across the form *αγαπάν, μιλάν, ρωτάν, περνάν*, etc. without the final -ε, but it is not very common.

Example – Παράδειγμα
Ένα παιδικό τραγουδάκι λέει:
- **Περπατώ, περπατώ** μες στο δάσος όταν ο λύκος δεν είναι εδώ. Λύκε, λύκε, είσαι εδώ;
                                                                                wolf   wolf (vocative)
- Βάζω τα παπούτσια μου και σας **κυνηγώ**!
                              chase (also: *κυνηγάω*)

EXERCISES
ΑΣΚΗΣΕΙΣ

**Let's practice the verbs in -άω/-ώ. –
Ας εξασκήσουμε τα ρήματα σε -άω/-ώ.**

1. *εγώ or εμείς? – εγώ ή εμείς;*

1. _____ γελάμε

2. _____ μιλάω ισπανικά

3. _____ χτυπώ την πόρτα

4. _____ περπατάμε μαζί

5. _____ μιλάμε δυνατά

6. _____ δεν ξεχνάω ποτέ τα γενέθλιά σου

7. _____ τραγουδάω ένα παλιό τραγούδι

8. _____ ξυπνάμε πολύ νωρίς

9. _____ απαντάμε στις ερωτήσεις

10. _____ περνάω το δρόμο

2. Put in the right person the verbs given in parenthesis. – Βάλε στο σωστό πρόσωπο τα ρήματα που δίνονται σε παρένθεση.

1. Η Κάρμεν _____ ισπανικά και αγγλικά.
   Εσύ ποιες γλώσσες _____; (μιλάω, μιλάω)

2. - Χρήστο, μ' _____;
   - Ναι, σ' _____ πολύ. (αγαπάω, αγαπάω)

3. Δεν _____ ποτέ τους φίλους μου. (ξεχνάω)

4. Κάποιος _____ την πόρτα. (χτυπάω)
   Someone

5. _____ το δρόμο όταν το φανάρι είναι πράσινο. (περνάω - εμείς)
   traffic light

6. Η Νατάσα _____ με το αστείο της Ιωάννας. (γελάω)

7. Το σχολείο _____ αύριο. (ξεκινάω)

8. Οι άνθρωποι _____ όταν είναι χαρούμενοι. (χαμογελάω)
   smile

9. Έχεις όρεξη για ένα ουζάκι; _____ εγώ. (κερνάω)

10. Γιατί _____ το ίδιο πράγμα εκατό φορές; (ρωτάω - εσύ)
    the same thing a hundred times

11. Οι καθηγητές _____ στις ερωτήσεις των μαθητών. (απαντάω)

12. Μαρία, γιατί δεν _____ από το σπίτι μου αύριο; (περνάω)
    why don't (you)

ANSWERS TO THE EXERCISES
ΛΥΣΕΙΣ ΤΩΝ ΑΣΚΗΣΕΩΝ

1.
   1. εμείς
   2. εγώ
   3. εγώ
   4. εμείς
   5. εμείς
   6. εγώ
   7. εγώ
   8. εμείς
   9. εμείς
   10. εγώ

2.
   1. μιλάει/μιλά, μιλάς
   2. αγαπάς, αγαπάω/αγαπώ
   3. ξεχνάω/ξεχνώ
   4. χτυπάει/χτυπά
   5. Περνάμε
   6. γελάει/γελά
   7. ξεκινάει/ξεκινά
   8. γαμογελάνε/χαμογελούν/χαμογελούνε
   9. Κερνάω/Κερνώ
   10. ρωτάς
   11. απαντάνε/απαντούν/απαντούνε
   12. περνάς

Let's look at some more common verbs, paying attention to the patterns based on the endings.

	γράφω *write*	**δίνω** *give*	**μπαίνω** *enter*	**ανοίγω** *open*	**βλέπω** *see, look*
εγώ	γράφω	δίνω	μπαίνω	ανοίγω	βλέπω
εσύ	γράφεις	δίνεις	μπαίνεις	ανοίγεις	βλέπεις
αυτός	γράφει	δίνει	μπαίνει	ανοίγει	βλέπει
εμείς	γράφουμε	δίνουμε	μπαίνουμε	ανοίγουμε	βλέπουμε
εσείς	γράφετε	δίνετε	μπαίνετε	ανοίγετε	βλέπετε
αυτοί	γράφουν(ε)	δίνουν(ε)	μπαίνουν(ε)	ανοίγουν(ε)	βλέπουν(ε)

	αρχίζω *start*	**βάζω** *put*	**αλλάζω** *change*	**ζω** *live*	**παίζω** *play*
εγώ	αρχίζω	βάζω	αλλάζω	ζω	παίζω
εσύ	αρχίζεις	βάζεις	αλλάζεις	ζεις	παίζεις
αυτός	αρχίζει	βάζει	αλλάζει	ζει	παίζει
εμείς	αρχίζουμε	βάζουμε	αλλάζουμε	ζούμε	παίζουμε
εσείς	αρχίζετε	βάζετε	αλλάζετε	ζείτε	παίζετε
αυτοί	αρχίζουν(ε)	βάζουν(ε)	αλλάζουν(ε)	ζούν(ε)	παίζουν(ε)

	μπορώ *can*	**λέω** *say, tell*	**τρώω** *eat*	**ακούω** *hear, listen*
εγώ	μπορώ	λέω	τρώω	ακούω
εσύ	μπορείς	λες	τρως	ακούς
αυτός	μπορεί	λέει	τρώει	ακούει
εμείς	μπορούμε	λέμε	τρώμε	ακούμε
εσείς	μπορείτε	λέτε	τρώτε	ακούτε
αυτοί	μπορούν(ε)	λέν(ε)	τρών(ε)	ακούν(ε)

EXERCISES
ΑΣΚΗΣΕΙΣ

1. *εσύ* or *εσείς?* – *εσύ ή εσείς;*

1. _____ μιλάτε ολλανδικά;
   Dutch

2. _____ γράφεις ένα γράμμα

3. _____ ανοίγετε την πόρτα

4. _____ βάζετε αλάτι στη σαλάτα
   salt

5. _____ παίζεις σκάκι;
   chess

6. _____ ακούς κλασική μουσική;

7. _____ τρώτε κρέας;

8. _____ ζεις στην Ινδία;

9. _____ λέτε αλήθεια;
   are you telling the truth?

10. _____ βλέπεις τηλεόραση;

2. Put the verbs in the right person. – Βάλε τα ρήματα στο σωστό πρόσωπο.

1. εσύ _____ (διαβάζω)
   read
2. αυτός _____ (αλλάζω)
   change
3. εμείς _____ (βγαίνω)
   go out, come out
4. αυτό _____ (αρχίζω)
   start
5. αυτοί _____ (βλέπω)
   see, look
6. εσύ _____ (λέω)
   say, tell
7. εγώ _____ (πέφτω)
   fall
8. αυτές _____ (τρώω)
   eat
9. εσύ _____ (παίρνω)
   take
10. αυτή _____ (ακούω)
    listen, hear
11. εσύ _____ (ζω)
    live
12. εμείς _____ (καλώ)
    invite, call
13. αυτά _____ (φέρνω)
    bring
14. εσείς _____ (στέλνω)
    send
15. εγώ _____ (μαθαίνω)
    learn
16. εμείς _____ (φεύγω)
    leave
17. εσείς _____ (μιλάω/-ώ)
    talk, speak
18. εσύ _____ (ξεχνάω/-ώ)
    forget

3. Answer the questions as in the example. – Απάντησε στις ερωτήσεις όπως στο παράδειγμα.

e.g. Ο Πέτρος έχει αυτοκίνητο; - Όχι, _δεν έχει._

1. Θέλεις ψωμί; - Ναι, _____

2. Παιδιά, θέλετε κεράσια; - Όχι, _____
   cherries

3. Βλέπεις τηλεόραση; - Όχι, _____

4. Ο Παύλος πίνει καφέ; - Ναι, _____

5. Διαβάζετε βιβλία; - Ναι, _____

6. Σου αρέσει το σπανάκι; - Ναι, _____
   spinach

7. Μιλάς ελληνικά; - Ναι, _____

8. Ξέρεις σουηδικά; - Όχι, _____
   Swedish

9. Καταλαβαίνετε γαλλικά; - Ναι, _____

10. Ξέρετε τι ώρα είναι; - Ναι, _____
    Do you know what time it is?

11. Έχουμε σχολείο σήμερα; - Όχι, _____

12. Δουλεύεις το Σάββατο; - Όχι, _____

4. Fill in the blanks with the verbs in the right person. – Συμπλήρωσε τα κενά με τα ρήματα στο σωστό πρόσωπο.

1. Η Ελένη _____ πιάνο. (παίζω)

2. Οι μαθητές _____ πολλές ερωτήσεις. (κάνω)
   Note that in Greek we don't say "ask a question" but "make a question"

3. _____ το παράθυρο και _____ φως. (ανοίγω - εγώ, μπαίνω)
   Be careful with the persons here: I open (1st person) the window and the light enters (3rd person).

4. Σου _____ την πόρτα. Γιατί δεν _____; (χτυπάω/χτυπώ - εγώ, ανοίγω)

5. Κάθε πρωί η μαμά _____ το σκύλο βόλτα. (βγάζω)

6. Ο Παναγιώτης _____ τις ντομάτες και τις _____ στη σαλάτα. (κόβω, βάζω)
   cut

7. _____ το κεφάλι μου. (πονάω/πονώ)
   hurt

8. Τα παιδιά _____ μπάσκετ. (παίζω)

9. Ο Αποστόλης _____ τα ρούχα του και _____ τις πιτζάμες του. (βγάζω, βάζω)
   take off   put on

10. Στο σπίτι μας, δεν _____ ποτέ την πόρτα ξεκλείδωτη. (αφήνω – εμείς)
    unlocked

11. Τι _____ για ένα παγωτό, παιδιά; (λέω)
    What do you say

12. Κάθε πρωί, η Έφη _____ στη δουλειά. _____ μαζί της ένα σάντουιτς. _____ κατά τις 11:00 π.μ. Μετά _____ έναν καφέ. (πηγαίνω, παίρνω, τρώω, πίνω)

13. Ο μανάβης μού _____ τις μπανάνες κι εγώ του _____ πέντε ευρώ. (δίνω, δίνω)

14. Όταν η μαμά _____ πολλά πράγματα στο σούπερ μάρκετ, _____ με πιστωτική κάρτα. (αγοράζω, πληρώνω)
    credit card   buy   pay

15. Σήμερα το βράδυ _____ η ξαδέλφη μου από τη Σαντορίνη. Την _____ με ανυπομονησία. (φτάνω, περιμένω)
    impatience   arrive   wait

16. _____ πάντα υπέροχα στο νησί. (περνάω - εμείς)

17. Η μαμά _____ τα παιχνίδια των παιδιών από το πάτωμα και τα _____ στο καλάθι. (μαζεύω, τοποθετώ)
    basket   pick up, collect   place, put

18. Τα παιδιά δεν _____ ποτέ τα παιχνίδια τους. Τα _____ πάντα πέρα-δώθε. (μαζεύω, αφήνω)
    here and there   leave
    (also: back and forth)

19. Το άλογο _____ σανό και _____ νερό. (τρώω, πίνω)
    horse   hay (το σανό/ ο σανός)

20. Όλο _____ το κινητό μου στο γραφείο. (ξεχνάω)
    cell phone (κινητό τηλέφωνο)

21. Τι ωραίο βραχιόλι! Μου το _____; (χαρίζω)
    bracelet   give as a gift

22. Η μαμά _____ κοτόπουλο με πατάτες στο φούρνο. (μαγειρεύω)
    chicken   potatoes
    cook

23. Τι _____ την 28η Οκτωβρίου στην Ελλάδα; (γιορτάζω – εμείς)
    celebrate

24. _____ το κρύο. Πραγματικά, δεν το _____! (μισώ - εγώ, αντέχω)
   tolerate, withstand   *hate*

25. _____ ο ταχυδρόμος και _____ μερικά γράμματα στο γραμματοκιβώτιο. (περνάω, αφήνω)
   mailbox   *some*

26. Αυτή η φούστα _____ πολύ με την μπλούζα σου, αλλά αυτά τα παπούτσια δεν _____. (ταιριάζω, ταιριάζω)
   match

27. Ο Παντελής _____ ένα γράμμα στη θεία του. Το _____ σε έναν φάκελο, _____ τον φάκελο και _____ επάνω ένα γραμματόσημο. Μετά _____ στο ταχυδρομείο και _____ το γράμμα. (γράφω, βάζω, κλείνω, κολλάω/κολλώ, πηγαίνω, στέλνω)
   aunt   *envelope*   *stamp*   *post office*   *close*   *attach, glue, stick*   *send*

28. Οι πάπιες _____ στη λίμνη. (κολυμπάω/κολυμπώ)
   ducks   *lake*

29. Τα ρούχα μου δεν _____ στην ντουλάπα. (χωράω/χωρώ)
   closet   *fit*

30. Δεν μου _____ καθόλου οι ταινίες τρόμου. _____ τις κωμωδίες. (αρέσω, προτιμώ)
   horror movies   *comedies*

5. Complete the short dialogues with the verbs in the right person. – Συμπλήρωσε τους σύντομους διαλόγους με τα ρήματα στο σωστό πρόσωπο.

1. - Τι _____, Λίζα; (γράφω)

   - _____ μια συνταγή. (γράφω)
     recipe

2. - _____ λίγα σταφύλια, Δέσποινα; (θέλω)
     grapes

   - Φυσικά! _____ τα σταφύλια. (λατρεύω)
     I adore, I love

   How do we know which person to use here? It's a question, we are addressing someone, so it must be vocative, which means it's either the 2nd person singular or the 2nd person plural. Δέσποινα is a proper name, we know it because it starts with a capital letter in the middle of the sentence. It does not say "κυρία Δέσποινα" (Mrs. Despina) or "δεσποινίς Δέσποινα" (Miss Despina) which would be the polite form and would require 2nd person plural/polite. So... it must be 2nd person singular.

3. - Πού _____, κυρία Μαρίκα; (μένω)

   - _____ στη Θεσσαλονίκη. Τα παιδιά μου, όμως, _____ στην Αλεξανδρούπολη. (μένω, μένω)

4. - Τι _____, παιδιά; (τρώω)

   - _____ πατάτες. (τρώω)

5. - Σε _____ εδώ και πολλή ώρα. Δεν _____; (φωνάζω, ακούω)
   call (also: shout)
   - _____, απλώς δεν _____ να απαντήσω.
   (ακούω, θέλω)   *(subjunctive of απαντάω, we'll go over it later, do not panic)*

6. - Παιδιά, _____. Γρήγορα στο τραπέζι! (τρώω – εμείς)
   - Δεν _____ τώρα, μαμά. _____! (μπορώ, παίζω)

7. - Εγώ _____ κιθάρα. Εσύ _____ κάποιο όργανο; (μαθαίνω, παίζω)
   instrument
   - Ναι, _____ μπουζούκι. Μου _____ πολύ. (μαθαίνω, αρέσω)

8. - Τι ώρα _____ το μάθημα; (τελειώνω)
   finish
   - _____ στις εφτά το βράδυ. (τελειώνω)

9. - Τι ώρα _____ στο σπίτι από τη δουλειά; (γυρίζω – εσείς)
   return (also: turn)
   - _____ στις 2 μ.μ. (γυρίζω – εμείς)

10. - Τι _____; Βουνό ή θάλασσα; (προτιμάω/-ώ – εσύ)
    prefer
    - _____ το βουνό. (προτιμάω/-ώ – εγώ)

ANSWERS TO THE EXERCISES
ΛΥΣΕΙΣ ΤΩΝ ΑΣΚΗΣΕΩΝ

1.
   1. εσείς
   2. εσύ
   3. εσείς
   4. εσείς
   5. εσύ
   6. εσύ
   7. εσείς
   8. εσύ
   9. εσείς
   10. εσύ

2.
   1. διαβάζεις
   2. αλλάζει
   3. βγαίνουμε
   4. αρχίζει
   5. βλέπουν(ε)
   6. λες
   7. πέφτω
   8. τρώνε
   9. παίρνεις
   10. ακούει
   11. ζεις
   12. καλούμε
   13. φέρνουν(ε)
   14. στέλνετε
   15. μαθαίνω
   16. φεύγουμε
   17. μιλάτε
   18. ξεχνάς

3.
   1. Ναι, θέλω
   2. Όχι, δεν θέλουμε.
   3. Όχι, δεν βλέπω.
   4. Ναι, πίνει.
   5. Ναι, διαβάζουμε.
   6. Ναι, μου αρέσει.
   7. Ναι, μιλάω. / Ναι, μιλώ.
   8. Όχι, δεν ξέρω.
   9. Ναι, καταλαβαίνουμε.
   10. Ναι, ξέρουμε.
   11. Όχι, δεν έχουμε.
   12. Όχι, δεν δουλεύω.

4.
1. παίζει
2. κάνουν
3. Ανοίγω, μπαίνει
4. χτυπάω/χτυπώ, ανοίγεις
5. βγάζει
6. κόβει, βάζει
7. Πονάει
8. παίζουν
9. βγάζει, βάζει
10. αφήνουμε
11. λέτε
12. πηγαίνει, Παίρνει, Τρώει, πίνει
13. δίνει, δίνω
14. αγοράζει, πληρώνει
15. φτάνει, περιμένω
16. Περνάμε
17. μαζεύει, τοποθετεί
18. μαζεύουν, αφήνουν
19. τρώει, πίνει
20. ξεχνάω/ξεχνώ
21. χαρίζεις
22. μαγειρεύει
23. γιορτάζουμε
24. Μισώ, αντέχω
25. Περνάει/περνά, αφήνει
26. ταιριάζει, ταιριάζουν
27. γράφει, βάζει, κλείνει, κολλάει/κολλά, πηγαίνει, στέλνει
28. κολυμπάνε/κολυμπούν
29. χωράνε/χωρούν
30. αρέσουν, Προτιμάω/Προτιμώ

5.
1. γράφεις, Γράφω
2. Θέλεις, Λατρεύω
3. μένετε, Μένω, μένουν
4. τρώτε, Τρώμε
5. φωνάζω, ακούς, Ακούω, θέλω
6. τρώμε, μπορούμε, Παίζουμε
7. μαθαίνω, παίζεις, μαθαίνω, αρέσει
8. τελειώνει, Τελειώνει
9. γυρίζετε, Γυρίζουμε
10. προτιμάς, Προτιμάω/προτιμώ

PASSIVE VOICE
ΠΑΘΗΤΙΚΗ ΦΩΝΗ

Verbs in the passive voice end in **-μαι** (**-άμαι, -έμαι, -ομαι, -ώμαι, -ούμαι**).

e.g. κοιμ**άμαι**, θυμ**άμαι**, φοβ**άμαι**, λυπ**άμαι**,
     sleep   remember   fear, be afraid be sorry

    συναντι**έμαι**, γεννι**έμαι**, αγαπι**έμαι**, βαρι**έμαι**, πουλι**έμαι**, χτυπι**έμαι**,
    meet with   be born   be loved   be bored   be sold   be hit / hit oneself

    γίν**ομαι**, έρχ**ομαι**, κάθ**ομαι**, χρειάζ**ομαι**, σκέφτ**ομαι**, ντύν**ομαι**, φαίν**ομαι**
    become   come   sit   need   think   get dressed   seem, appear,
                                                                                  be visible

    εμπιστεύ**ομαι**, εμφανίζ**ομαι**, εξαφανίζ**ομαι**, κρύβ**ομαι**, δέχ**ομαι**,
    trust   appear   disappear   hide   receive, accept

    εγγυ**ώμαι**, εξαρτ**ώμαι**,
    guarantee   depend

    εξαιρ**ούμαι**, στερ**ούμαι**, συνεννο**ούμαι**, αποτελ**ούμαι**, θεωρ**ούμαι**,
    be excluded be deprived of communicate consist of be considered

    διηγ**ούμαι**, ασχολ**ούμαι**
    recount   deal with, attend to

Let's conjugate some common verbs in the present tense in the passive voice, noticing how the ending changes in the various persons:

	φοβάμαι	**θυμάμαι**	**γεννιέμαι**	**συναντιέμαι**
εγώ	**φοβάμαι**	**θυμάμαι**	**γεννιέμαι**	**συναντιέμαι**
εσύ	**φοβάσαι**	**θυμάσαι**	**γεννιέσαι**	**συναντιέσαι**
αυτός	**φοβάται**	**θυμάται**	**γεννιέται**	**συναντιέται**
εμείς	**φοβόμαστε**	**θυμόμαστε**	**γεννιόμαστε**	**συναντιόμαστε**
εσείς	**φοβάστε***	**θυμάστε***	**γεννιέστε***	**συναντιέστε***
αυτοί	**φοβούνται**	**θυμούνται**	**γεννιούνται**	**συναντιούνται**

	γίνομαι	έρχομαι	σκέφτομαι	εμπιστεύομαι
εγώ	γίνομαι	έρχομαι	σκέφτομαι	εμπιστεύομαι
εσύ	γίνεσαι	έρχεσαι	σκέφτεσαι	εμπιστεύεσαι
αυτός	γίνεται	έρχεται	σκέφτεται	εμπιστεύεται
εμείς	γινόμαστε	ερχόμαστε	σκεφτόμαστε	εμπιστευόμαστε
εσείς	γίνεστε*	έρχεστε*	σκέφτεστε*	εμπιστεύεστε*
αυτοί	γίνονται	έρχονται	σκέφτονται	εμπιστεύονται

	εξαρτώμαι	ασχολούμαι	συνεννοούμαι
εγώ	εξαρτώμαι	ασχολούμαι	συνεννοούμαι
εσύ	εξαρτάσαι	ασχολείσαι	συνεννοείσαι
αυτός	εξαρτάται	ασχολείται	συνεννοείται
εμείς	εξαρτόμαστε	ασχολούμαστε	συνεννοούμαστε
εσείς	εξαρτάστε	ασχολείστε	συνεννοείστε
αυτοί	εξαρτώνται	ασχολούνται	συνεννοούνται

* In everyday speech, for the 2nd person plural, you may also hear *φοβόσαστε, θυμόσαστε, γινόσαστε, ερχόσαστε,* etc.

Examples – Παραδείγματα

Θυμάσαι το όνομα της δασκάλας;
Do you remember the teacher's name?

Τι γίνεται, Κώστα; Όλα καλά;
What's up/what's happening

Κοιμόμαστε κατά τις δέκα το βράδυ.
We sleep

Η ευτυχία μου εξαρτάται μόνο από εμένα.
My happiness depends only on me.

EXERCISES
ΑΣΚΗΣΕΙΣ

1. Put the verbs in the right person. – Βάλε τα ρήματα στο σωστό πρόσωπο.

1. εσύ   _____   (κοιμάμαι)
2. αυτός   _____   (γεννιέμαι)
3. αυτές   _____   (δέχομαι)
4. εγώ   _____   (θυμάμαι)
5. εμείς   _____   (γίνομαι)
6. αυτός   _____   (εμπιστεύομαι)
7. εσείς   _____   (συναντιέμαι)
8. αυτά   _____   (ντύνομαι)
9. εσείς   _____   (ασχολούμαι)
10. εσύ   _____   (κρύβομαι)

2. Fill in the blanks with the verbs in the correct person in the passive voice. – Συμπλήρωσε τα κενά με τα ρήματα στο σωστό πρόσωπο, στην παθητική φωνή.

1. _____ κουρασμένος, Γιάννη. (φαίνομαι)
           tired   *seem, look*

2. Τι ώρα _____ τα παιδιά σου; (κοιμάμαι)

3. Ο παππούς _____ στην κόκκινη πολυθρόνα και _____. (κάθομαι, ξεκουράζομαι)
                    sit   *rest (opposite of κουράζομαι: get tired)*

4. Η Κάτια _____ πολύ ευτυχισμένη. Σήμερα _____. (αισθάνομαι, παντρεύομαι)
      feel   *get married*

5. Γεια σου, Κώστα! _____ πολύ που σε βλέπω. (χαίρομαι)
                                                      be glad

6. Αλέκο, δεν _____ πού είναι το σπίτι της Μαρίας; (θυμάμαι)

7. Τι _____ για το ταξίδι μας; (χρειάζομαι – εμείς)

8. - Ελένη, γιατί δεν _____ για έναν καφέ στο σπίτι μου; (έρχομαι)
   - Καλή ιδέα. _____ κι _____ αμέσως. (ντύνομαι, έρχομαι)
                                            right away

9. Τον άλλο μήνα, ο γιος μου _____ πέντε χρονών και η κόρη μου _____ δέκα! (γίνομαι, γίνομαι)

10. Μαμά, πώς _____ η τυρόπιτα; (φτιάχνομαι)
    be made

11. Σας _____ καλές γιορτές! (εύχομαι – εμείς)
    wish

12. Όποτε χιονίζει, ο αρραβωνιαστικός μου _____ στο σπίτι. Δεν
    Whenever it snows   fiancé
    _____ το κρύο. (κλείνομαι, ανέχομαι)
    enclose oneself   tolerate, bear

13. Στην εταιρεία που δουλεύουμε, _____ κάθε δύο εβδομάδες. (πληρώνομαι)
    get paid

14. Γιατί _____; Έχεις όλα όσα _____.
    (παραπονιέμαι, χρειάζομαι)
    complain

15. Έχει ομίχλη και δε _____ καλά ο δρόμος. (φαίνομαι)
    fog   *be visible*

16. - _____ το σκοτάδι, Δάφνη; (φοβάμαι)
       the dark
    - Όχι, δε _____ το σκοτάδι αλλά _____ πάρα πολύ
      τις αράχνες. (φοβάμαι, φοβάμαι)
      spiders

ANSWERS TO THE EXERCISES
ΛΥΣΕΙΣ ΤΩΝ ΑΣΚΗΣΕΩΝ

1.
   1. κοιμάσαι
   2. γεννιέται
   3. δέχονται
   4. θυμάμαι
   5. γινόμαστε
   6. εμπιστεύεται
   7. συναντιέστε / συναντιόσαστε
   8. ντύνονται
   9. ασχολείστε
   10. κρύβεσαι

2.
   1. Φαίνεσαι
   2. κοιμούνται
   3. κάθεται, ξεκουράζεται
   4. αισθάνεται, παντρεύεται
   5. Χαίρομαι
   6. θυμάσαι
   7. χρειαζόμαστε
   8. έρχεσαι, Ντύνομαι, έρχομαι
   9. γίνεται, γίνεται
   10. φτιάχνεται
   11. ευχόμαστε
   12. κλείνεται, ανέχεται
   13. πληρωνόμαστε
   14. παραπονιέσαι, χρειάζεσαι
   15. φαίνεται
   16. Φοβάσαι, φοβάμαι, φοβάμαι

FUTURE TENSES
ΜΕΛΛΟΝΤΙΚΟΙ ΧΡΟΝΟΙ

Continuous future - Εξακολουθητικός μέλλοντας:
denotes something that will occur continuously or repeatedly.
It is easily formed by using **θα** + **verb in the present tense**.

Simple future (instantaneous future) - Στιγμιαίος μέλλοντας:
denotes something that will occur once.

Note that there is a 3rd future tense, called "συντελεσμένος μέλλοντας", corresponding to the English "I will have [done something]", which we'll see in a later section.

Let's look at some common representative verbs in the simple (instantaneous) and the continuous future, paying attention to how the ending changes in the simple future:

ACTIVE VOICE

Present	*Continuous future*	*Simple future (instantaneous)*
έχω have	θα έχω	- - - -
ξέρω know	θα ξέρω	- - - -
κάνω do, make	θα κάνω	θα κάνω
ζω live	θα ζω	θα ζ**ήσω**
θέλω want	θα θέλω	θα θελ**ήσω**
αγαπάω/αγαπώ love	θα αγαπάω/θα αγαπώ	θα αγαπ**ήσω**
απαντάω/απαντώ answer	θα απαντάω/θα απαντώ	θα απαντ**ήσω**
μιλάω/μιλώ talk, speak	θα μιλάω/θα μιλώ	θα μιλ**ήσω**
ξεκινάω/ξεκινώ start	θα ξεκινάω/θα ξεκινώ	θα ξεκιν**ήσω**
προσπαθώ try	θα προσπαθώ	θα προσπαθ**ήσω**
ρωτάω/ρωτώ ask	θα ρωτάω/θα ρωτώ	θα ρωτ**ήσω**

χτυπάω/χτυπώ hit, knock	θα χτυπάω/θα χτυπώ	θα χτυπ**ήσω**
γελάω/γελώ laugh	θα γελάω/θα γελώ	θα γελ**άσω**
κερνάω/κερνώ treat sb to sth	θα κερνάω/θα κερνώ	θα κερ**άσω**
ξεχνάω/ξεχνώ forget	θα ξεχνάω/θα ξεχνώ	θα ξεχ**άσω**
περνάω/περνώ pass, drop by	θα περνάω/θα περνώ	θα περ**άσω**
αφήνω leave, let	θα αφήνω	θα αφή**σω**
κλείνω close	θα κλείνω	θα κλεί**σω**
μεγαλώνω grow up, raise, grow	θα μεγαλώνω	θα μεγαλώ**σω**
πληρώνω pay	θα πληρώνω	θα πληρώ**σω**
τελειώνω finish	θα τελειώνω	θα τελειώ**σω**
αρχίζω start	θα αρχίζω	θα αρχί**σω**
γνωρίζω know, get acquainted	θα γνωρίζω	θα γνωρί**σω**
γυρίζω turn, return	θα γυρίζω	θα γυρί**σω**
καθαρίζω clean	θα καθαρίζω	θα καθαρί**σω**
χαρίζω give sth as a gift	θα χαρίζω	θα χαρί**σω**
διαβάζω read	θα διαβάζω	θα διαβά**σω**
μοιράζω distribute	θα μοιράζω	θα μοιρά**σω**
καλώ call, invite	θα καλώ	θα καλ**έσω**
μπορώ can	θα μπορώ	θα μπορ**έσω**
παρακαλώ beg, plead	θα παρακαλώ	θα παρακαλ**έσω**
πονάω/πονώ hurt	θα πονάω/θα πονώ	θα πον**έσω**
ακούω hear, listen	θα ακούω	θα ακού**σω**
αλλάζω change	θα αλλάζω	θα αλλά**ξω**
νυστάζω be sleepy	θα νυστάζω	θα νυστά**ξω**
παίζω play	θα παίζω	θα παί**ξω**
ανοίγω open	θα ανοίγω	θα ανοί**ξω**
βάζω put, put on	θα βάζω	θα βά**λω**
βγάζω take out, take off	θα βγάζω	θα βγά**λω**

αμφιβάλλω doubt	θα αμφιβάλλω	θα αμφιβάλ**ω**
αναβάλλω postpone	θα αναβάλλω	θα αναβά**λω**
περιβάλλω surround, encircle	θα περιβάλλω	θα περιβά**λω**
υπερβάλλω exaggerate	θα υπερβάλλω	θα υπερβά**λω**
υποβάλλω submit	θα υποβάλλω	θα υποβά**λω**
γράφω write	θα γράφω	θα γρά**ψω**
ανάβω turn on, light up	θα ανάβω	θα ανά**ψω**
κλαίω cry	θα κλαίω	θα κλά**ψω**
κλέβω steal	θα κλέβω	θα κλέ**ψω**
κόβω cut	θα κόβω	θα κό**ψω**
ράβω sew, stitch	θα ράβω	θα ρά**ψω**
στρίβω turn, twist	θα στρίβω	θα στρί**ψω**
επιτρέπω allow	θα επιτρέπω	θα επιτρέ**ψω**
επιστρέφω return, go back	θα επιστρέφω	θα επιστρέ**ψω**
βλέπω see, look	θα βλέπω	θα δω
βρίσκω find	θα βρίσκω	θα βρω
μπαίνω enter, go in	θα μπαίνω	θα μπω
βγαίνω come out, go out	θα βγαίνω	θα βγω
λέω say, tell	θα λέω	θα πω
λαμβάνω receive, take	θα λαμβάνω	θα λάβω
συμπεριλαμβάνω include	θα συμπεριλαμβάνω	θα συμπεριλάβω
καταλαβαίνω understand	θα καταλαβαίνω	θα καταλάβω
απολαμβάνω enjoy	θα απολαμβάνω	θα απολαύσω
ανεβαίνω go up, rise	θα ανεβαίνω	θα ανέβω/θα ανεβώ
μαθαίνω learn	θα μαθαίνω	θα μάθω
παίρνω take	θα παίρνω	θα πάρω
πηγαίνω/πάω go	θα πηγαίνω	θα πάω
φέρνω bring	θα φέρνω	θα φέρω
πίνω drink	θα πίνω	θα πιω

τρώω *eat*	θα τρώω	θα φάω
δίνω *give*	θα δίνω	θα δώσω
πέφτω *fall, drop*	θα πέφτω	θα πέσω
μένω *stay, dwell, remain*	θα μένω	θα μείνω
στέλνω *send*	θα στέλνω	θα στείλω

PASSIVE VOICE

Present	*Continuous future*	*Simple future (instantaneous)*
είμαι	θα είμαι	-----
θυμάμαι *remember*	θα θυμάμαι	θα θυμηθώ
κοιμάμαι *sleep*	θα κοιμάμαι	θα κοιμηθώ
λυπάμαι *be sorry*	θα λυπάμαι	θα λυπηθώ
φοβάμαι *fear, be afraid*	θα βοβάμαι	θα φοβηθώ
αγαπιέμαι *be loved*	θα αγαπιέμαι	θα αγαπηθώ
βαριέμαι *be bored*	θα βαριέμαι	θα βαρεθώ
γεννιέμαι *be born*	θα γεννιέμαι	θα γεννηθώ
παραπονιέμαι *complain, grumble*	θα παραπονιέμαι	θα παραπονεθώ
πουλιέμαι *be sold*	θα πουλιέμαι	θα πουληθώ
στεναχωριέμαι *be sad, get upset*	θα στεναχωριέμαι	θα στεναχωρεθώ / θα στεναχωρηθώ
συναντιέμαι *meet with*	θα συναντιέμαι	θα συναντηθώ
χτυπιέμαι *be hit, hit oneself*	θα χτυπιέμαι	θα χτυπηθώ
γίνομαι *become*	θα γίνομαι	θα γίνω
δέχομαι *receive, accept*	θα δέχομαι	θα δεχτώ
έρχομαι *come*	θα έρχομαι	θα έρθω
εμπιστεύομαι *trust*	θα εμπιστεύομαι	θα εμπιστευτώ
εμφανίζομαι *appear*	θα εμφανίζομαι	θα εμφανιστώ

επισκέπτομαι visit	θα επισκέπτομαι	θα επισκεφτώ / θα επισκεφθώ
εύχομαι wish	θα εύχομαι	θα ευχηθώ
κάθομαι sit	θα κάθομαι	θα καθίσω/ θα κάτσω
κρύβομαι hide	θα κρύβομαι	θα κρυφτώ
ντύνομαι get dressed	θα ντύνομαι	θα ντυθώ
σκέφτομαι think	θα σκέφτομαι	θα σκεφτώ
φαίνομαι seem, appear, be visible	θα φαίνομαι	θα φανώ
χαίρομαι be glad	θα χαίρομαι	θα χαρώ
χρειάζομαι need	θα χρειάζομαι	θα χρειαστώ
εγγυώμαι guarantee	θα εγγυώμαι	θα εγγυηθώ
εξαρτώμαι depend	θα εξαρτώμαι	θα εξαρτηθώ
ασχολούμαι deal with, attend to	θα ασχολούμαι	θα ασχοληθώ
διηγούμαι recount	θα διηγούμαι	θα διηγηθώ
εξαιρούμαι be excluded	θα εξαιρούμαι	θα εξαιρεθώ
θεωρούμαι be considered	θα θεωρούμαι	θα θεωρηθώ
στερούμαι be deprived of	θα στερούμαι	θα στερηθώ
συνεννοούμαι communicate	θα συνεννοούμαι	θα συνεννοηθώ

Let's conjugate some representative verbs in the **continuous future**.

ACTIVE VOICE

	γράφω	**διαβάζω**	**ακούω**	**δίνω**
εγώ	θα γράφω	θα διαβάζω	θα ακούω	θα δίνω
εσύ	θα γράφεις	θα διαβάζεις	θα ακούς	θα δίνεις
αυτός	θα γράφει	θα διαβάζει	θα ακούει	θα δίνει
εμείς	θα γράφουμε	θα διαβάζουμε	θα ακούμε	θα δίνουμε
εσείς	θα γράφετε	θα διαβάζετε	θα ακούτε	θα δίνετε
αυτοί	θα γράφουν(ε)	θα διαβάζουν(ε)	θα ακούν(ε)	θα δίνουν(ε)

PASSIVE VOICE

	θυμάμαι	**κάθομαι**	**βαριέμαι**	**ασχολούμαι**
εγώ	θα θυμάμαι	θα κάθομαι	θα βαριέμαι	θα ασχολούμαι
εσύ	θα θυμάσαι	θα κάθεσαι	θα βαριέσαι	θα ασχολείσαι
αυτός	θα θυμάται	θα κάθεται	θα βαριέται	θα ασχολείται
εμείς	θα θυμόμαστε	θα καθόμαστε	θα βαριόμαστε	θα ασχολούμαστε
εσείς	θα θυμάστε*	θα κάθεστε*	θα βαριέστε*	θα ασχολείστε
αυτοί	θα θυμούνται	θα κάθονται	θα βαριούνται	θα ασχολούνται

Easy, right? It is simply *θα* + *the verb in the present tense*.

* In the 2nd person plural, just like in the present tense we have a second, colloquial form—*θυμόσαστε, καθόσαστε, βαριόσαστε*, etc.—the same applies here, as the continuous future is *θα* + *present tense*. So we have *θα θυμάστε / θα θυμόσαστε, θα κάθεστε / θα καθόσαστε, θα βαριέστε / θα βαριόσαστε*, etc. This does not apply to all verbs, but only to those that end in –όμαστε in the 1st person plural (like *θυμόμαστε, καθόμαστε, βαριόμαστε* given above); verbs that do not end in -όμαστε in the 1st person plural, e.g. θα ασχολούμαστε, θα θεωρούμαστε, κ.λπ. have only one form in the 2nd person plural: θα ασχολείστε, θα θεωρείστε.

Now let's conjugate some verbs in the **simple (instantaneous) future**, which can be a little tricky.

ACTIVE VOICE

	μιλάω/μιλώ	**ρωτάω/ρωτώ**	**ζω**	**προσπαθώ**
εγώ	θα μιλήσω	θα ρωτήσω	θα ζήσω	θα προσπαθήσω
εσύ	θα μιλήσεις	θα ρωτήσεις	θα ζήσεις	θα προσπαθήσεις
αυτός	θα μιλήσει	θα ρωτήσει	θα ζήσει	θα προσπαθήσει
εμείς	θα μιλήσουμε	θα ρωτήσουμε	θα ζήσουμε	θα προσπαθήσουμε
εσείς	θα μιλήσετε	θα ρωτήσετε	θα ζήσετε	θα προσπαθήσετε
αυτοί	θα μιλήσουν(ε)	θα ρωτήσουν(ε)	θα ζήσουν(ε)	θα προσπαθήσουν(ε)

	περνάω/περνώ	**ξεχνάω/ξεχνώ**	**πληρώνω**	**τελειώνω**
εγώ	θα περάσω	θα ξεχάσω	θα πληρώσω	θα τελειώσω
εσύ	θα περάσεις	θα ξεχάσεις	θα πληρώσεις	θα τελειώσεις
αυτός	θα περάσει	θα ξεχάσει	θα πληρώσει	θα τελειώσει
εμείς	θα περάσουμε	θα ξεχάσουμε	θα πληρώσουμε	θα τελειώσουμε
εσείς	θα περάσετε	θα ξεχάσετε	θα πληρώσετε	θα τελειώσετε
αυτοί	θα περάσουν(ε)	θα ξεχάουν(ε)	θα πληρώσουν(ε)	θα τελειώσουν(ε)

	αρχίζω	**γνωρίζω**	**καλώ**	**μπορώ**
εγώ	θα αρχίσω	θα γνωρίσω	θα καλέσω	θα μπορέσω
εσύ	θα αρχίσεις	θα γνωρίσεις	θα καλέσεις	θα μπορέσεις
αυτός	θα αρχίσει	θα γνωρίσει	θα καλέσει	θα μπορέσει
εμείς	θα αρχίσουμε	θα γνωρίσουμε	θα καλέσουμε	θα μπορέσουμε
εσείς	θα αρχίσετε	θα γνωρίσετε	θα καλέσετε	θα μπορέσετε
αυτοί	θα αρχίσουν(ε)	θα γνωρίσουν(ε)	θα καλέσουν(ε)	θα μπορέσουν(ε)

	γράφω	**κλαίω**	**στρίβω**	**επιστρέφω**
εγώ	θα γράψω	θα κλάψω	θα στρίψω	θα επιστρέψω
εσύ	θα γράψεις	θα κλάψεις	θα στρίψεις	θα επιστρέψεις
αυτός	θα γράψει	θα κλάψει	θα στρίψει	θα επιστρέψει
εμείς	θα γράψουμε	θα κλάψουμε	θα στρίψουμε	θα επιστρέψουμε
εσείς	θα γράψετε	θα κλάψετε	θα στρίψετε	θα επιστρέψετε
αυτοί	θα γράψουν(ε)	θα κλάψουν(ε)	θα στρίψουν(ε)	θα επιστρέψουν(ε)

	αλλάζω	**παίζω**	**αναβάλλω**	**υποβάλλω**
εγώ	θα αλλάξω	θα παίξω	θα αναβάλω	θα υποβάλω
εσύ	θα αλλάξεις	θα παίξεις	θα αναβάλεις	θα υποβάλεις
αυτός	θα αλλάξει	θα παίξει	θα αναβάλει	θα υποβάλει
εμείς	θα αλλάξουμε	θα παίξουμε	θα αναβάλουμε	θα υποβάλουμε
εσείς	θα αλλάξετε	θα παίξετε	θα αναβάλετε	θα υποβάλετε
αυτοί	θα αλλάξουν(ε)	θα παίξουν(ε)	θα αναβάλουν(ε)	θα υποβάλουν(ε)

	βλέπω	**βρίσκω**	**μπαίνω**	**βγαίνω**
εγώ	θα δω	θα βρω	θα μπω	θα βγω
εσύ	θα δεις	θα βρεις	θα μπεις	θα βγεις
αυτός	θα δει	θα βρει	θα μπει	θα βγει
εμείς	θα δούμε	θα βρούμε	θα μπούμε	θα βγούμε
εσείς	θα δείτε	θα βρείτε	θα μπείτε	θα βγείτε
αυτοί	θα δουν / θα δούνε	θα βρουν / θα βρούνε	θα μπουν / θα μπούνε	θα βγουν / θα βγούνε

	λαμβάνω	**ανεβαίνω**	**μαθαίνω**	**παίρνω**
εγώ	θα λάβω	θα ανεβώ/ θα ανέβω	θα μάθω	θα πάρω
εσύ	θα λάβεις	θα ανεβείς / θα ανέβεις	θα μάθεις	θα πάρεις
αυτός	θα λάβει	θα ανεβεί / θα ανέβει	θα μάθει	θα πάρει
εμείς	θα λάβουμε	θα ανεβούμε / θα ανέβουμε	θα μάθουμε	θα πάρουμε
εσείς	θα λάβετε	θα ανεβείτε / θα ανέβετε	θα μάθετε	θα πάρετε
αυτοί	θα λάβουν(ε)	θα ανεβούν(ε)/θα ανέβουν(ε)	θα μάθουν(ε)	θα πάρουν(ε)

	πηγαίνω	**φέρνω**	**τρώω**	**πίνω**
εγώ	θα πάω	θα φέρω	θα φάω	θα πιω
εσύ	θα πας	θα φέρεις	θα φας	θα πιεις
αυτός	θα πάει	θα φέρει	θα φάει	θα πιει
εμείς	θα πάμε	θα φέρουμε	θα φάμε	θα πιούμε
εσείς	θα πάτε	θα φέρετε	θα φάτε	θα πιείτε
αυτοί	θα πάνε	θα φέρουν(ε)	θα φάνε	θα πιουν/πιούνε

	δίνω	**μένω**	**στέλνω**	**φέρνω**
εγώ	θα δώσω	θα μείνω	θα στείλω	θα φέρω
εσύ	θα δώσεις	θα μείνεις	θα στείλεις	θα φέρεις
αυτός	θα δώσει	θα μείνει	θα στείλει	θα φέρει
εμείς	θα δώσουμε	θα μείνουμε	θα στείλουμε	θα φέρουμε
εσείς	θα δώσετε	θα μείνετε	θα στείλετε	θα φέρετε
αυτοί	θα δώσουν(ε)	θα μείνουν(ε)	θα στείλουν(ε)	θα φέρουν(ε)

PASSIVE VOICE

	θυμάμαι	**φοβάμαι**	**κοιμάμαι**
εγώ	θα θυμηθώ	θα φοβηθώ	θα κοιμηθώ
εσύ	θα θυμηθείς	θα φοβηθείς	θα κοιμηθείς
αυτός	θα θυμηθεί	θα φοβηθεί	θα κοιμηθεί
εμείς	θα θυμηθούμε	θα φοβηθούμε	θα κοιμηθούμε
εσείς	θα θυμηθείτε	θα φοβηθείτε	θα κοιμηθείτε
αυτοί	θα θυμηθούν(ε)	θα φοβηθούν(ε)	θα κοιμηθούν(ε)

	γεννιέμαι	**συναντιέμαι**	**βαριέμαι**
εγώ	θα γεννηθώ	θα συναντηθώ	θα βαρεθώ
εσύ	θα γεννηθείς	θα συναντηθείς	θα βαρεθείς
αυτός	θα γεννηθεί	θα συναντηθεί	θα βαρεθεί
εμείς	θα γεννηθούμε	θα συναντηθούμε	θα βαρεθούμε
εσείς	θα γεννηθείτε	θα συναντηθείτε	θα βαρεθείτε
αυτοί	θα γεννηθούν(ε)	θα συναντηθούν(ε)	θα βαρεθούν(ε)

	γίνομαι	**έρχομαι**	**κάθομαι**
εγώ	θα γίνω	θα έρθω	θα καθίσω / θα κάτσω
εσύ	θα γίνεις	θα έρθεις	θα καθίσεις / θα κάτσεις
αυτός	θα γίνει	θα έρθει	θα καθίσει / θα κάτσει
εμείς	θα γίνουμε	θα έρθουμε	θα καθίσουμε / θα κάτσουμε
εσείς	θα γίνετε	θα έρθετε	θα καθίσετε / θα κάτσετε
αυτοί	θα γίνουν(ε)	θα έρθουν(ε)	θα καθίσουν(ε) / θα κάτσουν(ε)

	σκέφτομαι	**ντύνομαι**	**φαίνομαι**
εγώ	θα σκεφτώ	θα ντυθώ	θα φανώ
εσύ	θα σκεφτείς	θα ντυθείς	θα φανείς
αυτός	θα σκεφτεί	θα ντυθεί	θα φανεί
εμείς	θα σκεφτούμε	θα ντυθούμε	θα φανούμε
εσείς	θα σκεφτείτε	θα ντυθείτε	θα φανείτε
αυτοί	θα σκεφτούν(ε)	θα ντυθούν(ε)	θα φανούν(ε)

	εξαρτώμαι	**συνεννοούμαι**	**ασχολούμαι**
εγώ	θα εξαρτηθώ	θα συνεννοηθώ	θα ασχοληθώ
εσύ	θα εξαρτηθείς	θα συνεννοηθείς	θα ασχοληθείς
αυτός	θα εξαρτηθεί	θα συνεννοηθεί	θα ασχοληθεί
εμείς	θα εξαρτηθούμε	θα συνεννοηθούμε	θα ασχοληθούμε
εσείς	θα εξαρτηθείτε	θα συνεννοηθείτε	θα ασχοληθείτε
αυτοί	θα εξαρτηθούν(ε)	θα συνεννοηθούν(ε)	θα ασχοληθούν(ε)

EXERCISES
ΑΣΚΗΣΕΙΣ

1. Write the <u>continuous future</u> of the following verbs, following the patterns of the representative verbs in the <u>active voice</u>. – Γράψε τον <u>εξακολουθητικό μέλλοντα</u> των παρακάτω ρημάτων, σύμφωνα με τα πρότυπα κλίσης των αντιπροσωπευτικών ρημάτων στην <u>ενεργητική φωνή</u>.

1. αγαπώ — θα αγαπώ
2. γράφω — _____
3. παίρνω — _____
4. θέλω — _____
5. ρωτάω — _____
6. χτυπάω — _____
7. ξεχνώ — _____
8. προσπαθώ — _____
9. παίζω — _____
10. μαθαίνω — _____
11. διαβάζω — _____
12. καθαρίζω — _____
    to clean
13. κρύβω — _____
    to hide
14. βγαίνω — _____
15. πεινάω — _____
    to be hungry
16. φεύγω — _____

17. αρχίζω   _____
18. ξέρω   _____
19. μένω   _____
20. φτάνω   _____
21. χωρίζω   _____
22. πληρώνω   _____
23. περιμένω   _____
24. γνωρίζω   _____
25. φυτεύω   _____
    to plant
26. ψάχνω   _____
    to search
27. δείχνω   _____
    to show
28. λάμπω   _____
    to shine
29. σβήνω   _____
    to erase, put out
30. εξετάζω   _____
    examine

2. Write the <u>continuous future</u> of the following verbs given in the <u>passive voice</u>. – Γράψε τον <u>εξακολουθητικό μέλλοντα</u> των παρακάτω ρημάτων που δίνονται στην <u>παθητική φωνή</u>.

1. κάθομαι _____
2. έρχομαι _____
3. ντύνομαι _____
4. ασχολούμαι _____
5. κοιμάμαι _____
6. σκέφτομαι _____
7. χρειάζομαι _____
8. αναρωτιέμαι _____
   wonder
9. φοβάμαι _____
10. αφήνομαι _____
    let myself
11. επισκέπτομαι _____
12. θυμάμαι _____
13. θεωρούμαι _____
14. φαίνομαι _____
15. παραπονιέμαι _____
16. γίνομαι _____
17. φαντάζομαι _____
    imagine
18. εγγυώμαι _____

3. Write the <u>simple (instantaneous) future</u> of the following verbs in the <u>active voice</u>, following the representative examples. – Γράψε τον <u>στιγμιαίο μέλλοντα</u> των παρακάτω ρημάτων στην <u>ενεργητική φωνή</u> ακολουθώντας τα αντιπροσωπευτικά παραδείγματα.

1. χαρίζω — θα χαρίσω
2. ανοίγω — _____
3. διαβάζω — _____
4. αρχίζω — _____
5. μπαίνω — _____
6. παίζω — _____
7. ανεβαίνω — _____
8. κατεβαίνω — _____
9. μένω — _____
10. θέλω — _____
11. γυρίζω — _____
12. τρώω — _____
13. ξεχνάω / ξεχνώ — _____
14. τραβάω / τραβώ — _____
    pull
15. φεύγω — _____
16. δίνω — _____
17. παίρνω — _____

18. μεγαλώνω _____

19. βάφω _____
    paint

20. ζω _____

21. γράφω _____

22. φέρνω _____

23. τοποθετώ _____
    to place, put

24. καλώ _____

25. καταλαβαίνω _____

26. προσπαθώ _____

27. τραγουδάω / τραγουδώ _____

28. πετάω / πετώ _____
    throw, fly, throw away

29. απολαμβάνω _____

30. σπουδάζω _____
    study (in college/university)

31. κολυμπάω / κολυμπώ _____
    swim

32. κατεβάζω _____
    to lower, put down, download

33. κλείνω _____

34. κρατάω _____
    hold, keep

35. πίνω _____

36. κάνω _____

37. φτιάχνω　　　_____

38. τολμώ　　　_____
    dare

39. στέλνω　　　_____

40. ακούω　　　_____

41. παρακαλάω/παρακαλώ　　　_____

42. μπορώ　　　_____

43. βλέπω　　　_____

44. διστάζω　　　_____
    hesitate

45. ακουμπάω / ακουμπώ　　　_____
    touch

4. Write the <u>simple (instantaneous) future</u> of the following verbs in the <u>passive voice</u>. – Γράψε τον <u>στιγμιαίο μέλλοντα</u> των παρακάτω ρημάτων στην <u>παθητική φωνή</u>.

1. έρχομαι　　　_____

2. σηκώνομαι　　　_____
   get up

3. γίνομαι　　　_____

4. μοιράζομαι　　　_____
   share

5. γεύομαι　　　_____
   taste

6. εμπιστεύομαι　　　_____

7. ερωτεύομαι _____
   fall in love

8. μπερδεύομαι _____
   get confused, get tangled

9. δέχομαι _____

10. σκέφτομαι _____

11. φαίνομαι _____

12. κοιμάμαι _____

13. ασχολούμαι _____

14. διηγούμαι _____

15. συναντιέμαι _____

16. θυμάμαι _____

17. εξαφανίζομαι _____

18. λυπάμαι _____

19. χρειάζομαι _____

20. χαίρομαι _____

21. κόβομαι _____
    cut myself

22. χτενίζομαι _____
    comb my hair

23. παραπονιέμαι _____

24. ταλαιπωρούμαι _____
    be tormented

5.

The verbs below are given in the simple future, in the 1st person singular. Put them in the 1st person plural. – Τα παρακάτω ρήματα δίνονται στον στιγμιαίο μέλλοντα, στο πρώτο πρόσωπο του ενικού. Βάλε τα στο πρώτο πρόσωπο του πληθυντικού.

1. θα φύγω (φεύγω) — θα φύγουμε
2. θα γυρίσω (γυρίζω)
3. θα κλάψω (κλαίω)
4. θα κάψω (καίω) — *burn*
5. θα απαντήσω (απαντάω/απαντώ)
6. θα περάσω (περνάω/περνώ)
7. θα οδηγήσω (οδηγώ) — *drive*
8. θα μείνω (μένω)
9. θα μαγειρέψω (μαγειρεύω) — *cook*
10. θα κυλήσω (κυλάω/κυλώ) — *flow, roll*
11. θα κοπώ (κόβομαι)
12. θα κοιτάξω (κοιτάω/κοιτώ/κοιτάζω)
13. θα φάω (τρώω)
14. θα ακούσω (ακούω)
15. θα απειλήσω (απειλώ) — *threaten*
16. θα ταΐσω (ταΐζω) — *feed*
17. θα κλέψω (κλέβω) — *steal*
18. θα ανεβώ (ανεβαίνω) — *go up, rise*

19.	θα ανεβάσω (ανεβάζω) *raise*	_____
20.	θα χτίσω (χτίζω) *build*	_____
21.	θα πω (λέω)	_____
22.	θα ξυπνήσω (ξυπνάω/ξυπνώ) *wake up*	_____
23.	θα πλύνω (πλένω) *wash*	_____
24.	θα δημιουργήσω (δημιουργώ) *create*	_____
25.	θα δω (βλέπω)	_____
26.	θα αγοράσω (αγοράζω) *buy*	_____
27.	θα καταπιώ (καταπίνω) *swallow*	_____
28.	θα μάθω (μαθαίνω)	_____
29.	θα φανώ (φαίνομαι)	_____
30.	θα σταθώ (στέκομαι) *stand*	_____
31.	θα σκεφτώ (σκέφτομαι)	_____
32.	θα σηκώσω (σηκώνω) *pick up, raise*	_____
33.	θα ξεκουραστώ (ξεκουράζομαι)	_____
34.	θα απολαύσω (απολαμβάνω)	_____
35.	θα απολύσω (απολύω) *fire*	_____
36.	θα προσλάβω (προσλαμβάνω) *hire*	_____
37.	θα βοηθήσω (βοηθάω/βοηθώ) *help*	_____
38.	θα κοροϊδέψω (κοροϊδεύω) *mock, deceive*	_____

6. The following verbs are in the simple future, in the 2nd person plural. Put them in the 2nd person singular. – Τα παρακάτω ρήματα δίνονται στον στιγμιαίο μέλλοντα, στο δεύτερο πρόσωπο του πληθυντικού. Βάλε τα στο δεύτερο πρόσωπο του ενικού.

1. θα φτιάξετε (φτιάχνω) θα φτιάξεις
2. θα αφήσετε (αφήνω) _____
3. θα γράψετε (γράφω) _____
4. θα μείνετε (μένω) _____
5. θα ξεκουραστείτε (ξεκουράζομαι) _____
6. θα παίξετε (παίζω) _____
7. θα βρείτε (βρίσκω) _____
8. θα φωνάξετε (φωνάζω) _____
9. θα διαρκέσετε (διαρκώ) _____
   to last
10. θα καθαρίσετε (καθαρίζω) _____
11. θα ανακουφιστείτε (ανακουφίζομαι) _____
    feel relieved
12. θα κάνετε (κάνω) _____
13. θα φυσήξετε (φυσάω/φυσώ) _____
    blow
14. θα δείξετε (δείχνω) _____
    show
15. θα ανακαλύψετε (ανακαλύπτω) _____
    discover
16. θα περάσετε (περνάω/περνώ) _____
17. θα πάρετε (παίρνω) _____

18. θα αλλάξετε (αλλάζω)

19. θα παρακαλέσετε (παρακαλώ)

20. θα ευχαριστήσετε (ευχαριστώ)
    to thank

21. θα απολαύσετε (απολαμβάνω)

22. θα εμφανιστείτε (εμφανίζομαι)

23. θα ακούσετε (ακούω)

24. θα πείτε (λέω)

25. θα εξηγήσετε (εξηγώ)
    explain

26. θα συμμετάσχετε (συμμετέχω)
    participate

27. θα προσέξετε (προσέχω)
    be careful, watch over, take notice

28. θα διασκεδάσετε (διασκεδάζω)
    have fun

29. θα διψάσετε (διψάω/διψώ)
    be thirsty

30. θα πιείτε (πίνω)

31. θα στρίψετε (στρίβω)

32. θα γίνετε (γίνομαι)

7. The following verbs are in the simple future, in the 3rd person singular. Put them in the 3rd person plural. – Τα παρακάτω ρήματα δίνονται στον στιγμιαίο μέλλοντα, στο τρίτο πρόσωπο του ενικού. Βάλε τα στο τρίτο πρόσωπο του πληθυντικού.

1. θα έρθει (έρχομαι)   _θα έρθουν_

2. θα ψήσει (ψήνω)
   bake, roast, grill

3. θα επισκεφτεί (επισκέπτομαι)

4. θα παρακαλέσει (παρακαλώ)

5. θα προσφέρει (προσφέρω)
   offer

6. θα τρέξει (τρέχω)
   run

7. θα κρατήσει (κρατάω/κρατώ)
   to hold, to last

8. θα ευχαριστήσει (ευχαριστώ)

9. θα χαρίσει (χαρίζω)

10. θα κουνήσει (κουνάω/κουνώ)
    move sth

11. θα εκπλαγεί (εκπλήσσομαι)
    be surprised

12. θα ικετέψει (ικετεύω)
    beg

13. θα προσευχηθεί (προσεύχομαι) _____
    pray

14. θα υποσχεθεί (υπόσχομαι) _____
    promise

15. θα ορκιστεί (ορκίζομαι) _____
    to swear, take an oath

16. θα κρυώσει (κρυώνω) _____
    to be cold, get cold, to cool sth

17. θα ζεσταθεί (ζεσταίνομαι) _____
    to feel hot, to get warm

18. θα ζεστάνει (ζεσταίνω) _____
    to warm sth up

19. θα κοιμηθεί (κοιμάμαι) _____

20. θα τηλεφωνήσει (τηλεφωνώ) _____
    to call on the phone

21. θα φύγει (φεύγω) _____

22. θα πετάξει (πετάω/πετώ) _____

23. θα καπνίσει (καπνίζω) _____
    smoke

24. θα αντέξει (αντέχω) _____

8.

In the following text, underline the verbs in the future tense (either simple or continuous). Then put them in the present tense, in the same person as they are in the text. Finally, put them in the first person in the present tense. You are given the first verb for guidance. –

Στο ακόλουθο κείμενο υπογράμμισε τα ρήματα στο μέλλοντα (είτε στιγμιαίο είτε εξακολουθητικό). Έπειτα βάλε τα στον ενεστώτα, στο ίδιο πρόσωπο που είναι στο κείμενο. Τέλος, βάλε τα στο πρώτο πρόσωπο στον ενεστώτα. Σου δίνεται το πρώτο ρήμα ενδεικτικά.

Επιτέλους αύριο θα φύγουμε για διακοπές! Θα πάμε στο νησί του μπαμπά μου, τη Σύρο. Θα ξυπνήσουμε πολύ νωρίς το πρωί και θα πάρουμε το καράβι από το λιμάνι του Πειραιά. Είναι η πρώτη φορά
port   Piraeus   first time
που θα επισκεφτώ τη Σύρο. Είμαι σίγουρος ότι θα μου αρέσει πολύ.

Θα δούμε τα αξιοθέατα, θα κάνουμε μπάνιο στη θάλασσα και θα φάμε
sights
πεντανόστιμα νησιώτικα μεζεδάκια. Από τη Σύρο θα πάρουμε το
very tasty   of an island   snacks, tapas
ιπτάμενο δελφίνι και θα πάμε στη Μύκονο. Όμως δεν θα μείνουμε
flying dolphin (type of high speed boat)
πολύ εκεί, μόνο μερικές ώρες. Απλώς θα δούμε λιγάκι τη Μύκονο και μετά θα γυρίσουμε πίσω στη Σύρο με το ιπτάμενο δελφίνι. Δυστυχώς οι διακοπές μας δεν θα κρατήσουν πολύ. Θα επιστρέψουμε σε δέκα
will not last long
μέρες γιατί θα αρχίσει το σχολείο. Φέτος θα πάω τρίτη δημοτικού!
3rd (grade) of elementary school
Η μαμά θα μου αγοράσει καινούρια τσάντα και κασετίνα. Και φυσικά,
pencil case
θα έχω καινούρια βιβλία. Άραγε θα είναι δύσκολα τα μαθήματα της
I wonder
τρίτης τάξης; Θα δούμε!
We'll see

Simple future	Present tense, same person	Present tense, 1st person
θα φύγουμε	φεύγουμε	φεύγω

9. In the following sentences, the verbs are in the future simple but in the wrong person. Correct them so that the sentences make sense. – Στις ακόλουθες προτάσεις, τα ρήματα είναι στον στιγμιαίο μέλλοντα αλλά σε λάθος πρόσωπο. Διόρθωσέ τα ώστε οι προτάσεις να βγάζουν νόημα.

1. Τα παιδιά ~~θα ζωγραφίσετε~~ στον τοίχο.
   Τα παιδιά θα ζωγραφίσουν στον τοίχο.

2. Εσείς θα έρθουν μαζί μας;

3. Ποιος θα φτάσω πρώτος;

4. Εσύ θα πάει στο σχολείο αύριο;

5. Τι ώρα θα ξεκινήσουμε το τρένο;

6. Ο Κώστας κι ο Αλέξης θα παίξεις ποδόσφαιρο.

7. Αύριο θα βρέξεις. *(Tomorrow it will rain.)*

8. Εσείς θα πιεις καφέ ή τσάι;

9. Εγώ θα καθίσουν δίπλα στην Αλεξάνδρα.

10. Ο επισκέπτης θα χτυπήσουν το κουδούνι.
    visitor   *bell, doorbell*

11. Η Κατερίνα θα γράψουν ένα γράμμα στη μαμά της.

12. Εμείς φέτος θα πάω ταξίδι στην Ελβετία. Εσείς πού θα πάμε;

13. Το ποντικάκι θα φας το τυρί.

14. Η μαμά μου θα βγάλω το σκύλο βόλτα.

15. Η Ελένη θα γίνεις τραγουδίστρια.

16. Η Όλγα θα φυτέψουν πολλά λουλούδια στον κήπο της.

17. Γεια σας, παιδιά. Τι θα κάνουν σήμερα το βράδυ;

18. Το απόγευμα θα με επισκεφτείς οι φίλοι μου.

19. Βίκυ, πόσες μέρες θα μείνω στην Αθήνα;

20. Ο Κώστας θα ντυθείς και θα πας στο πάρτι.

21. Ο Νίκος θα ευχηθούν χρόνια πολλά στη Μαρία για τα γενέθλιά της.

22. Εσείς ποια ταινία θα δούμε στο σινεμά;

10. Put the verbs in the right person, in the simple future. – Βάλε τα ακόλουθα ρήματα στο σωστό πρόσωπο, στον στιγμιαίο μέλλοντα.

1. Ο Παναγιώτης _____ πιάνο. (παίζω)

2. Του χρόνου ο γιος μου _____ στο πανεπιστήμιο. (πηγαίνω)
   Next year   university

3. Αυτά τα δέντρα _____ πολύ γρήγορα. (μεγαλώνω)

4. Το μεσημέρι εμείς _____ μακαρόνια με κιμά. (τρώω)

5. Του χρόνου εγώ _____ από την Ιταλία και _____ στην Ελλάδα. (φεύγω, ζω)

6. Εγώ κι εσύ _____ φίλοι για πάντα. (μένω)

7. Η Νίκη _____ καινούρια ρούχα στα παιδιά της. (αγοράζω)

8. Το απόγευμα _____ κρύο και _____. (κάνω, βρέχω)

9. Η Αθηνά δεν _____ ποτέ κανέναν όσο τον Ανδρέα. (αγαπώ)

10. Σήμερα η μαμά _____ κρέας με πατάτες. (μαγειρεύω)

ANSWERS TO THE EXERCISES
ΛΥΣΕΙΣ ΤΩΝ ΑΣΚΗΣΕΩΝ

1.
1. θα αγαπώ/θα αγαπάω
2. θα γράφω
3. θα παίρνω
4. θα θέλω
5. θα ρωτάω/θα ρωτώ
6. θα χτυπάω/θα χτυπώ
7. θα ξεχνώ/θα ξεχνάω
8. θα προσπαθώ
9. θα παίζω
10. θα μαθαίνω
11. θα διαβάζω
12. θα καθαρίζω
13. θα κρύβω
14. θα βγαίνω
15. θα πεινάω/θα πεινώ
16. θα φεύγω
17. θα αρχίζω
18. θα ξέρω
19. θα μένω
20. θα φτάνω
21. θα χωρίζω
22. θα πληρώνω
23. θα περιμένω
24. θα γνωρίζω
25. θα φυτεύω
26. θα ψάχνω
27. θα δείχνω
28. θα λάμπω
29. θα σβήνω
30. θα εξετάζω

2.
1. θα κάθομαι
2. θα έρχομαι
3. θα ντύνομαι
4. θα ασχολούμαι
5. θα κοιμάμαι
6. θα σκέφτομαι
7. θα χρειάζομαι
8. θα αναρωτιέμαι
9. θα φοβάμαι
10. θα αφήνομαι
11. θα επισκέπτομαι
12. θα θυμάμαι
13. θα θεωρούμαι
14. θα φαίνομαι
15. θα παραπονιέμαι
16. θα γίνομαι
17. θα φαντάζομαι
18. θα εγγυώμαι

3.
1. θα χαρίσω
2. θα ανοίξω
3. θα διαβάσω
4. θα αρχίσω
5. θα μπω
6. θα παίξω
7. θα ανέβω / θα ανεβώ
8. θα κατέβω / θα κατεβώ
9. θα μείνω
10. θα θελήσω
11. θα γυρίσω
12. θα φάω
13. θα ξεχάσω
14. θα τραβήξω
15. θα φύγω
16. θα δώσω
17. θα πάρω
18. θα μεγαλώσω
19. θα βάψω
20. θα ζήσω
21. θα γράψω
22. θα φέρω
23. θα τοποθετήσω
24. θα καλέσω
25. θα καταλάβω
26. θα προσπαθήσω
27. θα τραγουδήσω
28. θα πετάξω
29. θα απολαύσω
30. θα σπουδάσω
31. θα κολυμπήσω
32. θα κατεβάσω
33. θα κλείσω
34. θα κρατήσω
35. θα πιω
36. θα κάνω
37. θα φτιάξω
38. θα τολμήσω
39. θα στείλω
40. θα ακούσω
41. θα παρακαλέσω
42. θα μπορέσω
43. θα δω
44. θα διστάσω
45. θα ακουμπήσω

4. 1. θα έρθω
    2. θα σηκωθώ
    3. θα γίνω
    4. θα μοιραστώ
    5. θα γευτώ
    6. θα εμπιστευτώ
    7. θα ερωτευτώ
    8. θα μπερδευτώ
    9. θα μπερδευτώ
    10. θα δεχτώ
    11. θα φανώ
    12. θα κοιμηθώ
    13. θα ασχοληθώ
    14. θα διηγηθώ
    15. θα συναντηθώ
    16. θα θυμηθώ
    17. θα εξαφανιστώ
    18. θα λυπηθώ
    19. θα χρειαστώ
    20. θα χαρώ
    21. θα κοπώ
    22. θα χτενιστώ
    23. θα παραπονεθώ
    24. θα ταλαιπωρηθώ

5. 1. θα φύγουμε
    2. θα γυρίσουμε
    3. θα κλάψουμε
    4. θα κάψουμε
    5. θα απαντήσουμε
    6. θα περάσουμε
    7. θα οδηγήσουμε
    8. θα μείνουμε
    9. θα μαγειρέψουμε
    10. θα κυλήσουμε
    11. θα κοπούμε
    12. θα κοιτάξουμε
    13. θα φάμε
    14. θα ακούσουμε
    15. θα απειλήσουμε
    16. θα ταΐσουμε
    17. θα κλέψουμε
    18. θα ανεβούμε
    19. θα ανεβάσουμε
    20. θα χτίσουμε
    21. θα πούμε
    22. θα ξυπνήσουμε
    23. θα πλύνουμε
    24. θα δημιουργήσουμε
    25. θα δούμε
    26. θα αγοράσουμε
    27. θα καταπιούμε
    28. θα μάθουμε
    29. θα φανούμε
    30. θα σταθούμε
    31. θα σκεφτούμε
    32. θα σηκώσουμε
    33. θα ξεκουραστούμε
    34. θα απολαύσουμε
    35. θα απολύσουμε
    36. θα προσλάβουμε
    37. θα βοηθήσουμε
    38. θα κοροϊδέψουμε

6. 1. θα φτιάξεις
    2. θα αφήσεις
    3. θα γράψεις
    4. θα μείνεις
    5. θα ξεκουραστείς
    6. θα παίξεις
    7. θα βρεις
    8. θα φωνάξεις
    9. θα διαρκέσεις
    10. θα καθαρίσεις
    11. θα ανακουφιστείς
    12. θα κάνεις
    13. θα φυσήξεις
    14. θα δείξεις
    15. θα ανακαλύψεις
    16. θα περάσεις
    17. θα πάρεις
    18. θα αλλάξεις
    19. θα παρακαλέσεις
    20. θα ευχαριστήσεις
    21. θα απολαύσεις
    22. θα εμφανιστείς
    23. θα ακούσεις
    24. θα πεις
    25. θα εξηγήσεις
    26. θα συμμετάσχεις
    27. θα προσέξεις
    28. θα διασκεδάσεις
    29. θα διψάσεις
    30. θα πιεις
    31. θα στρίψεις
    32. θα γίνεις

7.
1. θα έρθουν
2. θα ψήσουν
3. θα επισκεφτούν
4. θα παρακαλέσουν
5. θα προσφέρουν
6. θα τρέξουν
7. θα κρατήσουν
8. θα ευχαριστήσουν
9. θα χαρίσουν
10. θα κουνήσουν
11. θα εκπλαγούν
12. θα ικετέψουν
13. θα προσευχηθούν
14. θα υποσχεθούν
15. θα ορκιστούν
16. θα κρυώσουν
17. θα ζεσταθούν
18. θα ζεστάνουν
19. θα κοιμηθούν
20. θα τηλεφωνήσουν
21. θα φύγουν
22. θα πετάξουν
23. θα καπνίσουν
24. θα αντέξουν

8.
θα φύγουμε	φεύγουμε	φεύγω
θα πάμε	πάμε/πηγαίνουμε	πάω/πηγαίνω
θα ξυπνήσουμε	ξυπνάμε	ξυπνάω/ξυπνώ
θα πάρουμε	παίρνουμε	παίρνω
θα επισκεφτώ	επισκεπτόμαστε	επισκέπτομαι
θα αρέσει	αρέσει	αρέσω
θα δούμε	βλέπουμε	βλέπω
θα κάνουμε	κάνουμε	κάνω
θα φάμε	τρώμε	τρώω
θα πάρουμε	παίρνουμε	παίρνω
θα πάμε	πάμε/πηγαίνουμε	πάω/πηγαίνω
θα μείνουμε	μένουμε	μένω
θα δούμε	βλέπουμε	βλέπω
θα γυρίσουμε	γυρίζουμε	γυρίζω
θα κρατήσουν	κρατάνε/κρατούν(ε)	κρατάω/κρατώ
θα επιστρέψουμε	επιστρέφουμε	επιστρέφω
θα αρχίσει	αρχίζει	αρχίζω
θα πάω	πηγαίνω/πάω	πηγαίνω/πάω
θα αγοράσει	αγοράζει	αγοράζω
θα έχω	έχω	έχω
θα είναι	είναι	είμαι
θα δούμε	βλέπουμε	βλέπω

9.
1. θα ζωγραφίσουν
2. θα έρθετε
3. θα φτάσει
4. θα πας
5. θα ξεκινήσει
6. θα παίξουν
7. θα βρέξει
8. θα πιείτε
9. θα καθίσω
10. θα χτυπήσει
11. θα γράψει
12. θα πάμε, θα πάτε
13. θα φάει
14. θα βγάλει
15. θα γίνει
16. θα φυτέψει
17. θα κάνετε
18. θα με επισκεφτούν
19. θα μείνεις
20. θα ντυθεί, θα πάει
21. θα ευχηθεί
22. θα δείτε

10.
1. θα παίξει
2. θα πάει
3. θα μεγαλώσουν
4. θα φάμε
5. θα φύγω, θα ζήσω
6. θα μείνουμε
7. θα αγοράσει
8. θα κάνει, θα βρέξει
9. θα αγαπήσει
10. θα μαγειρέψει

Are you ready for past tenses?

What? I can't hear you. Say it with passion!

If you've come this far, all I can say is CONGRATULATIONS! This is not easy. If you've survived grammar structures like "λέω - θα πω", "τρώω - θα φάω", "βλέπω - θα δω" (I know… What on Earth…?), then I really admire you. It takes a lot of hard word, a lot of *μεράκι* and love for the Greek language, perseverance and guts. So keep going; you've got this!

PAST TENSES
ΠΑΡΕΛΘΟΝΤΙΚΟΙ ΧΡΟΝΟΙ

Continuous past (aka Imperfect or Imperfective past) – Παρατατικός:
denotes that something used to happen in the past, continuously or repeatedly.

Simple past (aka Perfective past) – Αόριστος:
denotes that something occurred in the past, and is now over.

Let's look at some common verbs in the continuous past and the simple past. The simple future (στιγμιαίος μέλλοντας) is given here for reference, because the simple past and the simple future (which are both instantaneous tenses) have the same stem. Rember, both the simple future and the simple past denote that something will occur or occurred **once**.

Also, note that the stem is the same in the present and the continuous past; both of these tenses denote continuity, i.e. something that occurs or occurred continuously or repeatedly. And of course, since the continuous future is formed by *θα + verb in the present tense*, it has the same stem too.

So, **same stem in instantaneous tenses**
and **same stem in continuous tenses**.

There are two more future tenses, called "παρακείμενος" and "υπερσυντέλικος", corresponding to the English "I have [done something]" and "I had [done something]" respectively, which we'll see in a later section.

ACTIVE VOICE

Present	Continuous past	Simple past (instantaneous)	Simple future (instantaneous)
έχω have	είχα	-----	-----
ξέρω know	ήξερα	-----	-----
κάνω do, make	έκανα	έκανα	θα κάνω
ζω live	ζούσα	έζησα	θα ζήσω
θέλω want	ήθελα	θέλησα	θα θελήσω
αγαπάω/αγαπώ love	αγαπούσα	αγάπησα	θα αγαπήσω
απαντάω/απαντώ answer	απαντούσα	απάντησα	θα απαντήσω
μιλάω/μιλώ talk, speak	μιλούσα	μίλησα	θα μιλήσω
ξεκινάω/ξεκινώ start	ξεκινούσα	ξεκίνησα	θα ξεκινήσω
προσπαθώ try	προσπαθούσα	προσπάθησα	θα προσπαθήσω
ρωτάω/ρωτώ ask	ρωτούσα	ρώτησα	θα ρωτήσω
χτυπάω/χτυπώ hit, knock	χτυπούσα	χτύπησα	θα χτυπήσω
γελάω/γελώ laugh	γελούσα	γέλασα	θα γελάσω
κερνάω/κερνώ treat sb to sth	κερνούσα	κέρασα	θα κεράσω
ξεχνάω/ξεχνώ forget	ξεχνούσα	ξέχασα	θα ξεχάσω
περνάω/περνώ pass, drop by	περνούσα	πέρασα	θα περάσω
αφήνω leave, let	άφηνα	άφησα	θα αφήσω
κλείνω close	έκλεινα	έκλεισα	θα κλείσω
μεγαλώνω grow (up), raise	μεγάλωνα	μεγάλωσα	θα μεγαλώσω
πληρώνω pay	πλήρωνα	πλήρωσα	θα πληρώσω
τελειώνω finish	τελείωνα / τέλειωνα	τελείωσα / τέλειωσα	θα τελειώσω
αρχίζω start	άρχιζα	άρχισα	θα αρχίσω
γνωρίζω know, get acquainted	γνώριζα	γνώρισα	θα γνωρίσω
γυρίζω turn, return	γύριζα	γύρισα	θα γυρίσω

καθαρίζω clean	καθάριζα	καθάρισα	θα καθαρίσω
χαρίζω give as a gift	χάριζα	χάρισα	θα χαρίσω
διαβάζω read	διάβαζα	διάβασα	θα διαβάσω
μοιράζω distribute	μοίραζα	μοίρασα	θα μοιράσω
καλώ call, invite	καλούσα	κάλεσα	θα καλέσω
μπορώ can	μπορούσα	μπόρεσα	θα μπορέσω
παρακαλώ beg, plead	παρακαλούσα	παρακάλεσα	θα παρακαλέσω
πονάω/πονώ hurt	πονούσα	πόνεσα	θα πονέσω
ακούω hear, listen	άκουγα	άκουσα	θα ακούσω
αλλάζω change	άλλαζα	άλλαξα	θα αλλάξω
νυστάζω be sleepy	νύσταζα	νύσταξα	θα νυστάξω
παίζω play	έπαιζα	έπαιξα	θα παίξω
ανοίγω open	άνοιγα	άνοιξα	θα ανοίξω
βάζω put, put on	έβαζα	έβαλα	θα βάλω
βγάζω take out/off	έβγαζα	έβγαλα	θα βγάλω
αμφιβάλλω doubt	αμφέβαλλα	αμφέβαλα	θα αμφιβάλω
αναβάλλω postpone	ανέβαλλα	ανέβαλα	θα αναβάλω
περιβάλλω surround, encircle	περιέβαλλα	περιέβαλα	θα περιβάλω
υπερβάλλω exaggerate	υπερέβαλλα	υπερέβαλα	θα υπερβάλω
υποβάλλω submit	υπέβαλλα	υπέβαλα	θα υποβάλω
γράφω write	έγραφα	έγραψα	θα γράψω
ανάβω turn on, light up	άναβα	άναψα	θα ανάψω
κλαίω cry	έκλαιγα	έκλαψα	θα κλάψω
κλέβω steal	έκλεβα	έκλεψα	θα κλέψω
κόβω cut	έκοβα	έκοψα	θα κόψω
ράβω sew, stitch	έραβα	έραψα	θα ράψω
στρίβω turn, twist	έστριβα	έστριψα	θα στρίψω
επιτρέπω allow	επέτρεπα	επέτρεψα	θα επιτρέψω

επιστρέφω *return*	επέστρεφα	επέστρεψα	θα επιστρέψω
βλέπω *see, look*	έβλεπα	είδα	θα δω
βρίσκω *find*	έβρισκα	βρήκα	θα βρω
μπαίνω *enter, go in*	έμπαινα	μπήκα	θα μπω
βγαίνω *come out, go out*	έβγαινα	βγήκα	θα βγω
λέω *say, tell*	έλεγα	είπα	θα πω
λαμβάνω *receive, take*	λάμβανα	έλαβα	θα λάβω
συμπεριλαμβάνω *include*	συμπεριλάμβανα	συμπεριέλαβα	θα συμπεριλάβω
καταλαβαίνω *understand*	καταλάβαινα	κατάλαβα	θα καταλάβω
απολαμβάνω *enjoy*	απολάμβανα	απόλαυσα	θα απολαύσω
ανεβαίνω *go up, rise*	ανέβαινα	ανέβηκα	θα ανέβω/ θα ανεβώ
μαθαίνω *learn*	μάθαινα	έμαθα	θα μάθω
παίρνω *take*	έπαιρνα	πήρα	θα πάρω
πηγαίνω/πάω *go*	πήγαινα	πήγα	θα πάω
φέρνω *bring*	έφερνα	έφερα	θα φέρω
πίνω *drink*	έπινα	ήπια	θα πιω
τρώω *eat*	έτρωγα	έφαγα	θα φάω
δίνω *give*	έδινα	έδωσα	θα δώσω
πέφτω *fall, drop*	έπεφτα	έπεσα	θα πέσω
μένω *stay, dwell, remain*	έμενα	έμεινα	θα μείνω
στέλνω *send*	έστελνα	έστειλα	θα στείλω

You surely noticed an extra *έ-* in the beginning of several verbs in the past tenses in the active voice;

e.g. *βάζω-έβαζα-έβαλα,*
βρίσκω-έβρισκα-βρήκα,
μαθαίνω-μάθαινα-έμαθα,
φεύγω-έφευγα-έφυγα, etc.

This happens in all three persons of the singular and in the 3rd person plural;

e.g. *έφυγα, έφυγες, έφυγε, φύγαμε, φύγατε, έφυγαν.*

You probably also noticed that in verbs where the penultimate syllable is stressed, the stress moves up one syllable in the past tenses;

e.g. *μαθαίνω-μάθαινα-έμαθα, διαβάζω-διάβαζα-διάβασα.*

Here is what happens and where the *έ-* comes from:

When the stress needs to move up but there is no syllable to move up to (or to put it another way, in verbs with a monosyllabic stem), we add an *έ-* and stress that. For example, *βάζω* is stressed on the penultimate syllable which is also the first syllable, so the stress needs to move to the syllable before the "*βά*", but there is none, so we add it: *έβαζα-έβαλα.*
Same for *βρίσκω (έβρισκα), μένω (έμενα-έμεινα), παίρνω (έπαιρνα),* etc.

This does not apply to irregular verbs in the simple past, they only take an *έ-* in the continuous past; for example *παίρνω* is "*έπαιρνα*" in the continuous past, we added an *έ-*, but it has the irregular form "*πήρα*" in the simple past, so the rule does not apply here, we don't add an *έ-*, the stem of the verb has changed. The same applies to *πίνω* (*έπινα* in the continuous past but *ήπια* in the simple past), *βλέπω* (*έβλεπα* in the continuous past but *είδα* in the simple past), etc.

"Διαβάζω" is stressed on the "βά" (penultimate syllable) so the stress moves up, but here there is a syllable to move to ("δια"), so it becomes "διάβαζα-διάβασα" and we don't need to add an έ-.

Verbs with 2 possible endings, like μιλάω/μιλώ, are considered to be stressed on the last syllable (so we take "μιλώ" as the main form) and don't follow the above rule, no έ- is added (μιλούσα in the continuous past, μίλησα in the simple past).

There are exceptions (surprise!): a few verbs take an **-ή** instead of an έ-;

e.g. θέλω (ήθελα, ήθελες, ήθελε, θέλαμε, θέλατε, ήθελαν/θέλανε),

ξέρω (ήξερα, ήξερες, ήξερε, ξέραμε, ξέρατε, ήξεραν/ξέρανε).

PASSIVE VOICE

Present	Continuous past	Simple past (instantaneous)	Simple future (instantaneous)
είμαι	ήμουν	————	————
θυμάμαι *remember*	θυμόμουν	θυμήθηκα	θα θυμηθώ
κοιμάμαι *sleep*	κοιμόμουν	κοιμήθηκα	θα κοιμηθώ
λυπάμαι *be sorry*	λυπόμουν	λυπήθηκα	θα λυπηθώ
φοβάμαι *be afraid*	φοβόμουν	φοβήθηκα	θα φοβηθώ
αγαπιέμαι *be loved*	αγαπιόμουν	αγαπήθηκα	θα αγαπηθώ
βαριέμαι *be bored*	βαριόμουν	βαρέθηκα	θα βαρεθώ
γεννιέμαι *be born*	γεννιόμουν	γεννήθηκα	θα γεννηθώ
παραπονιέμαι *complain, grumble*	παραπονιόμουν	παραπονέθηκα	θα παραπονεθώ
πουλιέμαι *be sold*	πουλιόμουν	πουλήθηκα	θα πουληθώ
στεναχωριέμαι *be sad, get upset*	στεναχωριόμουν	στεναχωρέθηκα/ στεναχωρήθηκα	θα στεναχωρεθώ / θα στεναχωρηθώ
συναντιέμαι *meet with*	συναντιόμουν	συναντήθηκα	θα συναντηθώ
χτυπιέμαι *be hit, hit oneself*	χτυπιόμουν	χτυπήθηκα	θα χτυπηθώ
γίνομαι *become*	γινόμουν	έγινα	θα γίνω
δέχομαι *receive, accept*	δεχόμουν	δέχτηκα	θα δεχτώ
έρχομαι *come*	ερχόμουν	ήρθα	θα έρθω
εμπιστεύομαι *trust*	εμπιστευόμουν	εμπιστεύτηκα	θα εμπιστευτώ
εμφανίζομαι *appear*	εμφανιζόμουν	εμφανίστηκα	θα εμφανιστώ
επισκέπτομαι *visit*	επισκεπτόμουν	επισκέφτηκα/ επισκέφθηκα	θα επισκεφτώ / θα επισκεφθώ
εύχομαι *wish*	ευχόμουν	ευχήθηκα	θα ευχηθώ
κάθομαι *sit*	καθόμουν	κάθισα / έκατσα	θα καθίσω/ θα κάτσω
κρύβομαι *hide*	κρυβόμουν	κρύφτηκα	θα κρυφτώ
ντύνομαι *get dressed*	ντυνόμουν	ντύθηκα	θα ντυθώ
σκέφτομαι *think*	σκεφτόμουν	σκέφτηκα	θα σκεφτώ

φαίνομαι seem, appear, be visible	φαινόμουν	φάνηκα	θα φανώ
χαίρομαι be glad	χαιρόμουν	χάρηκα	θα χαρώ
χρειάζομαι need	χρειαζόμουν	χρειάστηκα	θα χρειαστώ
εγγυώμαι guarantee	εγγυόμουν	εγγυήθηκα	θα εγγυηθώ
εξαρτώμαι depend	εξαρτόμουν	εξαρτήθηκα	θα εξαρτηθώ
ασχολούμαι deal with, attend to	ασχολούμουν	ασχολήθηκα	θα ασχοληθώ
διηγούμαι recount	διηγούμουν	διηγήθηκα	θα διηγηθώ
εξαιρούμαι be excluded	εξαιρούμουν	εξαιρέθηκα	θα εξαιρεθώ
θεωρούμαι be considered	θεωρούμουν	θεωρήθηκα	θα θεωρηθώ
στερούμαι be deprived of	στερούμουν	στερήθηκα	θα στερηθώ
συνεννοούμαι communicate	συνεννοούμουν	συνεννοήθηκα	θα συνεννοηθώ

Note that the verbs **έχω**, **είμαι** and **ξέρω** have a continuous past but not a simple (instantaneous) past, just like they have a continuous future but not a simple (instantaneous) future.

Let's conjugate some representative verbs in the **continuous past**.

ACTIVE VOICE

	έχω	**ξέρω**	**δίνω**	**παίρνω**	**λέω**	**κάνω**
εγώ	είχα	ήξερα	έδινα	έπαιρνα	έλεγα	έκανα
εσύ	είχες	ήξερες	έδινες	έπαιρνες	έλεγες	έκανες
αυτός	είχε	ήξερε	έδινε	έπαιρνε	έλεγε	έκανε
εμείς	είχαμε	ξέραμε	δίναμε	παίρναμε	λέγαμε	κάναμε
εσείς	είχατε	ξέρατε	δίνατε	παίρνατε	λέγατε	κάνατε
αυτοί	είχαν(ε)	ήξεραν / ξέρανε*	έδιναν / δίνανε*	έπαιρναν/ παίρνανε*	έλεγαν/ λέγανε*	έκαναν/ κάνανε*

	γράφω	**διαβάζω**	**βάζω**	**ζω**	**τρώω**	**βλέπω**
εγώ	έγραφα	διάβαζα	έβαζα	ζούσα	έτρωγα	έβλεπα
εσύ	έγραφες	διάβαζες	έβαζες	ζούσες	έτρωγες	έβλεπες
αυτός	έγραφε	διάβαζε	έβαζε	ζούσε	έτρωγε	έβλεπε
εμείς	γράφαμε	διαβάζαμε	βάζαμε	ζούσαμε	τρώγαμε	βλέπαμε
εσείς	γράφατε	διαβάζατε	βάζατε	ζούσατε	τρώγατε	βλέπατε
αυτοί	έγραφαν/ γράφανε*	διάβαζαν / διαβάζανε*	έβαζαν / βάζανε*	ζούσαν(ε)	έτρωγαν/ τρώγανε*	έβλεπαν/ βλέπανε*

* colloquial form

	μπορώ	**μιλάω/-ώ**	**θέλω**	**ακούω**	**μαθαίνω**
εγώ	μπορούσα	μιλούσα**	ήθελα	άκουγα	μάθαινα
εσύ	μπορούσες	μιλούσες	ήθελες	άκουγες	μάθαινες
αυτός	μπορούσε	μιλούσε	ήθελε	άκουγε	μάθαινε
εμείς	μπορούσαμε	μιλούσαμε	θέλαμε	ακούγαμε	μαθαίναμε
εσείς	μπορούσατε	μιλούσατε	θέλατε	ακούγατε	μαθαίνατε
αυτοί	μπορούσαν(ε)	μιλούσαν(ε)	ήθελαν/θέλανε*	άκουγαν/ακούγανε*	μάθαιναν/μαθαίνανε*

* colloquial form

** Verbs that end in **-άω/-ώ** like μιλάω/μιλώ, ρωτάω/ρωτώ, γελάω/γελώ, περνάω/περνώ, etc. form the continuous past in -ούσα: μιλούσα, ρωτούσα, γελούσα, περνούσα, but there is a second form that you may come across, particularly in central and southern Greece (you'll definitely hear it in Athens), which ends in **-αγα**:

μίλαγα, μίλαγες, μίλαγε, μιλάγαμε, μιλάγατε, μίλαγαν/μιλάγανε

ρώταγα, ρώταγες, ρώταγε, ρωτάγαμε, ρωτάγατε, ρώταγαν/ρωτάγανε

γέλαγα, γέλαγες, γέλαγε, γελάγαμε, γελάγατε, γέλαγαν/γελάγανε

πέρναγα, πέρναγες, πέρναγε, περνάγαμε, περνάγατε, πέρναγαν/περνάγανε

PASSIVE VOICE

	είμαι	**γίνομαι**	**φαίνομαι**	**έρχομαι**
εγώ	ήμουν / ήμουνα*	γινόμουν / γινόμουνα*	φαινόμουν / φαινόμουνα*	ερχόμουν / ερχόμουνα*
εσύ	ήσουν / ήσουνα*	γινόσουν / γινόσουνα*	φαινόσουν / φαινόσουνα*	ερχόσουν / ερχόσουνα*
αυτός	ήταν / ήτανε*	γινόταν / γινότανε*	φαινόταν / φαινότανε*	ερχόταν / ερχότανε*
εμείς	ήμαστε / ήμασταν*	γινόμαστε / γινόμασταν*	φαινόμαστε / φαινόμασταν*	ερχόμαστε / ερχόμασταν*
εσείς	ήσαστε / ήσασταν*	γινόσαστε / γινόσασταν *	φαινόσαστε / φαινόσασταν*	ερχόσαστε / ερχόσασταν*
αυτοί	ήταν / ήτανε*	γίνονταν / γινόντουσαν*	φαίνονταν / φαινόντουσαν*	έρχονταν / ερχόντουσαν*

	θυμάμαι	**βαριέμαι**	**κάθομαι**	**συνεννοούμαι**
εγώ	θυμόμουν / θυμόμουνα*	βαριόμουν / βαριόμουνα*	καθόμουν / καθόμουνα*	συνεννοούμουν
εσύ	θυμόσουν / θυμόσουνα*	βαριόσουν / βαριόσουνα*	καθόσουν / καθόσουνα*	συνεννοούσουν
αυτός	θυμόταν / θυμότανε*	βαριόταν / βαριότανε*	καθόταν / καθότανε*	συνεννοούνταν
εμείς	θυμόμαστε / θυμόμασταν*	βαριόμαστε / βαριόμασταν*	καθόμαστε / καθόμασταν*	συνεννοούμαστε / συνεννοούμασταν*
εσείς	θυμόσαστε / θυμόσασταν*	βαριόσαστε / βαριόσασταν*	καθόσαστε / καθόσασταν*	συνεννοούσαστε / συνεννοούσασταν*
αυτοί	θυμούνταν / θυμόντουσαν*	βαριούνταν / βαριόντουσαν*	κάθονταν / καθόντουσαν*	συνεννοούνταν

* colloquial form

Now let's conjugate some verbs in the **simple (instantaneous) past**. It may help to look at the conjugation of these verbs in the simple future, which we saw earlier.

ACTIVE VOICE

	μιλάω/μιλώ	**ρωτάω/ρωτώ**	**ζω**	**προσπαθώ**
εγώ	μίλησα	ρώτησα	έζησα	προσπάθησα
εσύ	μίλησες	ρώτησες	έζησες	προσπάθησες
αυτός	μίλησε	ρώτησε	έζησε	προσπάθησε
εμείς	μιλήσαμε	ρωτήσαμε	ζήσαμε	προσπαθήσαμε
εσείς	μιλήσατε	ρωτήσατε	ζήσατε	προσπαθήσατε
αυτοί	μίλησαν / μιλήσανε*	ρώτησαν / ρωτήσανε*	έζησαν / ζήσανε*	προσπάθησαν / προσπαθήσανε*

	περνάω/ περνώ	**ξεχνάω/ ξεχνώ**	**πληρώνω**	**τελειώνω**
εγώ	πέρασα	ξέχασα	πλήρωσα	τελείωσα / τέλειωσα
εσύ	πέρασες	ξέχασες	πλήρωσες	τελείωσες / τέλειωσες
αυτός	πέρασε	ξέχασε	πλήρωσε	τελείωσε / τέλειωσε
εμείς	περάσαμε	ξεχάσαμε	πληρώσαμε	τελειώσαμε
εσείς	περάσατε	ξεχάσατε	πληρώσατε	τελειώσατε
αυτοί	πέρασαν / περάσανε*	ξέχασαν / ξεχάσανε*	πλήρωσαν / πληρώσανε*	τελείωσαν/ τέλειωσαν/ τελειώσανε*

	αρχίζω	**γνωρίζω**	**καλώ**	**μπορώ**
εγώ	άρχισα	γνώρισα	κάλεσα	μπόρεσα
εσύ	άρχισες	γνώρισες	κάλεσες	μπόρεσες
αυτός	άρχισε	γνώρισε	κάλεσε	μπόρεσε
εμείς	αρχίσαμε	γνωρίσαμε	καλέσαμε	μπορέσαμε
εσείς	αρχίσατε	γνωρίσατε	καλέσατε	μπορέσατε
αυτοί	άρχισαν / αρχίσανε*	γνώρισαν / γνωρίσανε*	κάλεσαν / καλέσανε*	μπόρεσαν / μπορέσανε*

	γράφω	**κλαίω**	**στρίβω**	**επιστρέφω**
εγώ	έγραψα	έκλαψα	έστριψα	επέστρεψα
εσύ	έγραψες	έκλαψες	έστριψες	επέστρεψες
αυτός	έγραψε	έκλαψε	έστριψε	επέστρεψε
εμείς	γράψαμε	κλάψαμε	στρίψαμε	επιστρέψαμε
εσείς	γράψατε	κλάψατε	στρίψατε	επιστρέψατε
αυτοί	έγραψαν / γράψανε*	έκλαψαν / κλάψανε*	έστριψαν / στρίψανε*	επέστρεψαν / επιστρέψανε*

	αλλάζω	**παίζω**	**βάζω**	**αναβάλλω**	**υποβάλλω**
εγώ	άλλαξα	έπαιξα	έβαλα	ανέβα*λ*α	υπέβα*λ*α
εσύ	άλλαξες	έπαιξες	έβαλες	ανέβαλες	υπέβαλες
αυτός	άλλαξε	έπαιξε	έβαλε	ανέβαλε	υπέβαλε
εμείς	αλλάξαμε	παίξαμε	βάλαμε	αναβάλαμε	υποβάλαμε
εσείς	αλλάξατε	παίξατε	βάλατε	αναβάλατε	υποβάλατε
αυτοί	άλλαξαν / αλλάξανε*	έπαιξαν / παίξανε*	έβαλαν / βάλανε*	ανέβαλαν / αναβάλανε*	υπέβαλαν / υποβάλανε*

	βλέπω	**βρίσκω**	**λέω**	**μπαίνω**	**βγαίνω**
εγώ	είδα	βρήκα	είπα	μπήκα	βγήκα
εσύ	είδες	βρήκες	είπες	μπήκες	βγήκες
αυτός	είδε	βρήκε	είπε	μπήκε	βγήκε
εμείς	είδαμε	βρήκαμε	είπαμε	μπήκαμε	βγήκαμε
εσείς	είδατε	βρήκατε	είπατε	μπήκατε	βγήκατε
αυτοί	είδαν(ε)	βρήκαν(ε)	είπαν(ε)	μπήκαν(ε)	βγήκαν(ε)

	λαμβάνω	**ανεβαίνω**	**μαθαίνω**	**ανοίγω**	**κλείνω**
εγώ	έλαβα	ανέβηκα	έμαθα	άνοιξα	έκλεισα
εσύ	έλαβες	ανέβηκες	έμαθες	άνοιξες	έκλεισες
αυτός	έλαβε	ανέβηκε	έμαθε	άνοιξε	έκλεισε
εμείς	λάβαμε	ανεβήκαμε	μάθαμε	ανοίξαμε	κλείσαμε
εσείς	λάβατε	ανεβήκατε	μάθατε	ανοίξατε	κλείσατε
αυτοί	έλαβαν / λάβανε*	ανέβηκαν / ανεβήκανε*	έμαθαν / μάθανε*	άνοιξαν / ανοίξανε*	έκλεισαν / κλείσανε*

	πηγαίνω	**φέρνω**	**παίρνω**	**τρώω**	**πίνω**
εγώ	πήγα	έφερα	πήρα	έφαγα	ήπια
εσύ	πήγες	έφερες	πήρες	έφαγες	ήπιες
αυτός	πήγε	έφερε	πήρε	έφαγε	ήπιε
εμείς	πήγαμε	φέραμε	πήραμε	φάγαμε	ήπιαμε
εσείς	πήγατε	φέρατε	πήρατε	φάγατε	ήπιατε
αυτοί	πήγαν(ε)	έφεραν / φέρανε*	πήραν(ε)	έφαγαν / φάγανε*	ήπιαν(ε)

	δίνω	**μένω**	**πέφτω**	**στέλνω**	**φεύγω**
εγώ	έδωσα	έμεινα	έπεσα	έστειλα	έφυγα
εσύ	έδωσες	έμεινες	έπεσες	έστειλες	έφυγες
αυτός	έδωσε	έμεινε	έπεσε	έστειλε	έφυγε
εμείς	δώσαμε	μείναμε	πέσαμε	στείλαμε	φύγαμε
εσείς	δώσατε	μείνατε	πέσατε	στείλατε	φύγατε
αυτοί	έδωσαν / δώσανε*	έμειναν / μείνανε*	έπεσαν / πέσανε*	έστειλαν / στείλανε*	έφυγαν / φύγανε*

* colloquial form

PASSIVE VOICE

	θυμάμαι	**φοβάμαι**	**κοιμάμαι**
εγώ	θυμήθηκα	φοβήθηκα	κοιμήθηκα
εσύ	θυμήθηκες	φοβήθηκες	κοιμήθηκες
αυτός	θυμήθηκε	φοβήθηκε	κοιμήθηκε
εμείς	θυμηθήκαμε	φοβηθήκαμε	κοιμηθήκαμε
εσείς	θυμηθήκατε	φοβηθήκατε	κοιμηθήκατε
αυτοί	θυμήθηκαν / θυμηθήκανε*	φοβήθηκαν / φοβηθήκανε*	κοιμήθηκαν / κοιμηθήκανε*

	γεννιέμαι	**συναντιέμαι**	**βαριέμαι**
εγώ	γεννήθηκα	συναντήθηκα	βαρέθηκα
εσύ	γεννήθηκες	συναντήθηκες	βαρέθηκες
αυτός	γεννήθηκε	συναντήθηκε	βαρέθηκε
εμείς	γεννηθήκαμε	συναντηθήκαμε	βαρεθήκαμε
εσείς	γεννηθήκατε	συναντηθήκατε	βαρεθήκατε
αυτοί	γεννήθηκαν / γεννηθήκανε*	συναντήθηκαν / συναντηθήκανε*	βαρέθηκαν / βαρεθήκανε*

	__γίνομαι__	__έρχομαι__	__κάθομαι__
εγώ	έγινα	ήρθα	κάθισα / έκατσα*
εσύ	έγινες	ήρθες	κάθισες / έκατσες*
αυτός	έγινε	ήρθε	κάθισε / έκατσε*
εμείς	γίναμε	ήρθαμε	καθίσαμε / κάτσαμε*
εσείς	γίνατε	ήρθατε	καθίσατε / κάτσατε*
αυτοί	έγιναν / γίνανε*	ήρθαν(ε)	κάθισαν / καθίσανε*

	__σκέφτομαι__	__ντύνομαι__	__φαίνομαι__
εγώ	σκέφτηκα	ντύθηκα	φάνηκα
εσύ	σκέφτηκες	ντύθηκες	φάνηκες
αυτός	σκέφτηκε	ντύθηκε	φάνηκε
εμείς	σκεφτήκαμε	ντυθήκαμε	φανήκαμε
εσείς	σκεφτήκατε	ντυθήκατε	φανήκατε
αυτοί	σκέφτηκαν / σκεφτήκανε*	ντύθηκαν / ντυθήκανε*	φάνηκαν / φανήκανε*

	__εξαρτώμαι__	__συνεννοούμαι__	__ασχολούμαι__
εγώ	εξαρτήθηκα	συνεννοήθηκα	ασχολήθηκα
εσύ	εξαρτήθηκες	συνεννοήθηκες	ασχολήθηκες
αυτός	εξαρτήθηκε	συνεννοήθηκε	ασχολήθηκε
εμείς	εξαρτηθήκαμε	συνεννοηθήκαμε	ασχοληθήκαμε
εσείς	εξαρτηθήκατε	συνεννοηθήκατε	ασχοληθήκατε
αυτοί	εξαρτήθηκαν / εξαρτηθήκανε	συνεννοήθηκαν / συνεννοηθήκανε*	ασχολήθηκαν / ασχοληθήκανε*

* colloquial form

EXERCISES
ΑΣΚΗΣΕΙΣ

1. The following verbs are in the continuous past, in the 1st person singular. Put them in the present, again in the 1st person singular. – Τα ακόλουθα ρήματα είναι στον παρατατικό, στο 1º πρόσωπο του ενικού. Βάλε τα στον ενεστώτα, πάλι στο 1º πρόσωπο του ενικού.

1. έμπαινα   μπαίνω
2. ξεκινούσα
3. απολάμβανα
4. μιλούσα
5. έκλαιγα
6. παραπονιόμουν
7. ευχαριστιόμουν
8. ζούσα
9. παρακαλούσα
10. μαγείρευα
11. στεναχωριόμουν
12. είχα
13. κοιμόμουν
14. έβλεπα
15. ήθελα
16. έπινα
17. έδινα
18. συναντιόμουν
19. γνώριζα

20. μπορούσα   _____

21. άκουγα   _____

22. έλεγα   _____

23. φοβόμουν   _____

24. έπεφτα   _____

25. περίμενα   _____

2. The following verbs are in the 2nd person singular, in the continuous past. Put them in the 2nd person plural, again in the continuous past. – Τα ακόλουθα ρήματα είναι στο 2º πρόσωπο του ενικού, στον παρατατικό. Βάλε τα στο 2º πρόσωπο του πληθυντικού, πάλι στον παρατατικό.

1. έφευγες   _____φεύγατε_____

2. μιλούσες   _____

3. αγαπούσες   _____

4. πλήρωνες   _____

5. έδινες   _____

6. χτυπούσες   _____

7. άρχιζες   _____

8. κλείδωνες (κλειδώνω)   _____
        lock
9. οργάνωνες (οργανώνω)   _____
        organize
10. χόρευες (χορεύω)   _____
        dance
11. γονάτιζες (γονατίζω)   _____
        kneel
12. έλεγες   _____

13. πίστευες (πιστεύω)   _____
        believe

14. ταξίδευες   _____

15. προσευχόσουν (προσεύχομαι)   _____
    pray

16. άφηνες   _____

17. μύριζες (μυρίζω)   _____
    smell

18. θυμόσουν   _____

19. άνοιγες   _____

20. κατέβαινες   _____

21. μελετούσες (μελετώ)   _____
    study

22. χωρούσες (χωράω/χωρώ)   _____
    fit

3. Fill in the blanks with the verbs in the continuous past. – Συμπλήρωσε τα κενά με τα ρήματα στον παρατατικό.

1. Όταν _____ μικρός, _____ στο σχολείο. (είμαι, πηγαίνω)

2. Μέχρι πέρσι ο αδελφός μου κι εγώ _____ διακοπές στα
   Up until last year
   νησιά. (κάνουμε)

3. Πάντα _____ ένα σκυλάκι. (θέλω)

4. Η Σοφία στα νιάτα της _____ τους άντρες σαν τα πουκάμισα. (αλλάζει)

   expression: αλλάζω τους άντρες σαν τα πουκάμισα = to go out with one man after another

5. Χτες τα παιδιά _____ μπάλα όλη μέρα. (παίζουν)

   παίζω μπάλα = παίζω ποδόσφαιρο = to play soccer

6. Παλιά, οι ταινίες που _____ _____ ασπρόμαυρες.
   In the past   *black and white*
   (βλέπουμε, είναι)

7. - Η Μύκονος είναι στις Κυκλάδες.

   - Αλήθεια; Δεν το _____! (ξέρω)

   - Δεν το _____; (ξέρεις)

   - Όχι, εγώ _____ ότι είναι στα Δωδεκάνησα! (νομίζω)
                                                      think, believe

8. Όταν ο Γρηγόρης _____ σχολείο, δεν _____ ποτέ στο μάθημα. (πηγαίνει, προσέχει)

   προσέχω στο μάθημα = to pay attention in class

9. Παλιότερα, στον ελεύθερο χρόνο μου, _____ πάρα πολλά
   in my free time
   βιβλία, κυρίως μυθιστορήματα. (διαβάζω)

10. Η Κατερίνα _____ το σπίτι και παράλληλα _____.
    (καθαρίζει, τραγουδάει)   *at the same time*

11. Η μαμά _____ καθώς _____ το κρεμμύδι. (κλαίει, κόβει)

12. Χτες _____ πολύ κουρασμένος. _____ όλη μέρα.
    (είμαι, κοιμάμαι)

13. Ιωάννα, όταν _____ μικρή, _____ το σκοτάδι; (είσαι, φοβάσαι)

14. Η Μαίρη _____ τα κλειδιά της δυο μέρες. Δεν τα

    _____ πουθενά! Τα _____ πάντα στο ίδιο σημείο
                                                        same spot
    αλλά αυτή τη φορά δεν τα _____. Μα πού _____

    τα κλειδιά; Μήπως _____ στην τσάντα της;

    (ψάχνει, βρίσκει, αφήνει, βλέπει, βρίσκονται, είναι)

4. Underline the verbs in the continuous past. Then rewrite the text starting with "Όταν η Μαρίνα κι εγώ...", changing the verbs from the 1st person singular to the 1st person plural. You'll have to change more words in addition to the verbs, such as personal pronouns. –
Υπογράμμισε τα ρήματα στον παρατατικό. Έπειτα ξαναγράψε το κείμενο ξεκινώντας ως εξής: «Όταν η Μαρίνα κι εγώ...», αλλάζοντας τα ρήματα από το 1ο πρόσωπο του ενικού στο 1ο πρόσωπο του πληθυντικού. Θα χρειαστεί να αλλάξεις κι άλλες λέξεις εκτός από τα ρήματα, όπως προσωπικές αντωνυμίες.

Όταν ήμουν 25 χρονών, έμενα στο Παρίσι. Δούλευα στο κέντρο, σε μια

μεγάλη εταιρεία. Το γραφείο μου ήταν στον 23ο όροφο. Από το παράθυρο
company

έβλεπα όλο το Παρίσι. Είχα μια πραγματικά υπέροχη θέα. Μετά τη
view

δουλειά, περνούσα πάντα από μια μικρή καφετέρια, καθόμουν σ' ένα από

τα τραπέζια κοντά στο παράθυρο και κοίταζα τον κόσμο που

περπατούσε βιαστικός, τα αυτοκίνητα που τρέχανε στον δρόμο και τη
in a hurry

βροχή που έπεφτε πάνω στο τζάμι. Αλήθεια, έβρεχε συνέχεια στο Παρίσι.
glass (window) *all the time*

Ήταν «η πόλη του φωτός» ή μήπως «η πόλη της βροχής»;
city of light *of the rain*

Όμως ακόμα κι έτσι, αγαπούσα πολύ το Παρίσι και λάτρευα εκείνη την
even so

καφετέρια! Κάθε φορά που το γκαρσόν με ρωτούσε τι ήθελα, εγώ
waiter (also: *σερβιτόρος*)

απαντούσα πάντα το ίδιο: μια ζεστή σοκολάτα. Την απολάμβανα τόσο

πολύ! Ειδικά όταν έκανε κρύο. Αυτή η ρουτίνα επαναλαμβανόταν κάθε
Especially *routine* *was repeated / repeated itself*

μέρα. Δεν με κούραζε ποτέ. Κάθε άλλο, ανυπομονούσα για κείνη τη ζεστή
It never tired/bored me *On the contrary* *I couldn't wait*

σοκολάτα μετά τη δουλειά. Ωραίες αναμνήσεις!
memories

Όταν η Μαρίνα κι εγώ

5. Put the verbs in the continuous past in the right person. – Βάλε τα ρήματα στον παρατατικό, στο σωστό πρόσωπο.

Όταν _____ (είμαι) μικρός, _____ (πηγαίνω) στο δημοτικό σχολείο της γειτονιάς. _____ (έχω) πολλούς φίλους, όμως ο
elementary school
καλύτερός μου φίλος _____ (είναι) ο Δημήτρης. _____ (κάθομαι) στο ίδιο θρανίο. Και οι δύο _____ (αγαπώ) πολύ τη
school desk
δασκάλα μας, την κυρία Ράνια. Τη _____ (λέω) Ουρανία αλλά όλοι τη _____ (φωνάζω) Ράνια. _____ (είμαι) νέα και πολύ συμπαθητική. Δε μας _____ (μαλώνω) ποτέ. Γιατί να μας μαλώσει, άλλωστε; _____ (είμαι) καλοί μαθητές, _____ (κάνω) πάντα τα καθήκοντά μας και δε _____ (μιλάω/μιλώ) ποτέ την ώρα
homework (also: duties)
του μαθήματος.

Τα αγαπημένα μου μαθήματα _____ (είναι) η ιστορία και η
favorite   *history*
γεωγραφία. _____ (παίρνω) πάντα καλούς βαθμούς. Δυστυχώς,
geography   *grades*   *Unfortunately*
στα μαθηματικά δεν τα _____ (πηγαίνω) πολύ καλά. Μου
mathematics
_____ (φαίνομαι) δύσκολα. Αντίθετα, ο Δημήτρης τα

_____ (λατρεύω)! Έτσι, εκείνος με _____ (βοηθάω / βοηθώ) στα μαθηματικά κι εγώ τον _____ (βοηθάω / βοηθώ) στη γεωγραφία. Στα διαλείμματα _____ (παίζω) ποδόσφαιρο στην αυλή του σχολείου. Ομολογώ ότι ο Δημήτρης _____ (είμαι) λίγο
I confess

καλύτερος από μένα, _____ (βάζω) συνέχεια γκολ!

Τουλάχιστον μία φορά την εβδομάδα, μετά το σχολείο, _____ (πηγαίνω) για παγωτό. Ο Δημήτρης _____ (τρώω) πάντα παγωτό βανίλια, ενώ εγώ _____ (προτιμάω / προτιμώ) τη φράουλα. Μετά _____ (γυρίζω) στα σπίτια μας και _____ (διαβάζω) για την επόμενη μέρα. Είμαστε ακόμα φίλοι με
read, but in this context: *study*; synonym of *μελετάω/-ώ*
τον Δημήτρη και πολλές φορές μιλάμε για το παλιό μας σχολείο. _____ (είμαι) τα καλύτερά μας χρόνια.

6. Put the verbs in the simple past, in the 1st person singular and in the 1st person plural. The simple future is also given to help you form the simple past, as the stem is the same in these two tenses. –
Βάλε τα ρήματα στον αόριστο, στο 1º πρόσωπο του ενικού και στο 1º πρόσωπο του πληθυντικού. Δίνεται επίσης ο στιγμιαίος μέλλοντας για να σε βοηθήσει να σχηματίσεις τον αόριστο, καθώς το ρήμα έχει το ίδο θέμα σ' αυτούς του δύο χρόνους.

	Present	Simple past 1st person singular	Simple past 1st person plural	Simple future 1st person sing.
1.	ανοίγω	άνοιξα	ανοίξαμε	θα ανοίξω
2.	πέφτω			θα πέσω
3.	ακούω			θα ακούσω
4.	τρώω			θα φάω
5.	λέω			θα πω
6.	μένω			θα μείνω
7.	θυμάμαι			θα θυμηθώ
8.	στέλνω			θα στείλω
9.	μαθαίνω			θα μάθω
10.	συναντιέμαι			θα συναντηθώ
11.	φέρνω			θα φέρω
12.	γελάω			θα γελάσω
13.	βαριέμαι			θα βαρεθώ
14.	κλαίω			θα κλάψω
15.	βγαίνω			θα βγω
16.	αρχίζω			θα αρχίσω
17.	φοράω			θα φορέσω
18.	ντύνομαι			θα ντυθώ
19.	κερνάω			θα κεράσω
20.	χαρίζω			θα χαρίσω
21.	εύχομαι			θα ευχηθώ
22.	έρχομαι			θα έρθω

7. Answer the questions as in the example. – Απάντησε στις ερωτήσεις όπως στο παράδειγμα.

e.g. Πού πήγες το μεσημέρι; - <u>Πήγα</u> σε μια ταβέρνα.

1. Τι έφαγες σήμερα; - _____ μακαρόνια.
   <small>pasta</small>

2. Τι ώρα έφυγες από το σπίτι σου; - _____ στις οχτώ.

3. Πώς πήγατε στην Πελοπόννησο; - _____ με το αυτοκίνητο.

4. Τι ήπιατε στο μπαρ; - _____ μπύρα.
   <small>beer</small>

5. Τι ώρα ξεκίνησε το τρένο; - _____ στις πέντε.

6. Πότε πήγες στη Νάξο; - _____ πέρσι το καλοκαίρι.
   <small>η Νάξος
   (island in the Aegean)</small>

7. Πού κάνατε βόλτα το πρωί; - _____ βόλτα στο πάρκο.

8. Γύρισες αργά στο σπίτι σου χτες το βράδυ; - Ναι, _____ πολύ αργά.

9. Τι είδατε στο ταξίδι σας στην Αθήνα; - _____ την Ακρόπολη, μεταξύ άλλων.
   <small>among others</small>

10. Άκουσες το τραγούδι μου; - Όχι, δεν το _____.

8. In the following sentences, the verbs are in the simple past but in the wrong person. Correct them so that the sentences make sense. – Στις παρακάτω προτάσεις, τα ρήματα είναι στον αόριστο αλλά σε λάθος πρόσωπο. Διόρθωσέ τα ώστε οι προτάσεις να βγάζουν νόημα.

1. Ο ουρανός ~~γέμισαν~~ σύννεφα.
   Ο ουρανός γέμισε σύννεφα.

2. Κάποιος χτυπήσατε την πόρτα.
   _____

3. Η μύτη του μολυβιού μου σπάσαμε.
   nose, tip   *σπάω: break*
   _____

4. Τα φώτα του δρόμου άναψε στις οχτώ το βράδυ.
   _____

5. Σήμερα ο αδελφός μου κι εγώ έπαιξα τάβλι.
   backgammon
   _____

6. Η μαμά έφτιαξες μια σαλάτα με ντομάτα, αγγούρι, ελιές και φέτα.
   _____

7. Γιατί δεν έφαγα το γιαούρτι σου;
   _____

8. Η Κατερίνα και η Ζωή συναντηθήκατε στον δρόμο.
   _____

9. Σήμερα, τα παιδιά κι εγώ πήγαν για μπάνιο στη θάλασσα.
   _____

10. Ο Γιαννάκης μεγάλωσα και γίνατε κτηνίατρος.
    veterinarian
    _____

9. In the following sentences, the verbs are given in various tenses. Rewrite the sentences, putting the verbs in the simple past. – Στις παρακάτω προτάσεις, τα ρήματα δίνονται σε διάφορους χρόνους. Γράψε ξανά τις προτάσεις, βάζοντας τα ρήματα στον αόριστο.

1. Ένα αυτοκίνητο περνάει μπροστά απ' το σπίτι.

2. Σήμερα θα βρέξει πολύ.

3. Τι βιβλίο διαβάζετε, κύριε Λάμπρο;

4. Η Μαργαρίτα ζούσε είκοσι χρόνια στην Ισπανία.

5. Πού πήγαινες βόλτα με το ποδήλατο, Κώστα;

6. Χτες κοιμόμουν ως τις έντεκα το πρωί.

7. Ο Κώστας θα κόψει το μήλο και θα το φάει.

8. Καθόμουν σε μια καφετέρια και έπινα καφέ.

9. Έβαζα μουσική στο ραδιόφωνο.

10. Οι μαθητές θα κάνουν αρκετά λάθη στο διαγώνισμα.

10. The following verbs are given in various persons and tenses. Put them in the 1st person singular and in the 1st person plural in the simple past. – Τα παρακάτω ρήματα δίνονται σε διάφορα πρόσωπα και διάφορους χρόνους. Βάλε τα στο 1º πρόσωπο του ενικού και στο 1º πρόσωπο του πληθυντικού, στον αόριστο.

		Simple past *1st person singular*	*Simple past* *1st person plural*
1.	κλαίτε	έκλαψα	κλάψαμε
2.	αγαπούν		
3.	παίζεις		
4.	φεύγουμε		
5.	μπαίνετε		
6.	κρύβω		
7.	τρως		
8.	χρειαζόμουν		
9.	θα ξεχάσω		
10.	παίρνεις		
11.	βλέπετε		
12.	φαίνεται		
13.	γελάς		
14.	θα γράφω		

15. γινόταν _____ _____

16. προσπαθούν _____ _____

17. περνώ _____ _____

18. μιλάς _____ _____

19. ακούει _____ _____

20. γυρίζουμε _____ _____

21. στρίβετε _____ _____

22. θα πιω _____ _____

23. ευχόμουν _____ _____

24. κατέβαινα _____ _____

25. στεναχωριέσαι _____ _____

26. αγγίζω _____ _____

11. Fill in the blanks with the verbs in the simple past, in the right person. – Συμπλήρωσε τα κενά με τα ρήματα στον αόριστο, στο σωστό πρόσωπο.

1. Ο Γιώργος _____ την πόρτα. (κλείνω)

2. Το πρωί ο μπαμπάς _____ τα σκουπίδια. (πετάω/πετώ)
   garbage, trash

3. Χτες η αδελφή μου κι εγώ _____ στο γυμναστήριο και _____ γιόγκα. (πάω, κάνω)   *gym*
   yoga

4. Ελένη, _____ τα μαθήματά σου; (τελειώνω)

5. Παιδιά, _____ με τα χριστουγεννιάτικα δώρα σας; (χαίρομαι)
   Christmas presents

6. Κώστα, πάλι _____ την επέτειό μας! (ξεχνάω/ξεχνώ)
   anniversary

7. Χτες (εγώ) _____ πολύ στη δουλειά, γι' αυτό _____ πολύ νωρίς το βράδυ. (κουράζομαι, κοιμάμαι)

8. Νατάσα, πάλι _____ το λεωφορείο και _____ στη δουλειά; Γιατί δεν _____ νωρίτερα το πρωί;
   (χάνω, αργώ, ξυπνάω/ξυπνώ)
   miss   be late   wake up
   (also: lose)

12. Complete the dialogue with the verbs in the simple past. – Συμπλήρωσε το διάλογο με τα ρήματα στον αόριστο.

Γιώργος: Μπαμπά, _____ το αυτοκίνητο. (χάνομαι)
                                                            get lost

Μπαμπάς: Τι; Πώς _____; (χάνομαι)

Γιώργος: Εεεε.... εγώ το _____. (χάνω)

Μπαμπάς: Ναι, το _____. Αλλά πώς το _____; (καταλαβαίνω, χάνω)

Γιώργος: Το _____ στο πάρκινγκ. (αφήνω)

Μπαμπάς: Εντάξει, το _____ στο πάρκινγκ. Και μετά; (αφήνω)

Γιώργος: Μετά _____ σε ένα μαγαζί. _____ ένα πολύ ωραίο πουκάμισο. Για σένα! (μπαίνω, αγοράζω)

Μπαμπάς: Για μένα; Ευχαριστώ. Με το αυτοκίνητο τι _____; (γίνομαι)

Γιώργος: Όταν _____ από το μαγαζί, δεν _____ το αυτοκίνητο. (βγαίνω, βλέπω)

Μπαμπάς: _____ καλά; (ψάχνω)

Γιώργος: _____ παντού! (ψάχνω)

Μπαμπάς: _____ το κουμπάκι του συναγερμού στο κλειδί;
            (πατάω/πατώ)   *little button   alarm*
                                το κουμπί: *button*

Γιώργος: Το _____. (πατάω/πατώ)

Μπαμπάς: Και;

Γιώργος: Και… τίποτα. Δεν _____ τίποτα. (ακούω)

Μπαμπάς: Με άλλα λόγια, μας _____ το αυτοκίνητο. (κλέβω)
             In other words   *steal*

Γιώργος: Μάλλον.
             Probably

Μπαμπάς: Συγχαρητήρια!
             Congratulations

Γιώργος: _____; (θυμώνω)
                    get angry

Μπαμπάς: Φυσικά και _____! (θυμώνω)

Γιώργος: Ναι αλλά σου _____ αυτό το καταπληκτικό πουκάμισο. Να, για σένα με πολλή αγάπη! (παίρνω)
                           Here   *get, take*
                           as in "here you go"   *here, in the sense of "I got for you"*

ANSWERS TO THE EXERCISES
ΛΥΣΕΙΣ ΤΩΝ ΑΣΚΗΣΕΩΝ

1.
1. μπαίνω
2. ξεκινάω/ξεκινώ
3. απολαμβάνω
4. μιλάω/μιλώ
5. κλαίω
6. παραπονιέμαι
7. ευχαριστιέμαι
8. ζω
9. παρακαλώ
10. μαγειρεύω
11. στεναχωριέμαι
12. έχω
13. κοιμάμαι
14. βλέπω
15. θέλω
16. πίνω
17. δίνω
18. συναντιέμαι
19. γνωρίζω
20. μπορώ
21. ακούω
22. λέω
23. φοβάμαι
24. πέφτω
25. περιμένω

2.
1. φεύγατε
2. μιλούσατε
3. αγαπούσατε
4. πληρώνατε
5. δίνατε
6. χτυπούσατε
7. αρχίζατε
8. κλειδώνατε
9. οργανώνατε
10. χορεύατε
11. γονατίζατε
12. λέγατε
13. πιστεύατε
14. ταξιδεύατε
15. προσευχόσαστε / προσευχόσασταν
16. αφήνατε
17. μυρίζατε
18. θυμόσαστε / θυμόσασταν
19. ανοίγατε
20. κατεβαίνατε
21. μελετούσατε
22. χωρούσατε

3.
1. ήμουν, πήγαινα
2. κάναμε
3. ήθελα
4. άλλαζε
5. έπαιζαν / παίζανε
6. βλέπαμε, ήταν
7. ήξερα, ήξερες, νόμιζα
8. πήγαινε, πρόσεχε
9. διάβαζα
10. καθάριζε, τραγουδούσε
11. έκλαιγε, έκοβε
12. ήμουν, κοιμόμουν
13. ήσουν, φοβόσουν
14. έψαχνε, έβρισκε, άφηνε, έβλεπε, βρίσκονταν, ήταν

4. ήμουν, έμενα, Δούλευα, ήταν, έβλεπα, Είχα, περνούσα, καθόμουν, κοίταζα, περπατούσε, τρέχανε, έπεφτε, έβρεχε, Ήταν, αγαπούσα, λάτρευα, ρωτούσε, ήθελα, απαντούσα, απολάμβανα, έκανε, επαναλαμβανόταν, κούραζε, ανυπομονούσα

Όταν η Μαρίνα κι εγώ ήμασταν 25 χρονών, μέναμε στο Παρίσι. Δουλεύαμε στο κέντρο, σε μια μεγάλη εταιρεία. Το γραφείο μας (or Τα γραφεία μας) ήταν στον 23ο όροφο. Από το παράθυρο βλέπαμε όλο το Παρίσι. Είχαμε μια πραγματικά υπέροχη θέα. Μετά τη δουλειά, περνούσαμε πάντα από μια μικρή καφετέρια, καθόμασταν σ' ένα από τα τραπέζια κοντά στο παράθυρο και κοιτάζαμε τον κόσμο που περπατούσε βιαστικός, τα αυτοκίνητα που τρέχανε στον δρόμο και τη βροχή που έπεφτε πάνω στο τζάμι. Αλήθεια, έβρεχε συνέχεια στο Παρίσι. Ήταν «η πόλη του φωτός» ή μήπως «η πόλη της βροχής»; Όμως ακόμα κι έτσι, αγαπούσαμε πολύ το Παρίσι και λατρεύαμε εκείνη την καφετέρια! Κάθε φορά που το γκαρσόν μάς ρωτούσε τι θέλαμε, εμείς απαντούσαμε πάντα το ίδιο: μια ζεστή σοκολάτα. Την απολαμβάναμε τόσο πολύ! Ειδικά όταν έκανε κρύο. Αυτή η ρουτίνα επαναλαμβανόταν κάθε μέρα. Δεν μας κούραζε ποτέ. Κάθε άλλο, ανυπομονούσαμε για κείνη τη ζεστή σοκολάτα μετά τη δουλειά. Ωραίες αναμνήσεις!

5. ήμουν, πήγαινα, Είχα, ήταν, καθόμασταν/καθόμαστε, αγαπούσαμε, έλεγαν/λέγανε, φωνάζαμε or φωνάζανε/φώναζαν, Ήταν, μάλωνε, Ήμαστε/Ήμασταν, κάναμε, μιλούσαμε, ήταν, Έπαιρνα, πήγαινα, φαίνονταν, λάτρευε, βοηθούσε, βοηθούσα, παίζαμε, ήταν, έβαζε, πηγαίναμε, έτρωγε, προτιμούσα, γυρίζαμε, διαβάζαμε, Ήταν

6.
1. άνοιξα, ανοίξαμε
2. έπεσα, πέσαμε
3. άκουσα, ακούσαμε
4. έφαγα, φάγαμε
5. είπα, είπαμε
6. έμεινα, μείναμε
7. θυμήθηκα, θημηθήκαμε
8. έστειλα, στείλαμε
9. έμαθα, μάθαμε
10. συναντήθηκα, συναντηθήκαμε
11. έφερα, φέραμε
12. γέλασα, γελάσαμε
13. βαρέθηκα, βαρεθήκαμε
14. έκλαψα, κλάψαμε
15. βγήκα, βγήκαμε
16. άρχισα, αρχίσαμε
17. φόρεσα, φορέσαμε
18. ντύθηκα, ντυθήκαμε
19. κέρασα, κεράσαμε
20. χάρισα, χαρίσαμε
21. ευχήθηκα, ευχηθήκαμε
22. ήρθα, ήρθαμε

7. 1. Έφαγα   6. Πήγα
    2. Έφυγα   7. Κάναμε
    3. Πήγαμε   8. γύρισα
    4. Ήπιαμε   9. Είδαμε
    5. Ξεκίνησε   10. άκουσα

8. 1. γέμισε   6. έφτιαξε
    2. χτύπησε   7. έφαγες
    3. έσπασε   8. συναντήθηκαν / συναντηθήκανε
    4. άναψαν / ανάψανε 9. πήγαμε
    5. παίξαμε   10. μεγάλωσε, έγινε

9. 1. πέρασε   6. κοιμήθηκα
    2. έβρεξε   7. έκοψε το μήλο και το έφαγε
    3. διαβάσατε   8. Κάθισα/έκατσα, ήπια
    4. έζησε   9. Έβαλα
    5. πήγες   10. έκαναν

10. 1. έκλαψα, κλάψαμε   14. έγραψα, γράψαμε
    2. αγάπησα, αγαπήσαμε   15. έγινα, γίναμε
    3. έπαιξα, παίξαμε   16. προσπάθησα, προσπαθήσαμε
    4. έφυγα, φύγαμε   17. πέρασα, περάσαμε
    5. μπήκα, μπήκαμε   18. μίλησα, μιλήσαμε
    6. έκρυψα, κρύψαμε   19. άκουσα, ακούσαμε
    7. έφαγα, φάγαμε   20. έστριψα, στρίψαμε
    8. χρειάστηκα, χρειαστήκαμε   22. ήπια, ήπιαμε
    9. ξέχασα, ξεχάσαμε   23. ευχήθηκα, ευχηθήκαμε
    10. πήρα, πήραμε   24. κατέβηκα, κατεβήκαμε
    11. είδα, είδαμε   25. στεναχωρέθηκα / στεναχωρήθηκα,
    12. φάνηκα, φανήκαμε   στεναχωρεθήκαμε / στεναχωρηθήκαμε
    13. γέλασα, γελάσαμε   26. άγγιξα, αγγίξαμε

11. 1. έκλεισε
    2. πέταξε
    3. πήγαμε, κάναμε
    4. τελείωσες / τέλειωσες
    5. χαρήκατε
    6. ξέχασες
    7. κουράστηκα, κοιμήθηκα
    8. έχασες, άργησες, ξύπνησες

12. χάθηκε, χάθηκε, έχασα, κατάλαβα, έχασες, άφησα, άφησες, μπήκα, Αγόρασα, έγινε, βγήκα, είδα, Έψαξες, Έψαξα, Πάτησες, πάτησα, άκουσα, κλέψανε / έκλεψαν, Θύμωσες, θύμωσα, πήρα

Are you ready for the last three tenses?

PERIPHRASTIC TENSES
ΠΕΡΙΦΡΑΣΤΙΚΟΙ ΧΡΟΝΟΙ

The last three tenses are called "periphrastic tenses" because they are formed by more than one word: the verb and an auxiliary verb. They correspond to the English "I have [done something]", "I had [done something]" and "I will have [done something]".

The three periphrastic tenses are:

Present perfect - Παρακείμενος
e.g. έχω ρωτήσει
I have asked

Past perfect - Υπερσυντέλικος
e.g. είχα ρωτήσει
I had asked

Future perfect – Συντελεσμένος μέλλοντας
e.g. θα έχω ρωτήσει
I will have asked

All three tenses are formed with the <u>auxiliary verb *έχω* and the verb in the infinitive (απαρέμφατο)</u>. The infinitive happens to be the same as the verb in the simple future tense, in the 3rd person, without the *θα*. So for example, the verb *ρωτάω* in the 3rd person of the simple future tense is *θα ρωτήσει (he will ask)*. The infinitive is the part without the *θα*, i.e. "ρωτήσει".

Some examples of infinitives:

| *Present* | *Simple future* | *Simple future* | ***Infinitive*** |
1st person sing.	*1st person sing.*	*3rd person sing.*	
πηγαίνω/πάω	θα πάω	θα **πάει**	**πάει**
μιλάω/μιλώ	θα μιλήσω	θα **μιλήσει**	**μιλήσει**
διαβάζω	θα διαβάσω	θα **διαβάσει**	**διαβάσει**
πίνω	θα πιω	θα **πιει**	**πιει**
λέω	θα πω	θα **πει**	**πει**
βλέπω	θα δω	θα **δει**	**δει**
μένω	θα μείνω	θα **μείνει**	**μείνει**
δίνω	θα δώσω	θα **δώσει**	**δώσει**
παίρνω	θα πάρω	θα **πάρει**	**πάρει**
γίνομαι	θα γίνω	θα **γίνει**	**γίνει**
φαίνομαι	θα φανώ	θα **φανεί**	**φανεί**
θυμάμαι	θα θυμηθώ	θα **θυμηθεί**	**θυμηθεί**
εξαρτώμαι	θα εξαρτηθώ	θα **εξαρτηθεί**	**εξαρτηθεί**

Since we know how to form the infinitive, it is very easy to form the three periphrastic tenses. Let's form them for some representative verbs in the active and the passive voice:

ACTIVE VOICE

Present tense _Ενεστώτας_	_Infinitive_ _Απαρέμφατο_	_Present perfect_ _Παρακείμενος_	_Past perfect_ _Υπερσυντέλικος_	_Future perfect_ _Συντελεσμένος μέλλοντας_
ζω	ζήσει	έχω ζήσει	είχα ζήσει	θα έχω ζήσει
θέλω	θελήσει	έχω θελήσει	είχα θελήσει	θα έχω θελήσει
αγαπάω/-ώ	αγαπήσει	έχω αγαπήσει	είχα αγαπήσει	θα έχω αγαπήσει
μιλάω/-ώ	μιλήσει	έχω μιλήσει	είχα μιλήσει	θα έχω μιλήσει
ξεκινάω/-ώ	ξεκινήσει	έχω ξεκινήσει	είχα ξεκινήσει	θα έχω ξεκινήσει
ρωτάω/-ώ	ρωτήσει	έχω ρωτήσει	είχα ρωτήσει	θα έχω ρωτήσει
χτυπάω/-ώ	χτυπήσει	έχω χτυπήσει	είχα χτυπήσει	θα έχω χτυπήσει
γελάω/-ώ	γελάσει	έχω γελάσει	είχα γελάσει	θα έχω γελάσει
κερνάω/-ώ	κεράσει	έχω κεράσει	είχα κεράσει	θα έχω κεράσει
ξεχνάω/-ώ	ξεχάσει	έχω ξεχάσει	είχα ξεχάσει	θα έχω ξεχάσει
περνάω/-ώ	περάσει	έχω περάσει	είχα περάσει	θα έχω περάσει
αφήνω	αφήσει	έχω αφήσει	είχα αφήσει	θα έχω αφήσει
κλείνω	κλείσει	έχω κλείσει	είχα κλείσει	θα έχω κλείσει
μεγαλώνω	μεγαλώσει	έχω μεγαλώσει	είχα μεγαλώσει	θα έχω μεγαλώσει
πληρώνω	πληρώσει	έχω πληρώσει	είχα πληρώσει	θα έχω πληρώσει
τελειώνω	τελειώσει	έχω τελειώσει	είχα τελειώσει	θα έχω τελειώσει
αρχίζω	αρχίσει	έχω αρχίσει	είχα αρχίσει	θα έχω αρχίσει
γνωρίζω	γνωρίσει	έχω γνωρίσει	είχα γνωρίσει	θα έχω γνωρίσει
γυρίζω	γυρίσει	έχω γυρίσει	είχα γυρίσει	θα έχω γυρίσει

καθαρίζω	καθαρίσει	έχω καθαρίσει	είχα καθαρίσει	θα έχω καθαρίσει
χαρίζω	χαρίσει	έχω χαρίσει	είχα χαρίσει	θα έχω χαρίσει
διαβάζω	διαβάσει	έχω διαβάσει	είχα διαβάσει	θα έχω διαβάσει
μοιράζω	μοιράσει	έχω μοιράσει	είχα μοιράσει	θα έχω μοιράσει
καλώ	καλέσει	έχω καλέσει	είχα καλέσει	θα έχω καλέσει
πονάω/-ώ	πονέσει	έχω πονέσει	είχα πονέσει	θα έχω πονέσει
ακούω	ακούσει	έχω ακούσει	είχα ακούσει	θα έχω ακούσει
αλλάζω	αλλάξει	έχω αλλάξει	είχα αλλάξει	θα έχω αλλάξει
νυστάζω	νυστάξει	έχω νυστάξει	είχα νυστάξει	θα έχω νυστάξει
παίζω	παίξει	έχω παίξει	είχα παίξει	θα έχω παίξει
ανοίγω	ανοίξει	έχω ανοίξει	είχα ανοίξει	θα έχω ανοίξει
κάνω	κάνει	έχω κάνει	είχα κάνει	θα έχω κάνει
βάζω	βάλει	έχω βάλει	είχα βάλει	θα έχω βάλει
βγάζω	βγάλει	έχω βγάλει	είχα βγάλει	θα έχω βγάλει
αμφιβάλλω	αμφιβάλει	έχω αμφιβάλει	είχα αμφιβάλει	θα έχω αμφιβάλει
αναβάλλω	αναβάλει	έχω αναβάλει	είχα αναβάλει	θα έχω αναβάλει
υπερβάλλω	υπερβάλει	έχω υπερβάλει	είχα υπερβάλει	θα έχω υπερβάλει
υποβάλλω	υποβάλει	έχω υποβάλει	είχα υποβάλει	θα έχω υποβάλει
γράφω	γράψει	έχω γράψει	είχα γράψει	θα έχω γράψει
ανάβω	ανάψει	έχω ανάψει	είχα ανάψει	θα έχω ανάψει
κλαίω	κλάψει	έχω κλάψει	είχα κλάψει	θα έχω κλάψει
κλέβω	κλέψει	έχω κλέψει	είχα κλέψει	θα έχω κλέψει
κόβω	κόψει	έχω κόψει	είχα κόψει	θα έχω κόψει
ράβω	ράψει	έχω ράψει	είχα ράψει	θα έχω ράψει
στρίβω	στρίψει	έχω στρίψει	είχα στρίψει	θα έχω στρίψει

επιτρέπω	επιτρέψει	έχω επιτρέψει	είχα επιτρέψει	θα έχω επιτρέψει
επιστρέφω	επιστρέψει	έχω επιστρέψει	είχα επιστρέψει	θα έχω επιστρέψει
βλέπω	δει	έχω δει	είχα δει	θα έχω δει
βρίσκω	βρει	έχω βρει	είχα βρει	θα έχω βρει
μπαίνω	μπει	έχω μπει	είχα μπει	θα έχω μπει
βγαίνω	βγει	έχω βγει	είχα βγει	θα έχω βγει
λέω	πει	έχω πει	είχα πει	θα έχω πει
λαμβάνω	λάβει	έχω λάβει	είχα λάβει	θα έχω λάβει
καταλαβαίνω	καταλάβει	έχω καταλάβει	είχα καταλάβει	θα έχω καταλάβει
απολαμβάνω	απολαύσει	έχω απολαύσει	είχα απολαύσει	θα έχω απολαύσει
ανεβαίνω	ανέβει/ ανεβεί	έχω ανέβει / έχω ανεβεί	είχα ανέβει / είχα ανεβεί	θα έχω ανέβει / θα έχω ανεβεί
μαθαίνω	μάθει	έχω μάθει	είχα μάθει	θα έχω μάθει
παίρνω	πάρει	έχω πάρει	είχα πάρει	θα έχω πάρει
πηγαίνω/πάω	πάει	έχω πάει	είχα πάει	θα έχω πάει
φέρνω	φέρει	έχω φέρει	είχα φέρει	θα έχω φέρει
πίνω	πιει	έχω πιει	είχα πιει	θα έχω πιει
τρώω	φάει	έχω φάει	είχα φάει	θα έχω φάει
δίνω	δώσει	έχω δώσει	είχα δώσει	θα έχω δώσει
πέφτω	πέσει	έχω πέσει	είχα πέσει	θα έχω πέσει
μένω	μείνει	έχω μείνει	είχα μείνει	θα έχω μείνει
στέλνω	στείλει	έχω στείλει	είχα στείλει	θα έχω στείλει

PASSIVE VOICE

Present tense Ενεστώτας	Infinitive Απαρέμφατο	Present perfect Παρακείμενος	Past perfect Υπερσυντέλικος	Future perfect Συντελεσμένος μέλλοντας
θυμάμαι	θυμηθεί	έχω θυμηθεί	είχα θυμηθεί	θα έχω θυμηθεί
κοιμάμαι	κοιμηθεί	έχω κοιμηθεί	είχα κοιμηθεί	θα έχω κοιμηθεί
λυπάμαι	λυπηθεί	έχω λυπηθεί	είχα λυπηθεί	θα έχω λυπηθεί
φοβάμαι	φοβηθεί	έχω φοβηθεί	είχα φοβηθεί	θα έχω φοβηθεί
αγαπιέμαι	αγαπηθεί	έχω αγαπηθεί	είχα αγαπηθεί	θα έχω αγαπηθεί
βαριέμαι	βαρεθεί	έχω βαρεθεί	είχα βαρεθεί	θα έχω βαρεθεί
γεννιέμαι	γεννηθεί	έχω γεννηθεί	είχα γεννηθεί	θα έχω γεννηθεί
πουλιέμαι	πουληθεί	έχω πουληθεί	είχα πουληθεί	θα έχω πουληθεί
συναντιέμαι	συναντηθεί	έχω συναντηθεί	είχα συναντηθεί	θα έχω συναντηθεί
χτυπιέμαι	χτυπηθεί	έχω χτυπηθεί	είχα χτυπηθεί	θα έχω χτυπηθεί
γίνομαι	γίνει	έχω γίνει	είχα γίνει	θα έχω γίνει
δέχομαι	δεχτεί	έχω δεχτεί	είχα δεχτεί	θα έχω δεχτεί
έρχομαι	έρθει	έχω έρθει	είχα έρθει	θα έχω έρθει
εμπιστεύομαι	εμπιστευτεί	έχω εμπιστευτεί	είχα εμπιστευτεί	θα έχω εμπιστευτεί
εμφανίζομαι	εμφανιστεί	έχω εμφανιστεί	είχα εμφανιστεί	θα έχω εμφανιστεί
εύχομαι	ευχηθεί	έχω ευχηθεί	είχα ευχηθεί	θα έχω ευχηθεί
κάθομαι	καθίσει/ κάτσει	έχω καθίσει / έχω κάτσει	είχα καθίσει / είχα κάτσει	θα έχω καθίσει / θα έχω κάτσει
κρύβομαι	κρυφτεί	έχω κρυφτεί	είχα κρυφτεί	θα έχω κρυφτεί
ντύνομαι	ντυθεί	έχω ντυθεί	είχα ντυθεί	θα έχω ντυθεί
σκέφτομαι	σκεφτεί	έχω σκεφτεί	είχα σκεφτεί	θα έχω σκεφτεί
φαίνομαι	φανεί	έχω φανεί	είχα φανεί	θα έχω φανεί
χαίρομαι	χαρεί	έχω χαρεί	είχα χαρεί	θα έχω χαρεί
χρειάζομαι	χρειαστεί	έχω χρειαστεί	είχα χρειαστεί	θα έχω χρειαστεί

εγγυώμαι	εγγυηθεί	έχω εγγυηθεί	είχα εγγυηθεί	θα έχω εγγυηθεί
εξαρτώμαι	εξαρτηθεί	έχω εξαρτηθεί	είχα εξαρτηθεί	θα έχω εξαρτηθεί
ασχολούμαι	ασχοληθεί	έχω ασχοληθεί	είχα ασχοληθεί	θα έχω ασχοληθεί
διηγούμαι	διηγηθεί	έχω διηγηθεί	είχα διηγηθεί	θα έχω διηγηθεί
εξαιρούμαι	εξαιρεθεί	έχω εξαιρεθεί	είχα εξαιρεθεί	θα έχω εξαιρεθεί
θεωρούμαι	θεωρηθεί	έχω θεωρηθεί	είχα θεωρηθεί	θα έχω θεωρηθεί
στερούμαι	στερηθεί	έχω στερηθεί	είχα στερηθεί	θα έχω στερηθεί
συνεννοούμαι	συνεννοηθεί	έχω συνεννοηθεί	είχα συνεννοηθεί	θα έχω συνεννοηθεί

Let's conjugate in all persons a few representative verbs in these three tenses. You will notice that only the auxiliary verb *έχω* is actually conjugated.

πηγαίνω

	Present perfect Παρακείμενος	*Past perfect* Υπερσυντέλικος	*Future perfect* Συντελ. μέλλοντας
εγώ	έχω πάει	είχα πάει	θα έχω πάει
εσύ	έχεις πάει	είχες πάει	θα έχεις πάει
αυτός	έχει πάει	είχε πάει	θα έχει πάει
εμείς	έχουμε πάει	είχαμε πάει	θα έχουμε πάει
εσείς	έχετε πάει	είχατε πάει	θα έχετε πάει
αυτοί	έχουν(ε) πάει	είχαν(ε) πάει	θα έχουν(ε) πάει

γράφω

	Present perfect *Παρακείμενος*	*Past perfect* *Υπερσυντέλικος*	*Future perfect* *Συντελ. μέλλοντας*
εγώ	έχω γράψει	είχα γράψει	θα έχω γράψει
εσύ	έχεις γράψει	είχες γράψει	θα έχεις γράψει
αυτός	έχει γράψει	είχε γράψει	θα έχει γράψει
εμείς	έχουμε γράψει	είχαμε γράψει	θα έχουμε γράψει
εσείς	έχετε γράψει	είχατε γράψει	θα έχετε γράψει
αυτοί	έχουν γράψει	είχαν γράψει	θα έχουν γράψει

δίνω

	Present perfect *Παρακείμενος*	*Past perfect* *Υπερσυντέλικος*	*Future perfect* *Συντελ. μέλλοντας*
εγώ	έχω δώσει	είχα δώσει	θα έχω δώσει
εσύ	έχεις δώσει	είχες δώσει	θα έχεις δώσει
αυτός	έχει δώσει	είχε δώσει	θα έχει δώσει
εμείς	έχουμε δώσει	είχαμε δώσει	θα έχουμε δώσει
εσείς	έχετε δώσει	είχατε δώσει	θα έχετε δώσει
αυτοί	έχουν δώσει	είχαν δώσει	θα έχουν δώσει

γίνομαι

	Present perfect *Παρακείμενος*	*Past perfect* *Υπερσυντέλικος*	*Future perfect* *Συντελ. μέλλοντας*
εγώ	έχω γίνει	είχα γίνει	θα έχω γίνει
εσύ	έχεις γίνει	είχες γίνει	θα έχεις γίνει
αυτός	έχει γίνει	είχε γίνει	θα έχει γίνει
εμείς	έχουμε γίνει	είχαμε γίνει	θα έχουμε γίνει
εσείς	έχετε γίνει	είχατε γίνει	θα έχετε γίνει
αυτοί	έχουν γίνει	είχαν γίνει	θα έχουν γίνει

θυμάμαι

	Present perfect *Παρακείμενος*	*Past perfect* *Υπερσυντέλικος*	*Future perfect* *Συντελ. μέλλοντας*
εγώ	έχω θυμηθεί	είχα θυμηθεί	θα έχω θυμηθεί
εσύ	έχεις θυμηθεί	είχες θυμηθεί	θα έχεις θυμηθεί
αυτός	έχει θυμηθεί	είχε θυμηθεί	θα έχει θυμηθεί
εμείς	έχουμε θυμηθεί	είχαμε θυμηθεί	θα έχουμε θυμηθεί
εσείς	έχετε θυμηθεί	είχατε θυμηθεί	θα έχετε θυμηθεί
αυτοί	έχουν θυμηθεί	είχαν θυμηθεί	θα έχουν θυμηθεί

EXERCISES
ΑΣΚΗΣΕΙΣ

1. Put the verbs in the present perfect, keeping them in the 1st person. –
Βάλε τα ρήματα στον παρακείμενο, αφήνοντάς τα στο 1ο πρόσωπο.

e.g.	κλείνω	έχω κλείσει
1.	βγάζω	_____
2.	περνάω	_____
3.	απαντάω	_____
4.	αγαπώ	_____
5.	καλώ	_____
6.	προστατεύω *to protect*	_____
7.	μένω	_____
8.	ξεχνώ	_____
9.	εντυπωσιάζομαι *to be impressed*	_____
10.	αφήνω	_____
11.	γίνομαι	_____
12.	φοράω / φορώ *to wear*	_____
13.	φοβάμαι	_____
14.	συναντιέμαι	_____

15. έρχομαι   _____

16. μαγεύομαι   _____
    to be enchanted

17. συζητώ   _____
    to discuss

18. ξεσκονίζω   _____
    to dust

19. βρίσκω   _____

20. τρώω   _____

21. θαυμάζω   _____
    to admire

22. υπόσχομαι   _____
    to promise

23. χρειάζομαι   _____

24. προδίδω / προδίνω   _____
    to betray

2. The following verbs are in the 2nd person singular, in the present tense. Put them in the past perfect, keeping them in the 2nd person singular. – Τα παρακάτω ρήματα είναι στο 2ο πρόσωπο του ενικού, στον ενεστώτα. Βάλε τα στον υπερσυντέλικο, αφήνοντάς τα στο 2ο πρόσωπο του ενικού.

e.g. λες   <u>είχες πει</u>

1. ακούς   _____

2. μαθαίνεις   _____

3. κοιμάσαι   _____

4. χάνεσαι   _____

5. τραγουδάς _____

6. πίνεις _____

7. φωνάζεις _____

8. ξεκινάς _____

9. τελειώνεις _____

10. δείχνεις _____

11. καλύπτεις _____
    καλύπτω: to cover

12. οδηγείς _____

13. ταλαιπωρείσαι _____

14. τοποθετείς _____

15. ανοίγεις _____

16. ενώνεις _____
    ενώνω: to unite

17. χωρίζεις _____
    χωρίζω: to separate

18. προσθέτεις _____
    προσθέτω: to add

19. ξοδεύεις _____
    ξοδεύω: to spend

20. κλαις _____

21. εύχεσαι _____

22. γυρίζεις _____

3. The following verbs are in the 3rd person plural in the present tense. Put them in the future perfect, keeping them in the 3rd person plural. – Τα ακόλουθα ρήματα είναι στο 3ο πρόσωπο του πληθυντικού, στον ενεστώτα. Βάλε τα στον συντελεσμένο μέλλοντα, αφήνοντάς τα στο 3ο πρόσωπο του πληθυντικού.

e.g. περπατούν — θα έχουν περπατήσει

1. προσπαθούν
2. ψήνουν
3. φέρνουν
4. παίρνουν
5. δίνουν
6. κάνουν
7. χρειάζονται
8. ξεχνάνε
9. χρησιμοποιούν
10. βάφουν
    βάφω: to paint
11. λένε
12. φεύγουν
13. ονειρεύονται
    ονειρεύομαι: to dream
14. θαυμάζουν
15. φαντάζονται

16. θυμούνται _____

17. συναντιούνται _____

18. φέρονται _____
    φέρομαι: to behave

19. ζωγραφίζουν _____
    ζωγραφίζω: to draw, paint

20. βλέπουν _____

21. γίνονται _____

22. φιλούν _____
    φιλάω/-ώ: to kiss

23. υπόσχονται _____

24. δημιουργούν _____

4. Fill in the blanks with the verbs in the right person in the past perfect.
– Συμπλήρωσε τα κενά με τα ρήματα στο σωστό πρόσωπο, στον υπερσυντέλικο.

1. Όταν έφτασε ο Ορέστης, εμείς _____. (τρώω)

2. Μέχρι να γυρίσει ο μπαμπάς από το σούπερ μάρκετ, η μαμά _____ όλο το σπίτι. (καθαρίζω)

3. Όταν μου τηλεφώνησες, _____ ήδη από το γραφείο. (φεύγω)

4. Κοίταξα από το παράθυρο και είδα ότι _____
   I looked out the window
   να βρέχει. (σταματάω/-ώ)

5. Πέρσι _____ τα γενέθλια του Άρη αλλά φέτος τα θυμήθηκα. (ξεχνάω/-ώ)

6. Πέρσι τέτοιον καιρό, δεν _____ ακόμα να μαθαίνουμε ελληνικά. (αρχίζω)   *yet*

7. Όταν άνοιξα την τηλεόραση, η ταινία _____ ήδη _____. (τελειώνω)

8. Κάλεσα τη Μαίρη για καφέ αλλά είπε ότι _____ ήδη _____ πιει τρεις καφέδες. (πίνω)

5. In the following text, underline all the verbs that are in a past tense. Then put each verb in the present tense, in the 1ˢᵗ person (in other words, identify which verb it is). – Στο ακόλουθο κείμενο, υπογράμμισε όλα τα ρήματα που βρίσκονται σε παρελθοντικό χρόνο. Έπειτα βάλε κάθε ρήμα στον ενεστώτα, στο 1ο πρόσωπο (με άλλα λόγια, βρες ποιο ρήμα είναι).

Όταν ήμουνα μικρή, ζούσα στην Ελλάδα. Έμενα με την οικογένειά μου,

δηλαδή με τους γονείς και την αδελφή μου. Στην αρχή, όταν πήγαινα
namely, i.e.   *parents*   *In the beginning*

σχολείο, μέναμε στο κέντρο της Θεσσαλονίκης αλλά μετά μετακομίσαμε
   we moved

σε ένα προάστειο, την Περαία. Βέβαια τώρα η Περαία δεν είναι πια
   suburb

προάστειο, έχει γίνει ολόκληρη πόλη! Έχει αλλάξει πάρα πολύ από τότε
   entire, full-fledged

που ζούσα εκεί. Για παράδειγμα, τότε είχε σχεδόν μόνο μονοκατοικίες,
   single-family homes

κανα-δυο μαγαζάκια, ένα μπακάλικο κι έναν φούρνο στην πλατεία.
a couple of   *grocery store*

Έμοιαζε με χωριό! Ενώ τώρα, μια εικοσαετία αργότερα, έχουν ανοίξει
It looked like,   *twenty years*
resembled   *(from: είκοσι έτη)*

πολλά μεγάλα καταστήματα κι ένα τεράστιο εμπορικό κέντρο. Επίσης
   mall, shopping center

έχουν εξαφανιστεί όλα τα δέντρα! Την τελευταία φορά που πήγα στην
   last time

Περαία, δεν είδα το πράσινο που υπήρχε παλιά. Δεν άκουσα τα πουλιά
   existed

που κελαηδούσαν πάντα σε κάθε γωνιά. Ομολογώ ότι η Περαία μού άρεσε
chirped   *corner*   *I confess*

περισσότερο τότε. Τα δέντρα, τα μικρά σπιτάκια και οι γραφικές
   scenic, picturesque

γειτονιές τής έδιναν ομορφιά. Ήταν όλα πιο όμορφα και ήρεμα τότε,
neighborhoods   *beauty*   *calm, peaceful*

παρόλο που οδηγούσαμε σαράντα λεπτά μέχρι το κέντρο της πόλης ή
even though

περπατούσαμε μισή ώρα μέχρι τον φούρνο της πλατείας. Αισθάνομαι
   town square   *I feel*

τυχερή που έζησα εκεί τα παιδικά μου χρόνια.
lucky   *my childhood*

Verbs given in a past tense in the text:

Put the above verbs in the 1st person singular, in the present tense.

ANSWERS TO THE EXERCISES
ΛΥΣΕΙΣ ΤΩΝ ΑΣΚΗΣΕΩΝ

1.
1. έχω βγάλει
2. έχω περάσει
3. έχω απαντήσει
4. έχω αγαπήσει
5. έχω καλέσει
6. έχω προστατεύσει
7. έχω μείνει
8. έχω ξεχάσει
9. έχω εντυπωσιαστεί
10. έχω αφήσει
11. έχω γίνει
12. έχω φορέσει
13. έχω φοβηθεί
14. έχω συναντηθεί
15. έχω έρθει
16. έχω μαγευτεί
17. έχω συζητήσει
18. έχω ξεσκονίσει
19. έχω βρει
20. έχω φάει
21. έχω θαυμάσει
22. έχω υποσχεθεί
23. έχω χρειαστεί
24. έχω προδώσει

2.
1. είχες ακούσει
2. είχες μάθει
3. είχες κοιμηθεί
4. είχες χαθεί
5. είχες τραγουδήσει
6. είχες πιει
7. είχες φωνάξει
8. είχες ξεκινήσει
9. είχες τελειώσει
10. είχες δείξει
11. είχες καλύψει
12. είχες οδηγήσει
13. είχες ταλαιπωρηθεί
14. είχες τοποθετήσει
15. είχες ανοίξει
16. είχες ενώσει
17. είχες χωρίσει
18. είχες προσθέσει
19. είχες ξοδέψει
20. είχες κλάψει
21. είχες ευχηθεί
22. είχες γυρίσει

3.
1. θα έχουν προσπαθήσει
2. θα έχουν ψήσει
3. θα έχουν φέρει
4. θα έχουν πάρει
5. θα έχουν δώσει
6. θα έχουν κάνει
7. θα έχουν χρειαστεί
8. θα έχουν ξεχάσει
9. θα έχουν χρησιμοποιήσει
10. θα έχουν βάψει
11. θα έχουν πει
12. θα έχουν φύγει
13. θα έχουν ονειρευτεί
14. θα έχουν θαυμάσει
15. θα έχουν φανταστεί
16. θα έχουν θυμηθεί
17. θα έχουν συναντηθεί
18. θα έχουν φερθεί
19. θα έχουν ζωγραφίσει
20. θα έχουν δει
21. θα έχουν γίνει
22. θα έχουν φιλήσει
23. θα έχουν υποσχεθεί
24. θα έχουν δημιουργήσει

4. 1. είχαμε φάει
   2. είχε καθαρίσει
   3. είχα φύγει
   4. είχε σταματήσει
   5. είχα ξεχάσει
   6. είχαμε αρχίσει
   7. είχε τελειώσει
   8. είχε πιει

5. ήμουνα - είμαι
   ζούσα - ζω
   Έμενα - μένω
   πήγαινα - πηγαίνω/πάω
   μέναμε - μένω
   μετακομίσαμε - μετακομίζω
   έχει γίνει - γίνομαι
   Έχει αλλάξει - αλλάζω
   ζούσα - ζω
   είχε - έχω
   Έμοιαζε - μοιάζω
   έχουν ανοίξει - ανοίγω
   έχουν εξαφανιστεί - εξαφανίζομαι
   πήγα - πηγαίνω/πάω
   είδα - βλέπω
   υπήρχε - υπάρχω
   άκουσα - ακούω
   κελαηδούσαν - κελαηδάω/-ώ
   άρεσε - αρέσω
   έδιναν - δίνω
   Ήταν - είμαι
   οδηγούσαμε - οδηγώ
   περπατούσαμε - περπατάω/-ώ
   έζησα - ζω

SUMMARY: COMMON VERBS IN ALL TENSES

Let's conjugate some common representative verbs in all tenses, in the first person singular (εγώ).

ACTIVE VOICE

	λέω	**δίνω**	**κάνω**	**φεύγω**
Present simple	λέω (I say)	δίνω	κάνω	φεύγω
Past contin.	έλεγα (I was saying/ I used to say)	έδινα	έκανα	έφευγα
Past simple	είπα (I said)	έδωσα	έκανα	έφυγα
Future contin.	θα λέω (I will be saying)	θα δίνω	θα κάνω	θα φεύγω
Future simple	θα πω (I will say)	θα δώσω	θα κάνω	θα φύγω
Present perfect	έχω πει (I have said)	έχω δώσει	έχω κάνει	έχω φύγει
Past perfect	είχα πει (I had said)	είχα δώσει	είχα κάνει	είχα φύγει
Future perfect	θα έχω πει (I will have said)	θα έχω δώσει	θα έχω κάνει	θα έχω φύγει

	πηγαίνω/πάω	**γράφω**	**μιλάω/μιλώ**	**μένω**
Present simple	πηγαίνω / πάω	γράφω	μιλάω / μιλώ	μένω
Past contin.	πήγαινα	έγραφα	μιλούσα	έμενα
Past simple	πήγα	έγραψα	μίλησα	έμεινα
Future contin.	θα πηγαίνω	θα γράφω	θα μιλάω / θα μιλώ	θα μένω
Future simple	θα πάω	θα γράψω	θα μιλήσω	θα μείνω
Present perfect	έχω πάει	έχω γράψει	έχω μιλήσει	έχω μείνει
Past perfect	είχα πάει	είχα γράψει	είχα μιλήσει	είχα μείνει
Future perfect	θα έχω πάει	θα έχω γράψει	θα έχω μιλήσει	θα έχω μείνει

	δουλεύω	**βάζω**	**ακούω**	**μαθαίνω**
Present simple	δουλεύω	βάζω	ακούω	μαθαίνω
Past contin.	δούλευα	έβαζα	άκουγα	μάθαινα
Past simple	δούλεψα	έβαλα	άκουσα	έμαθα
Future contin.	θα δουλεύω	θα βάζω	θα ακούω	θα μαθαίνω
Future simple	θα δουλέψω	θα βάλω	θα ακούσω	θα μάθω
Present perfect	έχω δουλέψει	έχω βάλει	έχω ακούσει	έχω μάθει
Past perfect	είχα δουλέψει	είχα βάλει	είχα ακούσει	είχα μάθει
Future perfect	θα έχω δουλέψει	θα έχω βάλει	θα έχω ακούσει	θα έχω μάθει

	βλέπω	**τρώω**	**παίρνω**	**φέρνω**
Present simple	βλέπω	τρώω	παίρνω	φέρνω
Past contin.	έβλεπα	έτρωγα	έπαιρνα	έφερνα
Past simple	είδα	έφαγα	πήρα	έφερα
Future contin.	θα βλέπω	θα τρώω	θα παίρνω	θα φέρνω
Future simple	θα δω	θα φάω	θα πάρω	θα φέρω
Present perfect	έχω δει	έχω φάει	έχω πάρει	έχω φέρει
Past perfect	είχα δει	είχα φάει	είχα πάρει	είχα φέρει
Future perfect	θα έχω δει	θα έχω φάει	θα έχω πάρει	θα έχω φέρει

PASSIVE VOICE

	θυμάμαι	**γεννιέμαι**	**έρχομαι**	**γίνομαι**
Present simple	θυμάμαι	γεννιέμαι	έρχομαι	γίνομαι
Past contin.	θυμόμουν	γεννιόμουν	ερχόμουν	γινόμουν
Past simple	θυμήθηκα	γεννήθηκα	ήρθα	έγινα
Future contin.	θα θυμάμαι	θα γεννιέμαι	θα έρχομαι	θα γίνομαι
Future simple	θα θυμηθώ	θα γεννηθώ	θα έρθω	θα γίνω
Present perfect	έχω θυμηθεί	έχω γεννηθεί	έχω έρθει	έχω γίνει
Past perfect	είχα θυμηθεί	είχα γεννηθεί	είχα έρθει	είχα γίνει
Future perfect	θα έχω θυμηθεί	θα έχω γεννηθεί	θα έχω έρθει	θα έχω γίνει

	κάθομαι	**σκέφτομαι**	**εξαρτώμαι**	**ασχολούμαι**
Present simple	κάθομαι	σκέφτομαι	εξαρτώμαι	ασχολούμαι
Past contin.	καθόμουν	σκεφτόμουν	εξαρτόμουν	ασχολούμουν
Past simple	κάθισα / έκατσα	σκέφτηκα	εξαρτήθηκα	ασχολήθηκα
Future contin.	θα κάθομαι	θα σκέφτομαι	θα εξαρτώμαι	θα ασχολούμαι
Future simple	θα καθίσω / θα κάτσω	θα σκεφτώ	θα εξαρτηθώ	θα ασχοληθώ
Present perfect	έχω καθίσει / έχω κάτσει	έχω σκεφτεί	έχω εξαρτηθεί	έχω ασχοληθεί
Past perfect	είχα καθίσει / είχα κάτσει	είχα σκεφτεί	είχα εξαρτηθεί	είχα ασχοληθεί
Future perfect	θα έχω καθίσει / θα έχω κάτσει	θα έχω σκεφτεί	θα έχω εξαρτηθεί	θα έχω ασχοληθεί

Now let's look at a few representative verbs in all persons and all tenses, aka

THE GREAT VERB RECAP

ACTIVE VOICE

λέω

	Present simple *Ενεστώτας*	*Past contin.* *Παρατατικός*	*Past simple* *Αόριστος*	*Future cont.* *Εξακ. μέλλοντας*	*Future simple* *Στιγ. μέλλοντας*
εγώ	λέω	έλεγα	είπα	θα λέω	θα πω
εσύ	λες	έλεγες	είπες	θα λες	θα πεις
αυτός	λέει	έλεγε	είπε	θα λέει	θα πει
εμείς	λέμε	λέγαμε	είπαμε	θα λέμε	θα πούμε
εσείς	λέτε	λέγατε	είπατε	θα λέτε	θα πείτε
αυτοί	λένε	έλεγαν / λέγανε*	είπαν(ε)	θα λένε	θα πουν / θα πούνε

	Present perfect *Παρακείμενος*	*Past perfect* *Υπερσυντέλικος*	*Future perfect* *Συντελ. μέλλοντας*
εγώ	έχω πει	είχα πει	θα έχω πει
εσύ	έχεις πει	είχες πει	θα έχεις πει
αυτός	έχει πει	είχε πει	θα έχει πει
εμείς	έχουμε πει	είχαμε πει	θα έχουμε πει
εσείς	έχετε πει	είχατε πει	θα έχετε πει
αυτοί	έχουν(ε) πει	είχαν(ε) πει	θα έχουν(ε) πει

* colloquial form

βάζω

	Present simple *Ενεστώτας*	*Past contin.* *Παρατατικός*	*Past simple* *Αόριστος*	*Future cont.* *Εξακ. μέλλοντας*	*Future simple* *Στιγ. μέλλοντας*
εγώ	βάζω	έβαζα	έβαλα	θα βάζω	θα βάλω
εσύ	βάζεις	έβαζες	έβαλες	θα βάζεις	θα βάλεις
αυτός	βάζει	έβαζε	έβαλε	θα βάζει	θα βάλει
εμείς	βάζουμε	βάζαμε	βάλαμε	θα βάζουμε	θα βάλουμε
εσείς	βάζετε	βάζατε	βάλατε	θα βάζετε	θα βάλετε
αυτοί	βάζουν(ε)	έβαζαν / βάζανε*	έβαλαν / βάλανε*	θα βάζουν(ε)	θα βάλουν(ε)

	Present perfect *Παρακείμενος*	*Past perfect* *Υπερσυντέλικος*	*Future perfect* *Συντελ. μέλλοντας*
εγώ	έχω βάλει	είχα βάλει	θα έχω βάλει
εσύ	έχεις βάλει	είχες βάλει	θα έχεις βάλει
αυτός	έχει βάλει	είχε βάλει	θα έχει βάλει
εμείς	έχουμε βάλει	είχαμε βάλει	θα έχουμε βάλει
εσείς	έχετε βάλει	είχατε βάλει	θα έχετε βάλει
αυτοί	έχουν(ε) βάλει	είχαν(ε) βάλει	θα έχουν(ε) βάλει

* colloquial form

αρχίζω

	Present simple _Ενεστώτας_	_Past contin._ _Παρατατικός_	_Past simple_ _Αόριστος_	_Future cont._ _Εξακ. μέλλοντας_	_Future simple_ _Στιγ. μέλλοντας_
εγώ	αρχίζω	άρχιζα	άρχισα	θα αρχίζω	θα αρχίσω
εσύ	αρχίζεις	άρχιζες	άρχισες	θα αρχίζεις	θα αρχίσεις
αυτός	αρχίζει	άρχιζε	άρχισε	θα αρχίζει	θα αρχίσει
εμείς	αρχίζουμε	αρχίζαμε	αρχίσαμε	θα αρχίζουμε	θα αρχίσουμε
εσείς	αρχίζετε	αρχίζατε	αρχίσατε	θα αρχίζετε	θα αρχίσετε
αυτοί	αρχίζουν(ε)	άρχιζαν / αρχίζανε*	άρχισαν / αρχίσανε*	θα αρχίζουν(ε)	θα αρχίσουν(ε)

	Present perfect _Παρακείμενος_	_Past perfect_ _Υπερσυντέλικος_	_Future perfect_ _Συντελ. μέλλοντας_
εγώ	έχω αρχίσει	είχα αρχίσει	θα έχω αρχίσει
εσύ	έχεις αρχίσει	είχες αρχίσει	θα έχεις αρχίσει
αυτός	έχει αρχίσει	είχε αρχίσει	θα έχει αρχίσει
εμείς	έχουμε αρχίσει	είχαμε αρχίσει	θα έχουμε αρχίσει
εσείς	έχετε αρχίσει	είχατε αρχίσει	θα έχετε αρχίσει
αυτοί	έχουν(ε) αρχίσει	είχαν(ε) αρχίσει	θα έχουν(ε) αρχίσει

* colloquial form

μένω

	Present simple _Ενεστώτας_	_Past contin._ _Παρατατικός_	_Past simple_ _Αόριστος_	_Future cont._ _Εξακ. μέλλοντας_	_Future simple_ _Στιγ. μέλλοντας_
εγώ	μένω	έμενα	έμεινα	θα μένω	θα μείνω
εσύ	μένεις	έμενες	έμεινες	θα μένεις	θα μείνεις
αυτός	μένει	έμενε	έμεινε	θα μένει	θα μείνει
εμείς	μένουμε	μέναμε	μείναμε	θα μένουμε	θα μείνουμε
εσείς	μένετε	μένατε	μείνατε	θα μένετε	θα μείνετε
αυτοί	μένουν(ε)	έμεναν / μένανε*	έμειναν / μείνανε*	θα μένουν(ε)	θα μείνουν(ε)

	Present perfect _Παρακείμενος_	_Past perfect_ _Υπερσυντέλικος_	_Future perfect_ _Συντελ. μέλλοντας_
εγώ	έχω μείνει	είχα μείνει	θα έχω μείνει
εσύ	έχεις μείνει	είχες μείνει	θα έχεις μείνει
αυτός	έχει μείνει	είχε μείνει	θα έχει μείνει
εμείς	έχουμε μείνει	είχαμε μείνει	θα έχουμε μείνει
εσείς	έχετε μείνει	είχατε μείνει	θα έχετε μείνει
αυτοί	έχουν(ε) μείνει	είχαν(ε) μείνει	θα έχουν(ε) μείνει

* colloquial form

βλέπω

	Present simple _Ενεστώτας_	_Past contin._ _Παρατατικός_	_Past simple_ _Αόριστος_	_Future cont._ _Εξακ. μέλλοντας_	_Future simple_ _Στιγ. μέλλοντας_
εγώ	βλέπω	έβλεπα	είδα	θα βλέπω	θα δω
εσύ	βλέπεις	έβλεπες	είδες	θα βλέπεις	θα δεις
αυτός	βλέπει	έβλεπε	είδε	θα βλέπει	θα δει
εμείς	βλέπουμε	βλέπαμε	είδαμε	θα βλέπουμε	θα δούμε
εσείς	βλέπετε	βλέπατε	είδατε	θα βλέπετε	θα δείτε
αυτοί	βλέπουν(ε)	έβλεπαν / βλέπανε*	είδαν(ε)	θα βλέπουν(ε)	θα δουν / θα δούνε

	Present perfect _Παρακείμενος_	_Past perfect_ _Υπερσυντέλικος_	_Future perfect_ _Συντελ. μέλλοντας_
εγώ	έχω δει	είχα δει	θα έχω δει
εσύ	έχεις δει	είχες δει	θα έχεις δει
αυτός	έχει δει	είχε δει	θα έχει δει
εμείς	έχουμε δει	είχαμε δει	θα έχουμε δει
εσείς	έχετε δει	είχατε δει	θα έχετε δει
αυτοί	έχουν(ε) δει	είχαν(ε) δει	θα έχουν(ε) δει

* colloquial form

μπαίνω

	Present simple Ενεστώτας	_Past contin._ Παρατατικός	_Past simple_ Αόριστος	_Future cont._ Εξακ. μέλλοντας	_Future simple_ Στιγ. μέλλοντας
εγώ	μπαίνω	έμπαινα	μπήκα	θα μπαίνω	θα μπω
εσύ	μπαίνεις	έμπαινες	μπήκες	θα μπαίνεις	θα μπεις
αυτός	μπαίνει	έμπαινε	μπήκε	θα μπαίνει	θα μπει
εμείς	μπαίνουμε	μπαίναμε	μπήκαμε	θα μπαίνουμε	θα μπούμε
εσείς	μπαίνετε	μπαίνατε	μπήκατε	θα μπαίνετε	θα μπείτε
αυτοί	μπαίνουν(ε)	έμπαιναν / μπαίνανε*	μπήκαν(ε)	θα μπαίνουν(ε)	θα μπουν/ θα μπούνε*

	Present perfect Παρακείμενος	_Past perfect_ Υπερσυντέλικος	_Future perfect_ Συντελ. μέλλοντας
εγώ	έχω μπει	είχα μπει	θα έχω μπει
εσύ	έχεις μπει	είχες μπει	θα έχεις μπει
αυτός	έχει μπει	είχε μπει	θα έχει μπει
εμείς	έχουμε μπει	είχαμε μπει	θα έχουμε μπει
εσείς	έχετε μπει	είχατε μπει	θα έχετε μπει
αυτοί	έχουν(ε) μπει	είχαν(ε) μπει	θα έχουν(ε) μπει

* colloquial form

PASSIVE VOICE

φοβάμαι

	Present simple *Ενεστώτας*	*Past contin.* *Παρατατικός*	*Past simple* *Αόριστος*	*Future cont.* *Εξακ. μέλλοντας*	*Future simple* *Στιγ. μέλλοντας*
εγώ	φοβάμαι	φοβόμουν / φοβόμουνα*	φοβήθηκα	θα φοβάμαι	θα φοβηθώ
εσύ	φοβάσαι	φοβόσουν / φοβόσουνα*	φοβήθηκες	θα φοβάσαι	θα φοβηθείς
αυτός	φοβάται	φοβόταν / φοβότανε*	φοβήθηκε	θα φοβάται	θα φοβηθεί
εμείς	φοβόμαστε	φοβόμαστε / φοβόμασταν*	φοβηθήκαμε	θα φοβόμαστε	θα φοβηθούμε
εσείς	φοβάστε / φοβόσαστε*	φοβόσαστε / φοβόσασταν*	φοβηθήκατε	θα φοβάστε / θα φοβόσαστε*	θα φοβηθείτε
αυτοί	φοβούνται	φοβούνταν / φοβόντουσαν*	φοβήθηκαν / φοβηθήκανε	θα φοβούνται	θα φοβηθούν(ε)

	Present perfect *Παρακείμενος*	*Past perfect* *Υπερσυντέλικος*	*Future perfect* *Συντελ. μέλλοντας*
εγώ	έχω φοβηθεί	είχα φοβηθεί	θα έχω φοβηθεί
εσύ	έχεις φοβηθεί	είχες φοβηθεί	θα έχεις φοβηθεί
αυτός	έχει φοβηθεί	είχε φοβηθεί	θα έχει φοβηθεί
εμείς	έχουμε φοβηθεί	είχαμε φοβηθεί	θα έχουμε φοβηθεί
εσείς	έχετε φοβηθεί	είχατε φοβηθεί	θα έχετε φοβηθεί
αυτοί	έχουν(ε) φοβηθεί	είχαν(ε) φοβηθεί	θα έχουν(ε) φοβηθεί

* colloquial form

γεννιέμαι

	Present simple Ενεστώτας	Past contin. Παρατατικός	Past simple Αόριστος	Future cont. Εξακ. μέλλοντας	Future simple Στιγ. μέλλοντας
εγώ	γεννιέμαι	γεννιόμουν / γεννιόμουνα*	γεννήθηκα	θα γεννιέμαι	θα γεννηθώ
εσύ	γεννιέσαι	γεννιόσουν / γεννιόσουνα*	γεννήθηκες	θα γεννιέσαι	θα γεννηθείς
αυτός	γεννιέται	γεννιόταν / γεννιότανε*	γεννήθηκε	θα γεννιέται	θα γεννηθεί
εμείς	γεννιόμαστε	γεννιόμαστε / γεννιόμασταν*	γεννηθήκαμε	θα γεννιόμαστε	θα γεννηθούμε
εσείς	γεννιέστε / γεννιόσαστε*	γεννιόσαστε / γεννιόσασταν*	γεννηθήκατε	θα γεννιέστε / θα γεννιόσαστε*	θα γεννηθείτε
αυτοί	γεννιούνται	γεννιούνταν / γεννιόντουσαν*	γεννήθηκαν / γεννήθηκαν*	θα γεννιούνται	θα γεννηθούν(ε)

	Present perfect Παρακείμενος	Past perfect Υπερσυντέλικος	Future perfect Συντελ. μέλλοντας
εγώ	έχω γεννηθεί	είχα γεννηθεί	θα έχω γεννηθεί
εσύ	έχεις γεννηθεί	είχες γεννηθεί	θα έχεις γεννηθεί
αυτός	έχει γεννηθεί	είχε γεννηθεί	θα έχει γεννηθεί
εμείς	έχουμε γεννηθεί	είχαμε γεννηθεί	θα έχουμε γεννηθεί
εσείς	έχετε γεννηθεί	είχατε γεννηθεί	θα έχετε γεννηθεί
αυτοί	έχουν(ε) γεννηθεί	είχαν(ε) γεννηθεί	θα έχουν(ε) γεννηθεί

* colloquial form

έρχομαι

	Present simple _Ενεστώτας_	_Past contin._ _Παρατατικός_	_Past simple_ _Αόριστος_	_Future cont._ _Εξακ. μέλλοντας_	_Future simple_ _Στιγ. μέλλοντας_
εγώ	έρχομαι	ερχόμουν / ερχόμουνα*	ήρθα	θα έρχομαι	θα έρθω
εσύ	έρχεσαι	ερχόσουν / ερχόσουνα*	ήρθες	θα έρχεσαι	θα έρθεις
αυτός	έρχεται	ερχόταν / ερχότανε*	ήρθε	θα έρχεται	θα έρθει
εμείς	ερχόμαστε	ερχόμαστε / ερχόμασταν*	ήρθαμε	θα ερχόμαστε	θα έρθουμε
εσείς	έρχεστε / ερχόσαστε*	ερχόσαστε / ερχόσασταν*	ήρθατε	θα έρχεστε / θα ερχόσαστε*	θα έρθετε
αυτοί	έρχονται	έρχονταν / ερχόντουσαν*	ήρθαν(ε)	θα έρχονται	θα έρθουν(ε)

	Present perfect _Παρακείμενος_	_Past perfect_ _Υπερσυντέλικος_	_Future perfect_ _Συντελ. μέλλοντας_
εγώ	έχω έρθει	είχα έρθει	θα έχω έρθει
εσύ	έχεις έρθει	είχες έρθει	θα έχεις έρθει
αυτός	έχει έρθει	είχε έρθει	θα έχει έρθει
εμείς	έχουμε έρθει	είχαμε έρθει	θα έχουμε έρθει
εσείς	έχετε έρθει	είχατε έρθει	θα έχετε έρθει
αυτοί	έχουν(ε) έρθει	είχαν(ε) έρθει	θα έχουν(ε) έρθει

* colloquial form

γίνομαι

	Present simple _Ενεστώτας_	_Past contin._ _Παρατατικός_	_Past simple_ _Αόριστος_	_Future cont._ _Εξακ. μέλλοντας_	_Future simple_ _Στιγ. μέλλοντας_
εγώ	γίνομαι	γινόμουν / γινόμουνα*	έγινα	θα γίνομαι	θα γίνω
εσύ	γίνεσαι	γινόσουν / γινόσουνα*	έγινες	θα γίνεσαι	θα γίνεις
αυτός	γίνεται	γινόταν / γινότανε*	έγινε	θα γίνεται	θα γίνει
εμείς	γινόμαστε	γινόμαστε / γινόμασταν*	γίναμε	θα γινόμαστε	θα γίνουμε
εσείς	γίνεστε / γινόσαστε*	γινόσαστε / γινόσασταν*	γίνατε	θα γίνεστε / θα γινόσαστε*	θα γίνετε
αυτοί	γίνονται	γίνονταν / γινόντουσαν*	έγιναν / γίνανε*	θα γίνονται	θα γίνουν(ε)

	Present perfect _Παρακείμενος_	_Past perfect_ _Υπερσυντέλικος_	_Future perfect_ _Συντελ. μέλλοντας_
εγώ	έχω γίνει	είχα γίνει	θα έχω γίνει
εσύ	έχεις γίνει	είχες γίνει	θα έχεις γίνει
αυτός	έχει γίνει	είχε γίνει	θα έχει γίνει
εμείς	έχουμε γίνει	είχαμε γίνει	θα έχουμε γίνει
εσείς	έχετε γίνει	είχατε γίνει	θα έχετε γίνει
αυτοί	έχουν(ε) γίνει	είχαν(ε) γίνει	θα έχουν(ε) γίνει

* colloquial form

σκέφτομαι

	Present simple Ενεστώτας	Past contin. Παρατατικός	Past simple Αόριστος	Future cont. Εξακ. μέλλοντας	Future simple Στιγ. μέλλοντας
εγώ	σκέφτομαι	σκεφτόμουν / σκεφτόμουνα*	σκέφτηκα	θα σκέφτομαι	θα σκεφτώ
εσύ	σκέφτεσαι	σκεφτόσουν / σκεφτόμουνα*	σκέφτηκες	θα σκέφτεσαι	θα σκεφτείς
αυτός	σκέφτεται	σκεφτόταν / σκεφτότανε*	σκέφτηκε	θα σκέφτεται	θα σκεφτεί
εμείς	σκεφτόμαστε	σκεφτόμαστε / σκεφτόμασταν*	σκεφτήκαμε	θα σκεφτόμαστε	θα σκεφτούμε
εσείς	σκέφτεστε / σκεφτόσαστε*	σκεφτόσαστε / σκεφτόσασταν*	σκεφτήκατε	θα σκέφτεστε / θα σκεφτόσαστε*	θα σκεφτείτε
αυτοί	σκέφτονται	σκέφτονταν / σκεφτόντουσαν*	σκέφτηκαν / σκεφτήκανε*	θα σκέφτονται	θα σκεφτούν(ε)

	Present perfect Παρακείμενος	Past perfect Υπερσυντέλικος	Future perfect Συντελ. μέλλοντας
εγώ	έχω σκεφτεί	είχα σκεφτεί	θα έχω σκεφτεί
εσύ	έχεις σκεφτεί	είχες σκεφτεί	θα έχεις σκεφτεί
αυτός	έχει σκεφτεί	είχε σκεφτεί	θα έχει σκεφτεί
εμείς	έχουμε σκεφτεί	είχαμε σκεφτεί	θα έχουμε σκεφτεί
εσείς	έχετε σκεφτεί	είχατε σκεφτεί	θα έχετε σκεφτεί
αυτοί	έχουν(ε) σκεφτεί	είχαν(ε) σκεφτεί	θα έχουν(ε) σκεφτεί

* colloquial form

REVIEW EXERCISES
ΕΠΑΝΑΛΗΠΤΙΚΕΣ ΑΣΚΗΣΕΙΣ

1. Select the verb in the correct tense. – Διάλεξε το ρήμα στο σωστό χρόνο.

1. Αύριο _____ κοτόπουλο.
   chicken
   α. φάγαμε   β. έχουμε φάει   γ. θα φάμε   δ. τρώγαμε

2. Χτες _____ το σπίτι.
   α. καθαρίζω   β. θα καθαρίσω   γ. έχω καθαρίσει   δ. καθάρισα

3. Την περασμένη εβδομάδα _____ ένα υπέροχο βιβλίο.
   last week (same as *την προηγούμενη εβδομάδα*)
   α. θα διαβάσω   β. διάβασα   γ. θα έχω διαβάσει   δ. έχω διαβάσει

4. Πέρσι _____ στη δουλειά με τα πόδια κάθε μέρα.
   α. πήγαινα   β. πήγα   γ. θα πηγαίνω   δ. είχα πάει

5. Το πρωί _____ το κεφάλι μου αλλά τώρα είμαι εντάξει.
   α. πονάει   β. έχει πονέσει   γ. θα πονέσει   δ. πονούσε

6. Μεθαύριο _____ εκδρομή.
   The day after tomorrow   *field trip*
   α. θα πηγαίνουμε   β. θα πάμε   γ. πηγαίνουμε   δ. θα έχουμε πάει

7. Κάθε πρωί, η Νεφέλη _____ δημητριακά.
   α. τρώει   β. είχε φάει   γ. θα φάει   δ. θα έχει φάει

8. Χτες το βράδυ, _____ μια πολύ ωραία ταινία στο σινεμά.
   α. είχαμε δει   β. είδαμε   γ. βλέπαμε   δ. θα δούμε

9. Πέρσι _____ στο Παρίσι.

   α. ταξίδεψα   β. ταξίδευα   γ. θα ταξιδεύω   δ. έχω ταξιδέψει

10. Του χρόνου σίγουρα _____ τα ελληνικά νησιά.

    α. θα επισκεπτόμαστε   β. επισκεφτήκαμε   γ. είχαμε επισκεφτεί
    δ. θα επισκεφτούμε

2. Rewrite the sentences, changing the simple past to the simple future as in the example. – Ξαναγράψε τις προτάσεις, μετατρέποντας τον αόριστο σε στιγμιαίο μέλλοντα.

1. Χτες πήγαμε στη θάλασσα.

   Αύριο _____

2. Χτες το πρωί, έφαγα ένα σάντουιτς και ήπια μια πορτοκαλάδα.

   Αύριο το πρωί, _____
   _____

3. Πέρσι πήγαμε ταξίδι στη Νορβηγία.
              Norway

   Του χρόνου _____

4. Προχτές συνάντησα τη Μαρία σε μια καφετέρια

   Μεθαύριο _____

5. Πέρσι τον Αύγουστο ξεκίνησα μαθήματα ελληνικών.

   Του χρόνου τον Αύγουστο _____
   _____

6. Την προηγούμενη εβδομάδα, γιόρτασα τα γενέθλιά μου.

   Την επόμενη εβδομάδα, _____

3. The following paragraph is in the simple past. Rewrite it in the simple future.

Χτες ο Διονύσης δεν πήγε στο γραφείο. Έμεινε στο σπίτι του και ξεκουράστηκε. Το πρωί ξύπνησε αρκετά αργά, κατά τις έντεκα. Μετά ντύθηκε και έφαγε πρωινό. Δεν ήπιε καφέ. Ύστερα κάθισε στον καναπέ του σαλονιού, έβαλε τα πόδια του πάνω στο τραπεζάκι, πήρε στα χέρια του την εφημερίδα και διάβασε μερικά άρθρα. Μετά άνοιξε την τηλεόραση και είδε μια κωμωδία. Η κωμωδία κράτησε δύο ώρες. Μόλις τελείωσε, ο Διονύσης σηκώθηκε από τον καναπέ, πήγε στην κουζίνα, έβγαλε μερικά αβγά από το ψυγείο και έκανε μια ομελέτα. Την έφαγε γρήγορα και μετά πήρε τηλέφωνο την αδελφή του και της ευχήθηκε χρόνια πολλά για τα γενέθλιά της.

Αύριο ο Διονύσης _____

4. The following text is in the present tense. Rewrite it, putting the verbs in the continuous past. – Το παρακάτω κείμενο είναι στον ενεστώτα. Ξαναγράψε το, βάζοντας τα ρήματα στον παρατατικό.

Φέτος είμαι φοιτητής στο πανεπιστήμιο. Σπουδάζω πολιτικές επιστήμες.
political science
Πηγαίνω κάθε μέρα στο μάθημα, αν και δεν είναι υποχρεωτικό. Όλα τα
mandatory
μαθήματα μου φαίνονται πολύ ενδιαφέροντα. Μαθαίνω πάρα πολλά καινούρια πράγματα καθημερινά. Έχω πολλούς συμφοιτητές αλλά γνωρίζω μόνο τους μισούς. Οι άλλοι μισοί έρχονται πολύ σπάνια στο μάθημα. Δεν τους βλέπω σχεδόν ποτέ. Κάθε μήνα γράφουμε τουλάχιστον ένα διαγώνισμα σε κάθε μάθημα. Γι' αυτό διαβάζω πάρα πολύ. Δε με πειράζει καθόλου· αγαπώ πολύ το διάβασμα και τη σκληρή δουλειά.

Πριν από δέκα χρόνια, _____

5. Write the following sentence in all tenses. – Γράψε την παρακάτω πρόταση σε όλους τους χρόνους.

Simple present Ενεστώτας	_____
Continuous past Παρατατικός	Ο ήλιος έβγαινε σιγά σιγά, φώτιζε τον κόσμο κι έδινε ζωή στη φύση.
Instantaneous past Αόριστος	_____
Continuous future Εξακολουθητικός μέλλοντας	_____
Instantan. future Στιγμιαίος μέλλοντας	_____
Present perfect Παρακείμενος	_____
Past perfect Υπερσυντέλικος	_____
Future perfect Συντελεσμένος μέλλοντας	_____

ANSWERS TO THE EXERCISES
ΛΥΣΕΙΣ ΤΩΝ ΑΣΚΗΣΕΩΝ

1.
   1. γ
   2. δ
   3. β
   4. α
   5. δ
   6. β
   7. α
   8. β
   9. α
   10. δ

2.
   1. Αύριο θα πάμε στη θάλασσα.
   2. Αύριο το πρωί θα φάω ένα σάντουιτς και θα πιω μια πορτοκαλάδα.
   3. Του χρόνου θα πάμε ταξίδι στη Νορβηγία.
   4. Μεθαύριο θα συναντήσω τη Μαρία σε μια καφετέρια.
   5. Του χρόνου τον Αύγουστο θα ξεκινήσω μαθήματα ελληνικών.
   6. Την επόμενη εβδομάδα θα γιορτάσω τα γενέθλιά μου.

3. Αύριο ο Διονύσης δε(ν) θα πάει στο γραφείο. Θα μείνει στο σπίτι του και θα ξεκουραστεί. Το πρωί θα ξυπνήσει αρκετά αργά, κατά τις έντεκα. Μετά θα ντυθεί και θα φάει πρωινό. Δε(ν) θα πιει καφέ. Ύστερα θα καθίσει στον καναπέ του σαλονιού, θα βάλει τα πόδια του πάνω στο τραπεζάκι, θα πάρει στα χέρια του την εφημερίδα και θα διαβάσει μερικά άρθρα. Μετά θα ανοίξει την τηλεόραση και θα δει μια κωμωδία. Η κωμωδία θα κρατήσει δύο ώρες. Μόλις θα τελειώσει, ο Διονύσης θα σηκωθεί από τον καναπέ, θα πάει στην κουζίνα, θα βγάλει μερικά αβγά από το ψυγείο και θα κάνει μια ομελέτα. Θα τη φάει γρήγορα και μετά θα πάρει τηλέφωνο την αδελφή του και θα της ευχηθεί χρόνια πολλά για τα γενέθλιά της.

4. Πριν από δέκα χρόνια ήμουν φοιτητής στο πανεπιστήμιο. Σπούδαζα πολιτικές επιστήμες. Πήγαινα κάθε μέρα στο μάθημα αν και δεν ήταν υποχρεωτικό. Όλα τα μαθήματα μου φαίνονταν πολύ ενδιαφέροντα. Μάθαινα πάρα πολλά καινούρια πράγματα καθημερινά. Είχα πολλούς συμφοιτητές αλλά γνώριζα μόνο τους μισούς. Οι άλλοι μισοί έρχονταν πολύ σπάνια στο μάθημα. Δεν τους έβλεπα σχεδόν ποτέ. Κάθε μήνα γράφαμε τουλάχιστον ένα διαγώνισμα σε κάθε μάθημα. Γι' αυτό διάβαζα πάρα πολύ. Δε με πείραζε καθόλου· αγαπούσα πολύ το διάβασμα και τη σκληρή δουλειά.

5. *Ενεστώτας:* Ο ήλιος βγαίνει σιγά σιγά, φωτίζει τον κόσμο και δίνει ζωή στη φύση.

   Παρατατικός: Ο ήλιος έβγαινε σιγά σιγά, φώτιζε τον κόσμο κι έδινε ζωή στη φύση.

   Αόριστος: Ο ήλιος βγήκε σιγά σιγά, φώτισε τον κόσμο κι έδωσε ζωή στη φύση.

   Εξακολουθητικός μέλλοντας Ο ήλιος θα βγαίνει σιγά σιγά, θα φωτίζει τον κόσμο και θα δίνει ζωή στη φύση.

   Στιγμιαίος μέλλοντας Ο ήλιος θα βγει σιγά σιγά, θα φωτίσει τον κόσμο και θα δώσει ζωή στη φύση.

   Παρακείμενος Ο ήλιος έχει βγει σιγά σιγά, έχει φωτίσει τον κόσμο κι έχει δώσει ζωή στη φύση.

   Υπερσυντέλικος Ο ήλιος είχε βγει σιγά σιγά, είχε φωτίσει τον κόσμο κι είχε δώσει ζωή στη φύση.

   Συντελεσμένος μέλλοντας Ο ήλιος θα έχει βγει σιγά σιγά, θα έχει φωτίσει τον κόσμο και θα έχει δώσει ζωή στη φύση.

CONDITIONAL
ΥΠΟΘΕΤΙΚΟΣ ΛΟΓΟΣ

The conditional corresponds to these 4 English structures:

A. I would [do]
B. If I [did]
C. I would have [done]
D. If I had [done]

Let's see how to form these in Greek.

A. The equivalent of *I would + verb*, such as *I would be, I would go*, etc. is easily formed by **θα + verb in the continuous past (παρατατικός)**

θέλω → **θα ήθελα** *(I would like)*

πηγαίνω / πάω → **θα πήγαινα** *(I would go)*

μπορώ → **θα μπορούσα** *(I could)*

Examples

Θα ήθελα λίγο νερό.
I would like some water.

Θα πηγαίναμε εκδρομή σήμερα αλλά βρέχει.
We would go on a field trip today but it's raining.

Θα σου **έκανα** τη χάρη αλλά δυστυχώς δεν μπορώ.
I would do you the favor but unfortunately I can't.

B. The equivalent of *if I could, if I had, if I did, if I wanted to*, etc. is formed by
   αν + verb in the continuous past (παρατατικός)

   θέλεις → **αν ήθελες** *(if you wanted)*

   έχουμε → **αν είχαμε** *(if we had)*

   έρχεσαι → **αν ερχόσουν** *(if you came)*

   Examples

   Αν ο Γιωργάκης **είχε** παιχνίδια, θα έπαιζε όλη μέρα.
   If little George had toys, he would play all day.

   Αν είχα κήπο, θα φύτευα λουλούδια.
   If I had a garden, I would plant flowers.

   > Note that in the above two examples we combined cases A and B:
   > in the first part of the sentences we have *αν + continuous past* and
   > in the second part we have *θα + continuous past*:
   >   *αν είχε ... θα έπαιζε*
   >   *αν είχα ... θα φύτευα*
   > Just like in English, *if I could...I would...*

   Αν ήξερες τι τράβηξα*!
   If you only knew what I went through!

   * *τραβάω/τραβώ* = *to pull,* but also *to go through something unpleasant*

C. The equivalent of *I would have [done]* is formed by
   θα + verb in the past perfect (υπερσυντέλικος)

   τρώω → **θα είχα φάει** *(I would have eaten)*
   φεύγεις → **θα είχες φύγει** *(you would have left)*
   συναντιούνται → **θα είχαν συναντηθεί** *(they would have met)*

   Examples

   Θα είχα ξυπνήσει νωρίτερα, αλλά το ξυπνητήρι δε χτύπησε.
   I would have woken up earlier, but the alarm clock didn't go off.

   Θα είχαμε φτάσει νωρίτερα στο γραφείο, αλλά είχε πολλή κίνηση στον δρόμο.
   We would have arrived earlier at the office, but there was a lot of traffic on the road.

D. The equivalent of *If I had [done]* is formed by
   αν + verb in the past perfect (υπερσυντέλικος)

   φεύγω → **αν είχα φύγει** *(if I had left)*
   έρχεσαι → **αν είχες έρθει** *(if you had come)*
   φτάνετε → **αν είχατε φτάσει** *(if you had arrived)*

   Examples

   Αν είχα φάει το μεσημέρι, τώρα δεν θα πεινούσα.
   If I had eaten at noon, now I wouldn't be hungry.

   Αν είχες έρθει στο πάρτι, θα είχες περάσει ωραία.
   If you had come to the party, you would have had a good time.

   > Note that in the above two examples we combined cases C and D: in the first part of the sentences we have *αν + past perfect* and in the second part we have *θα + past perfect*:
   > αν είχα φάει ... (δεν) θα πεινούσα
   > αν είχες έρθει ... θα είχες περάσει

EXERCISES
ΑΣΚΗΣΕΙΣ

1. Let's practice the conditional structure *θα / αν + continuous past*. Fill in the blanks with the verb in the right form. –
Ας εξασκήσουμε το σχήμα *θα / αν + παρατατικός* του υποθετικού λόγου. Συμπλήρωσε τα κενά με το ρήμα στη σωστή μορφή.
(equivalent to *If I [did something], I would [do something]*)

1. Θα _____ ευχαρίστως ένα παγωτό. (τρώω)
   I would gladly eat an ice cream.

2. Θα σου _____ το μυστικό μου, αλλά δεν σε εμπιστεύομαι. (λέω)
   I would tell you my secret but I don't trust you.

3. Αν _____ λεφτά, θα _____ αυτοκίνητο. (έχουμε, αγοράζουμε)
   If we had money, we would buy a car.

4. Αν _____, θα _____. (θέλεις, μπορείς)
   If you wanted to, you could/you would be able to.

5. Τι θα _____, κύριε; (θέλετε)
   What would you like, sir?

6. Θα _____ τα φώτα, αλλά φοβάμαι το σκοτάδι. (σβήνω)
   I would turn off the lights but I'm afraid of the dark.

7. Θα _____ για ψώνια αλλά τα μαγαζιά είναι κλειστά σήμερα. (πηγαίνω)
   I would go shopping but stores are closed today.

8. Αν _____ κολύμπι θα _____ στη θάλασσα κάθε μέρα. (ξέρω, πηγαίνω)

9. Θέλεις έναν καφέ ή θα _____ ένα τσάι; (προτιμάς)

10. Αν η Άννα δεν _____ τα αεροπλάνα, θα _____ συχνά. (φοβάται, ταξιδεύει)

11. Αν δεν _____, τα παιδιά θα _____ στην αυλή για παιχνίδι. (βρέχει, βγαίνουν)

12. «Αν όλα τα παιδιά της Γης _____ γερά τα χέρια (πιάνουν)

tightly
    κορίτσια, αγόρια στη σειρά και _____ χορό (στήνουν)

in a row   set up
    ο κύκλος θα _____ πολύ πολύ μεγάλος (γίνεται)

circle
    κι ολόκληρη τη Γη μας θα _____, θαρρώ.» (αγκαλιάζει*)

I think, νομίζω

αγκαλιάζω means "to hug", but here it means "to surround".

If all children of the Earth held hands tight, girls and boys in a row, and started to dance, the circle would get really really big and it would surround/encircle the entire Earth.

This is one of the most beautiful children's poems by Giannis Ritsos, also made into a song, with music by Loukianos Kilaidonis. You'll find it online under the title "Αν όλα τα παιδιά της Γης".

13. Αν μου _____ άδεια το αφεντικό μου, θα _____

leave, time off   boss

(also: permission)
    διακοπές. (δίνει, πηγαίνω)

14. Αν σε _____ η γιαγιά σου, θα _____ πολύ περήφανη για σένα. (βλέπει, είναι)

proud

15. Αν με _____ λιγάκι, θα _____ ο πιο ευτυχισμένος άνθρωπος του κόσμου. (αγαπάς, είμαι)

                                                                the happiest

16. Αν _____ γαλλικά, θα _____ στη Γαλλία. (μιλάω/μιλώ, σπουδάζω)

17. Αν _____ αλεύρι, θα _____ ψωμί. (έχω, φτιάχνω)

flour

18. Αν _____ το λαχείο θα _____ το γύρο του
         lottery
    κόσμου* ή θα _____ ένα μεγάλο και άνετο σπίτι;
    (κερδίζεις, κάνεις, αγοράζεις)

    * κάνω το γύρο του κόσμου = to go/travel around the world

19. Αν ο Κωστής δεν _____ τόσο ντροπαλός, θα _____
                                   so   shy
    ηθοποιός. (είναι, γίνεται)
     actor

20. Αν _____ θα _____. (νυστάζουμε, κοιμόμαστε)

21. Αν _____ θα _____ νερό. (διψάω/διψώ, πίνω)

22. Αν _____ ωραία φωνή, θα _____ πιο συχνά.
    (έχω, τραγουδάω/τραγουδώ)   more often

23. Αν _____ κοντά, θα _____ συχνά στο σπίτι σου
    για καφέ. (μένουμε, έρχομαι)

24. Αν _____ θα _____ μια ζακέτα ή ένα μπουφάν.
                                       cardigan   jacket
    (κρυώνω, φοράω/φορώ)
     to be cold to wear

25. Αν _____ απευθείας πτήση Βοστώνη-Αθήνα,
                     direct flight Boston
                                    (also: Βοστόνη)
    θα _____ πιο συχνά στην Ελλάδα. (υπάρχει, ταξιδεύουμε)

2. Let's practice *θα / αν + past perfect*. Fill in the blanks with the verb in the right form. – Ας εξασκήσουμε το σχήμα *θα / αν + υπερσυντέλικος*. Συμπλήρωσε τα κενά με το ρήμα στη σωστή μορφή.
(equivalent to *If I had [done something], I would have [done something]*)

1. Αν _____ νωρίτερα στον σταθμό, δεν θα _____ το τρένο. (φτάνω, χάνω)

2. Αν το _____, θα σου το _____. (μαθαίνω, λέω)

3. Αν μου _____ την αλήθεια από την αρχή, δεν θα _____ μαζί σου. (λες, θυμώνω)
   to get angry

4. Αν ο οδηγός _____ το κόκκινο φανάρι, θα _____. (βλέπει, σταματάει)   *red traffic light*

5. Αν _____ περισσότερο, σίγουρα θα τα _____. (προσπαθούμε, καταφέρνουμε)
   to manage, to make it, to succeed

6. Αν _____ το λογαριασμό, δεν θα μας _____ το ρεύμα. (πληρώνεις, κόβουν)
   bill
   electricity
   literally: *current (electric or air draft)*

7. Αν _____ στις 7:00, θα _____ στο γραφείο στις 8:00. (ξυπνάτε, φτάνετε)

8. Αν _____ το μάθημα, θα _____ καλύτερα στο διαγώνισμα. (διαβάζεις, γράφεις)

9. Αν _____ τα κλειδιά μου, δεν θα _____ τον κλειδαρά. (βρίσκω, φωνάζω)
   locksmith   *to call (also: shout)*

10. Αν δεν _____ την πόρτα ξεκλείδωτη, δεν θα μας _____ το σπίτι! (αφήνεις, κλέβουν)
    unlocked
    leave, let   steal

3. Let's practice the structure *αν + past perfect, θα + past continuous.* –
Ας εξασκήσουμε το σχήμα *αν + υπερσυντέλικος, θα + παρατατικός*.
(equivalent to *If I had [done sth] (in the past), I would [do sth] (now)*)

1. Αν _____ το φαγητό σου, τώρα δεν _____.
   (τρως, πεινάς)

2. Αν _____ δώρο στον Κώστα, _____ στο
   πάρτι γενεθλίων του. (αγοράζουμε, πηγαίνουμε)
   birthday party

3. Αν _____ το ρολόι σου, τώρα _____ τι ώρα είναι.
   (φοράς, ξέρεις)

4. Αν _____ το καλοριφέρ, τώρα το σπίτι _____ ζεστό.
   (ανάβουμε, είναι)

5. Αν _____ πορτοκάλια από την πορτοκαλιά, τώρα
   oranges   *orange tree*
   _____ μια δροσιστική πορτοκαλάδα. (κόβω, φτιάχνω)
   refreshing   *orange juice*

6. Αν δεν _____ το πορτοφόλι μου στο σπίτι,
                              wallet
   _____ μερικά φρούτα. (ξεχνάω/ξεχνώ, ψωνίζω)
                                                        to buy, αγοράζω

7. Αν _____ καλύτερα, τώρα _____ ξεκούραστη.
   (κοιμάμαι, είμαι)   *well rested*

ANSWERS TO THE EXERCISES
ΛΥΣΕΙΣ ΤΩΝ ΑΣΚΗΣΕΩΝ

1.
    1. Θα έτρωγα
    2. Θα σου έλεγα
    3. Αν είχαμε...θα αγοράζαμε
    4. Αν ήθελες, θα μπορούσες
    5. Θα θέλατε
    6. Θα έσβηνα
    7. Θα πήγαινα
    8. Αν ήξερα ... θα πήγαινα
    9. Θα προτιμούσες
    10. Αν η Άννα δεν φοβόταν, θα ταξίδευε
    11. Αν δεν έβρεχε ...θα έβγαιναν/θα βγαίνανε
    12. πιάναν, στήνανε, γινότανε, αγκάλιαζε
        (the song uses the colloquial forms *πιάναν, στήνανε, γινότανε*,
        but you could also use *έπιαναν, έστηναν, γινόταν*)
    13. Αν μου έδινε ... θα πήγαινα
    14. Αν σε έβλεπε... θα ήταν
    15. Αν με αγαπούσες ... θα ήμουν
    16. Αν μιλούσα ... θα σπούδαζα
    17. Αν είχα ... θα έφτιαχνα
    18. Αν κέρδιζες ... θα έκανες ... θα αγόραζες
    19. Αν ο Κωστής δεν ήταν ... θα γινόταν
    20. Αν νυστάζαμε, θα κοιμόμασταν
    21 Αν διψούσα, θα έπινα
    22. Αν είχα ... θα τραγουδούσα
    23. Αν μέναμε ... θα ερχόμουν
    24. Αν κρύωνα, θα φορούσα
    25. Αν υπήρχε ... θα ταξιδεύαμε

2. 1. Αν είχα φτάσει ... δεν θα είχα χάσει
   2. Αν το είχα μάθει, θα σου το είχα πει
   3. Αν μου είχες πει ... δεν θα είχα θυμώσει
   4. Αν... είχε δει, θα είχε σταματήσει
   5. Αν είχαμε προσπαθήσει ... θα τα είχαμε καταφέρει
   6. Αν είχες πληρώσει ... δεν θα μας είχαν κόψει
   7. Αν είχατε ξυπνήσει ... θα είχατε φτάσει
   8. Αν είχες διαβάσει ... θα είχες γράψει
   9. Αν είχα βρει ... δεν θα είχα φωνάξει
   10. Αν δεν είχες αφήσει ... δεν θα μας είχαν κλέψει

3. 1. Αν είχες φάει ... δεν θα πεινούσες
   2. Αν είχαμε αγοράσει ... θα πηγαίναμε
   3. Αν είχες φορέσει ... θα ήξερες
   4. Αν είχαμε ανάψει ... θα ήταν
   5. Αν είχα κόψει ... θα έφτιαχνα
   6. Αν δεν είχα ξεχάσει ... θα ψώνιζα
   7. Αν είχα κοιμηθεί ... θα ήμουν

PARTICIPLES
ΜΕΤΟΧΕΣ

Like verbs, participles also have an active and a passive voice.

ACTIVE VOICE

The active voice expresses the **way** in which something is done, and is formed based on the present tense.
E.g. τρέχω → **τρέχοντας**
  Ήρθε **τρέχοντας** *(He came running)*.

These participles have only one form (no gender, no tense, etc.). They always end in **-οντας** or **ώντας**. Here is how to figure out which ending to use:

When the verb is stressed on the second-to-last syllable,
e.g. *κάνω, δίνω, γράφω, έχω, ανοίγω, απολαμβάνω*
we replace its ending **-ω** with **-οντας**. This ending is not stressed (just like the original ending -ω was not); the stress stays where it was:
κάνοντας, δίνοντας, γράφοντας, έχοντας, ανοίγοντας, απολαμβάνοντας

When the verb is stressed on the last syllable,
e.g. *περνώ, οδηγώ, προσπαθώ, μιλώ* (remember, verbs like *μιλάω/μιλώ, αγαπάω/αγαπώ* with two possible endings are considered to be stressed on the last syllable, so we rely on *μιλώ, αγαπώ, περνώ,* etc. to construct their various grammatical forms),
then we replace its ending **-ώ** with **-ώντας**. This ending is stressed (just like the original ending -ώ was):
περνώντας, οδηγώντας, προσπαθώντας, μιλώντας

Simply put, **-ω becomes -οντας**
    and **-ώ becomes -ώντας**.

Examples

Τον άκουγα **χαμογελώντας**.
I was listening to him (and I was) smiling.

Η Ναταλία βλέπει τηλεόραση **πίνοντας** καφέ.
Natalia is watching TV (while) drinking coffee.

Μπαίνοντας στο σπίτι, άκουσα το τηλέφωνο να χτυπάει.
(As I was) entering the house, I heard the phone ring.

Ξεκουράζομαι **διαβάζοντας** ένα βιβλίο.
I am resting (while) reading a book.

Περνώντας μπροστά από το παλιό μου σπίτι, αισθάνθηκα νοσταλγία.
(As I was) passing in front of my old house, I felt nostalgic.

«Τα πουλιά πεθαίνουν **τραγουδώντας**» είναι ο τίτλος μιας παλιάς τηλεοπτικής σειράς.
"Birds die singing" is the title of an old TV series.
(This is how the title of the mini series "The Thorn Birds" was translated in Greek.)

EXERCISES
ΑΣΚΗΣΕΙΣ

1. Circle the correct form of the participle. – Κύκλωσε το σωστό τύπο της μετοχής.

	verb - ρήμα	participle - μετοχή	
1.	δίνω	δίνοντας	δινώντας
2.	αφήνω	αφήνωντας	αφήνοντας
3.	λέω	λέγοντας	λεγώντας
4.	πίνω	πίνοντας	πιώντας
5.	παίρνω	παιρνόντας	παίρνοντας
6.	κατεβαίνω	κατεβαινόντας	κατεβαίνοντας
7.	στέλνω	στέλνοντας	στείλοντας
8.	γελάω/γελώ	γελόντας	γελώντας
9.	τρώω	τρώγοντας	τρωγώντας
10.	θέλω	θέλοντας	θελώντας
11.	κοιτάζω	κοιταζώντας	κοιτάζοντας
12.	κοιτώ	κοιτόντας	κοιτώντας
13.	χορεύω	χορεύοντας	χορευώντας
14.	κάνω	κανόντας	κάνοντας

15.	περπατάω/περπατώ	περπατόντας	περπατώντας
16.	τραγουδάω/τραγουδώ	τραγουδώντας	τραγούδοντας
17.	μαγειρεύω	μαγειρευώντας	μαγειρεύοντας
18.	φοράω/φορώ	φορόντας	φορώντας
19.	ανεβάζω	ανεβάζοντας	ανεβαζόντας
20.	ανεβαίνω	ανεβαίνοντας	ανεβαινώντας
21.	κλείνω	κλεινόντας	κλείνοντας
22.	ψάχνω	ψάχνωντας	ψάχνοντας
23.	μιλάω/μιλώ	μιλόντας	μιλώντας
24.	εξηγώ	εξηγώντας	εξηγόντας
25.	ζω	ζώντας	ζήσοντας
26.	αναπνέω breathe	αναπνέωντας	αναπνέοντας
27.	επιστρέφω	επιστρέφωντας	επιστρέφοντας
28.	δημιουργώ	δημιουργώντας	δημιουργόντας

2. Fill in the blanks with participles. – Συμπλήρωσε τα κενά με μετοχές.

e.g. Η Μαρία ξεκουράζεται στον καναπέ _ακούγοντας_ μουσική. (ακούει)

1. Τα παιδιά ζωγραφίζουν _____. (τραγουδώ)

2. Η Ελένη πήρε κλήση επειδή οδηγούσε _____ στο
   traffic ticket
   κινητό. (μιλώ)
   cell phone

3. Γύρισα από το γραφείο _____. (περπατώ)

4. Ο Τάσος αποχαιρέτησε τους φίλους του _____ «αντίο». (φωνάζω)

5. Ο σκύλος έτρωγε _____ την ουρά του. (κουνάω/κουνώ)
                                                      tail   *wag, move*

6. Ο οδηγός σταμάτησε _____ απότομα το φρένο.
         stopped   *abruptly*   *brake*
   (πατάω/πατώ)

7. Η μαμά έκοψε το χέρι της _____ το κρεμμύδι. (κόβω)
                                          onion

8. Είδαμε την ταινία _____ ποπ-κορν και _____ πορτοκαλάδα. (τρώω, πίνω)

9. Περίμενα το λεωφορείο _____ ένα περιοδικό. (διαβάζω)
                                          magazine

10. Ο Αιμίλιος, _____ το καινούριο του ποδήλατο, πέταξε*
    από τη χαρά του. (βλέπω)   *he flew*
    * expression: πετάω από χαρά, πετάω από τη χαρά μου = I jump for joy

11. Η γιαγιά, _____ παλιές φωτογραφίες, αναπολούσε
    τον παλιό καλό καιρό. (κοιτάζω)   *αναπολώ: reminisce*
    the good old times

12. Ο Ρονάλντο, _____ τη μπάλα δυνατά, έβαλε γκολ.
    (κλωτσάω/κλωτσώ)   *goal (in soccer)*
    kick

13. _____ από το σπίτι, είδα ότι έβρεχε. (βγαίνω)

14. _____ τη σκάλα, γλίστρησα κι έπεσα. (κατεβαίνω)
                               γλιστράω/-ώ: *πέφτω:*
                               slip, slide   *fall*

15. Ο κλέφτης, _____ τα χέρια ψηλά, είπε «παραδίνομαι!».
    (σηκώνω)   *surrender*

16. «Καταπληκτικό αστείο!» είπε η Μαριλένα _____.
    (γελάω/γελώ)   *joke*

17. Στραμπούληξα το χέρι μου _____ τένις. (παίζω)
    I twisted
    στραμπουλάω/-ώ
    ή στραμπουλίζω

18. Η Κατερίνα διαβάζει την εφημερίδα _____ καφέ. (πίνω)

19. _____ πολύ, θα τα καταφέρουμε. (προσπαθώ)

20. _____ το σπίτι, βρήκα το βραχιόλι που είχα χάσει.
    (καθαρίζω)   *bracelet*   *χάνω: lose*
                                                          also: miss

21. Ο Πάνος, _____ το δαχτυλίδι στην Έλλη, της είπε
    «σ'αγαπώ». (δίνω)   *ring*

22. _____ από τη δουλειά, συνάντησα την Έλενα. (γυρίζω)
                                                              return
                                                              also: turn

ANSWERS TO THE EXERCISES
ΛΥΣΕΙΣ ΤΩΝ ΑΣΚΗΣΕΩΝ

1. 1. δίνοντας, 2. αφήνοντας, 3. λέγοντας, 4. πίνοντας, 5. παίρνοντας, 6. κατεβαίνοντας, 7. στέλνοντας, 8. γελώντας, 9. τρώγοντας, 10. θέλοντας, 11. κοιτάζοντας, 12. κοιτώντας, 13. χορεύοντας, 14. κάνοντας, 15. περπατώντας, 16. τραγουδώντας, 17. μαγειρεύοντας, 18. φορώντας, 19. ανεβάζοντας, 20. ανεβαίνοντας, 21. κλείνοντας, 22. ψάχνοντας, 23. μιλώντας, 24. εξηγώντας, 25. ζώντας, 26. αναπνέοντας, 27. επιστρέφοντας, 28. δημιουργώντας

2. 1. τραγουδώντας, 2. μιλώντας, 3. περπατώντας, 4. φωνάζοντας, 5. κουνώντας, 6. πατώντας, 7. κόβοντας, 8. τρώγοντας, πίνοντας, 9. διαβάζοντας, 10. βλέποντας, 11. κοιτάζοντας, 12. κλωτσώντας, 13. Βγαίνοντας, 14. Κατεβαίνοντας, 15. σηκώνοντας, 16. γελώντας

PASSIVE VOICE

Participles in the passive voice have three genders (masculine, feminine, and neuter) in the singular and in the plural. It may help to think of them as adjectives.

e.g. κρύβω → κρυμμένος, κρυμμένη, κρυμμένο,
　　　　　　κρυμμένοι, κρυμμένες, κρυμμένα

　πιάνω → πιασμένος, πιασμένη, πιασμένο,
　　　　　πιασμένοι, πιασμένες, πιασμένα

　βάζω → βαλμένος, βαλμένη, βαλμένο
　　　　　βαλμένοι, βαλμένες, βαλμένα

Let's take a look at the patterns. Keep in mind that there are many exceptions (of course! How could there not be?)

A. When the active voice simple past ends in **-σα**,
then the passive voice simple past ends in **-θηκα** or **-στηκα**
and the passive voice participle ends in **-μένος** or **-σμένος**.

Active voice Present	Active voice Simple past	Passive voice Simple past	**Passive voice Participle**
δένω	έδε**σα**	δέ**θηκα**	**δεμένος**
τιμώ	τίμη**σα**	τιμή**θηκα**	**τιμημένος**
αφήνω	άφη**σα**	αφέ**θηκα**	**αφημένος**
δίνω	έδω**σα**	δό**θηκα**	**δοσμένος**
καλώ	κάλε**σα**	καλέ**στηκα**	**καλεσμένος**
πιάνω	έπια**σα**	πιά**στηκα**	**πιασμένος**
ξεχνώ	ξέχα**σα**	ξεχά**στηκα**	**ξεχασμένος**
περνώ	πέρα**σα**	περά**στηκα**	**περασμένος**

B. When the active voice simple past ends in **-ψα**,
then the passive voice simple past ends in **-φτηκα**
and the passive voice participle ends in **-μμένος**.

Active voice Present	Active voice Simple past	Passive voice Simple past	**Passive voice Participle**
κρύβω	έκρυ<u>ψα</u>	κρύ<u>φτηκα</u>	**κρυ<u>μμ</u>ένος**
καλύπτω	κάλυ<u>ψα</u>	καλύ<u>φτηκα</u>	**καλυ<u>μμ</u>ένος**
γράφω	έγρα<u>ψα</u>	γρά<u>φτηκα</u>	**γρα<u>μμ</u>ένος**
εγκαταλείπω	εγκατέλει<u>ψα</u>	εγκαταλεί<u>φτηκα</u>	**εγκαταλει<u>μμ</u>ένος**
ράβω	έρα<u>ψα</u>	ρά<u>φτηκα</u>	**ρα<u>μμ</u>ένος**
κόβω	έκο<u>ψα</u>	κό<u>π</u>ηκα (exception!)	**κο<u>μμ</u>ένος**

C. When the active voice simple past ends in **-ξα**,
then the passive voice simple past ends in **-χτηκα**
and the passive voice participle ends in **-γμένος**.

Active voice Present	Active voice Simple past	Passive voice Simple past	**Passive voice Participle**
αλλάζω	άλλα<u>ξα</u>	αλλά<u>χτηκα</u>	**αλλα<u>γμ</u>ένος**
διώχνω	έδιω<u>ξα</u>	διώ<u>χτηκα</u>	**διω<u>γμ</u>ένος**
ανοίγω	άνοι<u>ξα</u>	ανοί<u>χτηκα</u>	**ανοι<u>γμ</u>ένος**
πλέκω	έπλε<u>ξα</u>	πλέ<u>χτηκα</u>	**πλε<u>γμ</u>ένος**
τραβάω/τραβώ	τράβη<u>ξα</u>	τραβή<u>χτηκα</u>	**τραβη<u>γμ</u>ένος**

D. When the active voice present tense ends in **-αύω** or **-εύω**,
then the passive voice simple past ends in **-αύτηκα** or **-εύτηκα**
and the passive voice participle ends in **-αυμένος**, **-ευμένος**, or **-εμένος**.

Active voice Present	*Active voice Simple past*	*Passive voice Simple past*	**Passive voice Participle**
ανα<u>π</u>αύω	ανάπαυσα	αναπ<u>α</u>ύτηκα	**αναπ<u>αυ</u>μένος** *rested*
μαγ<u>ε</u>ύω	μάγεψα	μαγ<u>ε</u>ύτηκα	**μαγ<u>εμ</u>ένος** *enchanted*
λατρ<u>ε</u>ύω	λάτρεψα	λατρ<u>ε</u>ύτηκα	**λατρ<u>εμ</u>ένος** *cherished*
-----	-----	ερωτ<u>ε</u>ύτηκα*	**ερωτ<u>ευ</u>μένος** *in love*
παντρ<u>ε</u>ύω	πάντρεψα	παντρ<u>ε</u>ύτηκα	**παντρ<u>εμ</u>ένος** *married*

* The verb *ερωτεύομαι (to fall in love)* has no active voice, only passive, for obvious reasons; it is something that happens to you, you don't make others fall in love (unless you're Cupid).

EXERCISES
ΑΣΚΗΣΕΙΣ

1. Identify the participle in the following sentences and then write the verb that it comes from (in the present tense, in the active voice). – Βρες τη μετοχή στις ακόλουθες προτάσεις κι έπειτα γράψε το ρήμα από το οποίο προέρχεται (στον ενεστώτα, στην ενεργητική φωνή).

e.g. Αισθάνομαι πολύ αδικημένος.

participle: __αδικημένος__   verb: __αδικώ__

1. Αυτή η ιστορία είναι βγαλμένη από τη ζωή.

   participle: _____   verb: _____

2. Το πράσινο είναι το αγαπημένο μου χρώμα.

   participle: _____   verb: _____

3. - Συγγνώμη που σε αδίκησα.
   - Δεν πειράζει. Περασμένα, ξεχασμένα.*

   participles: _____   verbs: _____

   _____   _____

   * *"Περασμένα, ξεχασμένα"* is an expression that means "let bygones be bygones", literally *passed and forgotten*.

4. Τι ώρα θα φτάσουν οι καλεσμένοι μας;
   guests

   participle: _____   verb: _____

5. Το ζευγάρι περπατούσε στο πάρκο αγκαλιασμένο.
   couple

   participle: _____   verb: _____

6. Σήμερα ο Γιάννης δεν πήγε διαβασμένος στο σχολείο.
   prepared for class, having studied

   participle: _____   verb: _____

7. Ο θησαυρός είναι καλά κρυμμένος.
   treasure

   participle: _____   verb: _____

8. - Ποιο είναι το αγαπημένο σου χρώμα, Αλεξάνδρα;
   - Το κόκκινο και το πράσινο.
   - Εγώ δεν είπα «τα αγαπημένα σου χρώματα». Είπα «το αγαπημένο». Ένα χρώμα, όχι δύο.
   - Εντάξει, τότε το πράσινο.

   participles: _____   verb: _____
   _____

9. Ο μπαμπάς είναι ξαπλωμένος στο κρεβάτι.

   participle: _____   verb: _____

10. Είμαι πολύ θυμωμένη μαζί σου γιατί μου είπες ψέματα.

    participle: _____   verb: _____

11. Είμαστε παντρεμένοι εδώ και δέκα χρόνια κι είμαστε πολύ ευτυχισμένοι.

    participles: _____   verbs: _____
    _____   _____

12. Τι κακομαθημένο παιδί!
    spoiled

    participle: _____   verb: _____

13. Το φορτηγό είναι σταματημένο στην άκρη του δρόμου.

    participle: _____ *verb:* _____

14. Το αυτοκίνητο είναι παρκαρισμένο στο γκαράζ.

    participle: _____ *verb:* _____

15. Οι πατάτες είναι καθαρισμένες, κομμένες και αλατισμένες. Έτοιμες για το φούρνο!

    participles: _____ *verbs:* _____

    _____ _____

    _____ _____

16. Τα μαλλιά της Βάσως είναι βαμμένα ξανθά.

    participle: _____ *verb:* _____

17. Το βάζο είναι τοποθετημένο στο κέντρο του τραπεζιού.

    participle: _____ *verb:* _____

18. Καθαρίζω το τραπέζι με ένα βρεγμένο πανί.

    participle: _____ *verb:* _____

19. Βρήκα ένα ποδήλατο παρατημένο στο πεζοδρόμιο και το έφερα στο σπίτι.   *abandoned*   *sidewalk*

    participle: _____ *verb:* _____

20. Η ξαδέλφη μου είναι χωρισμένη αλλά δεν έχει πάρει ακόμα διαζύγιο.
                                                                       divorce

    participle: _____ *verb:* _____

21. Αυτό το σπίτι πουλιέται πολύ ακριβά γιατί είναι πλήρως ανακαινισμένο.
    is being sold   *fully   renovated*
    also: *πωλείται*

    participle: _____   verb: _____

22. Τα ρούχα είναι απλωμένα στην απλώστρα.
                                    clothesline, drying rack

    participle: _____   verb: _____

23. Αυτή η μπλούζα είναι ραμμένη και κεντημένη στο χέρι.

    participles: _____   verbs: _____

    _____   _____

24. Η ντουλάπα μου είναι πολύ καλά οργανωμένη.

    participle: _____   verb: _____

25. Το γκρίζο πιάτο είναι σπασμένο.
                                broken

    participle: _____   verb: _____

26. Ο Άγγελος είναι πολύ στεναχωρημένος γιατί έχασε τη μπάλα του.

    participle: _____   verb: _____

27. Φαίνεσαι μεθυσμένος. Πόσες μπύρες ήπιες;
              drunk

    participle: _____   verb: _____

28. Το φως είναι αναμμένο.

    participle: _____   verb: _____

2. Replace the verbs with participles. – Αντικατάστησε τα ρήματα με μετοχές.

e.g. Ο Γιώργος χτύπησε.

    Ο Γιώργος είναι χτυπημένος.

1. Η γάτα ανέβηκε στο δέντρο.

2. Η επιστολή έχει γραφτεί σε γραφομηχανή.
                                    typewriter

3. Το παντελόνι έχει σκιστεί. *(σκίζω: to tear)*

4. Το πάτωμα έχει σκουπιστεί καλά.

5. Το τρένο σταμάτησε.

6. Το ηλεκτρικό τρενάκι χάλασε. *(χαλάω: to break down)*

7. Οι ασκήσεις γραμματικής διορθώθηκαν. *(διορθώνω: to correct)*

8. Τα ρούχα πλύθηκαν και σιδερώθηκαν. *(σιδερώνω: to iron)*

9. Η Μελέκ μεγάλωσε στην Τουρκία.

10. Έχουμε Απόκριες* και ο Τάκης έχει ντυθεί αστροναύτης.

* the Greek equivalent of Halloween

ANSWERS TO THE EXERCISES
ΛΥΣΕΙΣ ΤΩΝ ΑΣΚΗΣΕΩΝ

1.
   1. βγαλμένη – βγάζω
   2. αγαπημένο – αγαπάω/αγαπώ
   3. περασμένα, ξεχασμένα – περνάω/περνώ, ξεχνάω/ξεχνώ
   4. καλεσμένοι – καλώ
   5. αγκαλιασμένο – αγκαλιάζω
   6. διαβασμένος – διαβάζω
   7. κρυμμένος – κρύβω
   8. αγαπημένο, αγαπημένα, αγαπημένο – αγαπώ
   9. ξαπλωμένος – ξαπλώνω
   10. θυμωμένη – θυμώνω
   11. παντρεμένοι, ευτυχισμένοι – παντρεύω (to marry, *as in* to perform the marriage ceremony)/παντρεύομαι (to get married), ευτυχώ (to be happy)
   12. κακομαθαίνω
   13. σταματημένο – σταματάω/σταματώ
   14. παρκαρισμένο – παρκάρω
   15. καθαρισμένες, κομμένες, αλατισμένες – καθαρίζω, κόβω, αλατίζω
   16. βαμμένα – βάφω
   17. τοποθετημένο – τοποθετώ
   18. βρεγμένο – βρέχω
   19. παρατημένο – παρατάω/παρατώ
   20. χωρισμένη – χωρίζω
   21. ανακαινισμένο – ανακαινίζω
   22. απλωμένα – απλώνω
   23. ραμμένη, κεντημένη – ράβω, κεντάω/κεντώ
   24. οργανωμένη – οργανώνω
   25. σπασμένο – σπάω/σπάζω
   26. στεναχωρημένος – στεναχωρώ (to make sb sad)/ στεναχωριέμαι (be/get sad)
   27. μεθυσμένος – μεθάω/μεθώ
   28. αναμμένο – ανάβω

2.
   1. Η γάτα είναι ανεβασμένη στο δέντρο.
   2. Η επιστολή είναι γραμμένη σε γραφομηχανή.
   3. Το παντελόνι είναι σκισμένο.
   4. Το πάτωμα είναι σκουπισμένο καλά.
   5. Το τρένο είναι σταματημένο.
   6. Το ηλεκτρικό τρενάκι είναι χαλασμένο.
   7. Οι ασκήσεις γραμματικής είναι διορθωμένες.
   8. Τα ρούχα είναι πλυμένα και σιδερωμένα.
   9. Η Μελέκ είναι μεγαλωμένη στην Τουρκία.
   10. Έχουμε Απόκριες και ο Τάκης είναι ντυμένος αστροναύτης.

IMPERATIVE
ΠΡΟΣΤΑΚΤΙΚΗ

In the **active voice** (e.g. προσέχω, γράφω) the imperative has

- an <u>instantaneous form</u>*
  e.g. πρόσεξε (once), γράψε

- a <u>continuous form</u>*
  e.g. πρόσεχε (be careful always or for a certain period of time), γράφε

The imperative in the active voice exists only in the 2nd person singular and the 2nd person plural.

instantaneous: πρόσεξε – προσέξτε , γράψε – γράψτε
continuous: πρόσεχε – προσέχετε, γράφε – γράφετε

In the **passive voice** (e.g. κοιμάμαι, έρχομαι, κάθομαι) there is

- an <u>instantaneous form</u>
  e.g. κοιμήσου – κοιμηθείτε
  έλα – ελάτε
  κάτσε/κάθισε – καθίστε

- **no** <u>continuous form</u>
  We can still demand or request that something be done continuously, but instead of an imperative, we use **να + verb in the present tense**
  e.g. να κοιμάσαι – να κοιμάστε
  να έρχεσαι – να έρχεστε
  να κάθεσαι – να κάθεστε

* You may have encountered these as "imperative of the present tense" and "imperative of the simple past". Many instructors of Modern Greek, including me, find it imore intuitive and learner-friendly to call them continuous and instantaneous imperative. If you're used to different terminology, just keep in mind that they are the same thing.

As mentioned above, the imperative in the active voice exists only in the 2nd person singular and the 2nd person plural. However, there is one verb that has an imperative in the 1st person plural: the verb πάω/πηγαίνω.

πάμε is the equivalent of "let's go".

In general, to suggest that we do something, we use "ας".

> ας γράψουμε *(let's write)*
>
> ας κοιμηθούμε *(let's sleep)*
>
> ας φάμε (let's eat)
>
> ας δώσουμε (let's give)
>
> ας μάθουμε (let's learn)
>
> ας έρθουμε (let's come)

Do you recognize the pattern? This is similar to the simple future, where we replace *θα* with *ας*.

We can also use this structure with the verb πάω/πηγαίνω, and say "ας πάμε" (which is actually "let's go" word for word). *Πάμε* is similar to *ας πάμε*, though *πάμε* can be used in a stricter tone, as an order, whereas *ας πάμε* is a suggestion or request.

Let's look at some representative common verbs. The future simple is given for reference, because its stem is the same as that of the instantaneous imperative.

ACTIVE VOICE

Present	*Continuous imperative*		*Instantaneous imperative*		*Simple future*
	Singular	*Plural*	*Singular*	*Plural*	
αφήνω	άφηνε	αφήνετε	άφησε / άσε	αφήστε	θα αφήσω
κλείνω	κλείνε	κλείνετε	κλείσε	κλείστε	θα κλείσω
τελειώνω	τελείωνε / τέλειωνε	τελειώνετε	τελείωσε / τέλειωσε	τελειώστε	θα τελειώσω
αλλάζω	άλλαζε	αλλάζετε	άλλαξε	αλλάξτε	θα αλλάξω
διαβάζω	διάβαζε	διαβάζετε	διάβασε	διαβάστε	θα διαβάσω
αρχίζω	άρχιζε	αρχίζετε	άρχισε	αρχίστε	θα αρχίσω
παίζω	παίζε	παίζετε	παίξε	παίξτε	θα παίξω
ανοίγω	άνοιγε	ανοίγετε	άνοιξε	ανοίξτε	θα ανοίξω
κάνω	κάνε	κάνετε	κάνε	κάντε	θα κάνω
αγαπάω/-ώ	αγάπα/ αγάπαγε	αγαπάτε	αγάπησε/ αγάπα	αγαπήστε	θα αγαπήσω
γελάω/-ώ	γέλα	γελάτε	γέλασε/γέλα	γελάστε	θα γελάσω
μιλάω/-ώ	μίλα/μίλαγε	μιλάτε	μίλησε/μίλα	μιλήστε	θα μιλήσω
περνάω/-ώ	πέρνα	περνάτε	πέρασε/πέρνα	περάστε	θα περάσω
ξεκινάω/-ώ	ξεκίνα/ ξεκίναγε	ξεκινάτε	ξεκίνησε/ ξεκίνα	ξεκινήστε	θα ξεκινήσω
ξεχνάω/-ώ	ξέχνα/ξέχναγε	ξεχνάτε	ξέχασε / ξέχνα	ξεχάστε	θα ξεχάσω
ρωτάω/-ώ	ρώτα/ρώταγε	ρωτάτε	ρώτησε/ ρώτα	ρωτήστε	θα ρωτήσω
χτυπάω/-ώ	χτύπα/χτύπαγε	χτυπάτε	χτύπησε/χτύπα	χτυπήστε	θα χτυπήσω
τραβάω/-ώ	τράβα/τράβαγε	τραβάτε	τράβηξε/τράβα	τραβήξτε	θα τραβήξω
προσπαθώ	-----	προσπαθείτε	προσπάθησε	προσπαθήστε	θα προσπαθήσω
περιμένω	περίμενε	περιμένετε	περίμενε	περιμένετε	θα περιμένω
συγχωρώ	συγχώρα/ συγχώραγε	συγχωρείτε/ συγχωράτε*	συγχώρεσε/ συγχώρα	συγχωρέστε/ συγχωρήστε	θα συγχωρέσω/ θα συγχωρήσω

352

ζω	-----	ζείτε	ζήσε	ζήστε	θα ζήσω
βάζω	βάζε	βάζετε	βάλε	βάλτε	θα βάλω
βγάζω	βγάζε	βγάζετε	βγάλε	βγάλτε	θα βγάλω
κόβω	κόβε	κόβετε	κόψε	κόψτε	θα κόψω
γράφω	γράφε	γράφετε	γράψε	γράψτε	θα γράψω
καλώ	-----	καλείτε	κάλεσε	καλέστε	θα καλέσω
ακούω	άκουγε/άκου	ακούτε	άκουσε	ακούστε	θα ακούσω
τρώω	τρώγε	τρώτε	φάε	φάτε	θα φάω
πίνω	πίνε	πίνετε	πιες	πιείτε/πιέστε*	θα πιω
λέω	λέγε	λέγετε/λέτε	πες	πείτε/πέστε*	θα πω
βλέπω	βλέπε	βλέπετε	δες	δείτε/δέστε*	θα δω
μπαίνω	μπαίνε	μπαίνετε	μπες/έμπα*	μπείτε/μπέστε*	θα μπω
βγαίνω	βγαίνε	βγαίνετε	βγες/έβγα*	βγείτε/βγέστε*	θα βγω
μαθαίνω	μάθαινε	μαθαίνετε	μάθε	μάθετε	θα μάθω
παίρνω	παίρνε	παίρνετε	πάρε	πάρτε	θα πάρω
μένω	μένε	μένετε	μείνε	μείνετε	θα μείνω
δίνω	δίνε	δίνετε	δώσε	δώστε	θα δώσω
πέφτω	πέφτε	πέφτετε	πέσε	πέστε	θα πέσω
φέρνω	φέρνε	φέρνετε	φέρε	φέρτε	θα φέρω
στέλνω	στέλνε	στέλνετε	στείλε	στείλτε/στείλετε	θα στείλω

* colloquial form

PASSIVE VOICE

Remember, in the passive voice there is no continuous imperative, only instantaneous.

Present	*Instantaneous imperative*		*Simple future*
	Singular	*Plural*	
θυμάμαι	θυμήσου	θυμηθείτε	θα θυμηθώ
κοιμάμαι	κοιμήσου	κοιμηθείτε	θα κοιμηθώ
γίνομαι	γίνε	γίνετε	θα γίνω
έρχομαι	έλα	ελάτε	θα έρθω
κάθομαι	κάθισε/κάτσε*	καθίστε	θα καθίσω/θα κάτσω
ντύνομαι	ντύσου	ντυθείτε	θα ντυθώ
πλένομαι	πλύσου	πλυθείτε	θα πλυθώ
χάνομαι	χάσου	χαθείτε	θα χαθώ
εμφανίζομαι	εμφανίσου	εμφανιστείτε	θα εμφανιστώ
εξαφανίζομαι	εξαφανίσου	εξαφανιστείτε	θα εξαφανιστώ
σκέφτομαι	σκέψου	σκεφτείτε	θα σκεφτώ
εμπιστεύομαι	εμπιστέψου	εμπιστευτείτε/ εμπιστευθείτε	θα εμπιστευτώ/ θα εμπιστευθώ
σηκώνομαι	σήκω**	σηκωθείτε	θα σηκωθώ

* colloquial form
** irregular (it doesn't get more irregular than this!)

Examples

1. **Άφησέ** με ήσυχο! / **Άσε** με ήσυχο!   (αφήνω)
   Leave me alone!

2. **Κλείσε** το παράθυρο, κάνει κρύο.   (κλείνω)
   Close the window, it's cold.

3. - **Πες** μου το μυστικό.   (λέω)
     Tell me the secret.
   - **Ξέχνα** το! / **Ξέχασέ** το!   (ξεχνάω/ξεχνώ)
     Forget it!

4. «**Άνοιξ'** το παραθύρι σου, ξανθέ βασιλικέ μου   (ανοίγω)
   και με γλυκό χαμόγελο μια καληνύχτα **πες** μου»   (λέω)
   τραγούδησε ο Γιώργος Νταλάρας.
   (Τίτλος τραγουδιού: «Μη μου θυμώνεις, μάτια μου»)

5. **Φύγε** από 'δω! **Σταμάτα** να με ενοχλείς!   (φεύγω, σταματάω/-ώ)
   Go away/Get out of here! Stop bothering me!

6. Παιδιά, **σταματήστε** τη φασαρία. Θέλω να κοιμηθώ!   (σταματάω/-ώ)
   Kids, stop the noise. I want to sleep!

7. **Μίλησέ** μου, Κατερίνα. **Πες** μου τι σε βασανίζει.   (μιλάω, λέω)
   Talk to me, Katerina. Tell me what's troubling/torturing you.

8. **Σκεπάσου** με την κουβέρτα. Κάνει πολύ κρύο απόψε.   (σκεπάζομαι)
   Cover yourself   blanket   tonight

9. **Γύρνα** πίσω, μου λείπεις πολύ.   (γυρνάω/γυρνώ / γυρίζω)
   Come back, I miss you a lot.
   also: **Γύρισε** πίσω

10. Ένα παλιό ανέκδοτο λέει:
    - Μπαμπά, είναι μακριά η Αμερική;
    - **Σκάσε** και **κολύμπα**.   (σκάω/σκάζω, κολυμπάω/-ώ)
      Shut up and swim.   shut up   swim
      also: burst

EXERCISES
ΑΣΚΗΣΕΙΣ

1. For each of the following verbs, complete the instantaneous imperative that is missing (singular or plural). – Για καθένα από τα παρακάτω ρήματα, συμπλήρωσε τη στιγμιαία προστακτική που λείπει (στον ενικό ή στον πληθυντικό).

	Present tense 1st person sing.	Instantaneous imperative 2nd person singular	Instantaneous imperative 2nd person plural
e.g.	κλείνω	κλείσε	κλείστε
1.	πληρώνω	_____	πληρώστε
2.	χαρίζω	χάρισε	_____
3.	ευχαριστώ	_____	ευχαριστήστε
4.	τραβάω/-ώ	τράβα/τράβηξε	_____
5.	μιλάω/-ώ	μίλα/μίλησε	_____
6.	τρώω	_____	φάτε
7.	πίνω	πιες	_____
8.	ονειρεύομαι	ονειρέψου	_____
9.	πλένομαι	_____	πλυθείτε
10.	πέφτω	_____	πέστε
11.	εξαφανίζομαι	_____	εξαφανιστείτε
12.	σκέφτομαι	σκέψου	_____
13.	χάνομαι	_____	χαθείτε
14.	βλέπω	δες	_____
15.	μένω	_____	μείνετε

16.	λέω	_____	πείτε/πέστε
17.	χτυπάω/-ώ	χτύπα	_____
18.	βρίσκω	_____	βρείτε/βρέστε
19.	κοιμάμαι	κοιμήσου	_____
20.	θυμάμαι	_____	θυμηθείτε
21.	ντύνομαι	_____	ντυθείτε
22.	κατεβαίνω	κατέβα	_____

2. In the following dialogue, fill in the blanks with the verbs in the instantaneous imperative. – Στον παρακάτω διάλογο, συμπλήρωσε τα κενά με τα ρήματα στη στιγμιαία προστακτική.

Λευτέρης: Τι όργανο μουσικής να μάθω, Παντελή;
musical instrument
also: μουσικό όργανο

Παντελής: _____ μπουζούκι. (μαθαίνω)

Λευτέρης: Μπα, το μπουζούκι είναι δύσκολο. _____ κάτι άλλο. (σκέφτομαι)
Nah...

Παντελής: Εγώ ξέρω βιολί. _____ κι εσύ. Δε σ' αρέσει το βιολί; (μαθαίνω)

Λευτέρης: Δεν ξέρω. _____ το βιολί σου να το δω. (φέρνω)

Παντελής: Ορίστε. _____ τι ωραίο που είναι! (βλέπω)

Λευτέρης: _____ μια μελωδία. (παίζω)

Παντελής: Εντάξει. _____. (ακούω)

Λευτέρης: Ακούγεται υπέροχο.

Παντελής: Ναι. _____ στο ωδείο ή _____ έναν δάσκαλο στο σπίτι. (γράφομαι, φωνάζω)

3. Identify the verbs in the imperative and then write them in their original form (i.e. in the 1st person in the present tense). – Εντόπισε τα ρήματα στην προστακτική κι έπειτα γράψε τα στην αρχική τους μορφή (δηλ. στο 1º πρόσωπο, στον ενεστώτα).

1. - Μαμά, δώσε μου πενήντα ευρώ.

   - Πάλι; Σταμάτα να μου ζητάς λεφτά. Είσαι σαράντα χρονών! Δούλεψε και βγάλε δικά σου λεφτά!

   - Έλα βρε μαμά, λυπήσου με.
     have mercy on me

   - Σε λυπάμαι αλλά κουράστηκα. Βγες να δουλέψεις.

   - Δε βρίσκω δουλειά.

   - Πες μου αλήθεια, Κωστή. Ψάχνεις δουλειά;

   - Εεεε... Κοίτα... Προσπαθώ αλλά...

   - Φτάνει! Ξεκίνα να ψάχνεις εδώ και τώρα!
     Enough!   *here and now*

   - Καλά, αλλά τώρα φέρε πενήντα ευρώ. Τελευταία φορά.

   - Τελευταία, Κωστή! Πάρε τριάντα ευρώ. Δεν έχω πενήντα.

   - Μόνο τριάντα έχεις; Καλά, θα μου χρωστάς είκοσι.
     owe

   <u>δώσε - δίνω</u>

2. - Δεσποινίς, μήπως ξέρετε πού είναι το ταχυδρομείο;

   - Ναι, βεβαίως. Πηγαίνετε ευθεία μέχρι το φανάρι. Εκεί στρίψτε δεξιά.
       certainly   *straight*   *traffic light*   *turn*   *right*
   Προχωρήστε γύρω στα 50 μέτρα. Περάστε απέναντι και θα δείτε το
   proceed, move forward   *across (the street)*
   ταχυδρομείο μπροστά σας.

   - Ευχαριστώ! Πείτε μου, μήπως ξέρετε μέχρι τι ώρα είναι ανοιχτό;

   - Νομίζω μέχρι τις πέντε.

   - Μιλήστε λίγο πιο δυνατά, σας παρακαλώ. Δεν ακούω καλά.

   _____

   _____

   _____

3. - Κατερίνα, έλα στο πάρτι μαζί μας!

   - Πηγαίνετε μόνοι σας, είμαι ακόμα με τις πιτζάμες.
                                               pyjamas

   - Κάνε στα γρήγορα ένα μπάνιο, ντύσου, χτενίσου, βάψου και κατέβα.
   Σε περιμένουμε κάτω στην είσοδο.
                         entrance, front door

   - Εντάξει, περιμένετε. Σε είκοσι λεπτά θα είμαι κάτω.

   _____

   _____

   _____

4. - Μαμά, πας για ψώνια;
   are you going shopping

   - Ναι.

   - Περίμενε! Έρχομαι μαζί σου.

   - Όχι, μείνε στο σπίτι και κάνε τα μαθήματά σου.

   - Τα τελείωσα!

   - Κιόλας; Δείξε μου το τετράδιό σου.
   Already?   *notebook*

   - Να, κοίτα.

   - Εντάξει, τότε έλα. Όμως βάλε παπούτσια. Δεν μπορείς να έρθεις με τις παντόφλες!
   slippers

   - Παίρνω και ομπρέλα.

   - Όχι, άσε την ομπρέλα· δε βρέχει.

   _____   _____

   _____   _____

   _____   _____

   _____   _____

4. Put the verbs in the instantaneous imperative. – Βάλε τα ρήματα στη στιγμιαία προστακτική.

1. Δήμητρα, _____ από το σπίτι μου στις 6:00. (περνάω/περνώ)

2. _____ τη σαλάτα σου, Γιαννάκη. Είναι πολύ υγιεινή. (τρώω)
   healthful

3. _____ μου το μολύβι σου, σε παρακαλώ. (δίνω)

4. _____ να κάνεις την άσκηση· δεν είναι δύσκολη. (προσπαθώ)

5. _____ πιο δυνατά! Δε σ' ακούω. (μιλάω/μιλώ)

6. Μας κλέψανε! _____ την αστυνομία! (καλώ)
   police

7. _____ το κουδούνι για να σου ανοίξω. (χτυπάω/χτυπώ)
   doorbell, bell

8. Παιδιά, _____ το κείμενο δυνατά. (διαβάζω)

9. Όλγα, _____ με τηλέφωνο σήμερα το βράδυ. (παίρνω)

10. _____ τα μάτια και _____ τι δώρο σου πήρα! (κλείνω, μαντεύω)
    guess

11. - _____ να χορέψουμε, Δέσποινα! (σηκώνομαι)

    - _____ μόνος σου· δεν έχω όρεξη. (χορεύω)

12. _____ μου ότι μ' αγαπάς, Αλέξη. (λέω)

13. _____ Ιωάννα, δεν είναι καταπληκτική η θέα από το μπαλκόνι; (κοιτάω/κοιτώ / κοιτάζω)

14. Νικόλα, _____ κάτι ελαφρύ, κάνει πολλή ζέστη σήμερα. (φοράω/ φορώ)

15. Τασούλη, _____ τη θεία Μαρία για το δώρο που σου έφερε. (ευχαριστώ)

16. _____ ένα από τα πολυτελή κρουαζιερόπλοιά μας!
    luxurious   cruise ships

    _____ μαζί μας και _____ τις διακοπές σας* στην υπέροχη Μαγιόρκα. (επιλέγω, ταξιδεύω, απολαμβάνω)

    * This "σας" indicates that we are adressed to many people or to someone in the polite form, so you have to use the 2nd person plural for the imperative.

17. Δημήτρη, _____ ένα τραγούδι στο πιάνο. (παίζω)

18. _____ με προσεκτικά. Έχω κάτι σοβαρό να σου* πω. (ακούω)

    * The "σου" tells you that we are adressed to someone in the 2nd person singular, so that's what you have to use for the imperative.

19. Μαργαρίτα, _____ το σκύλο βόλτα, σε παρακαλώ. (βγάζω)

20. Παιδιά, _____ όλο σας το φαγητό, _____ την πορτοκαλάδα σας και μετά _____ έξω για παιχνίδι. (τρώω, πίνω, βγαίνω)

21. Κώστα, _____ μου να σου δώσω μια συμβουλή. (επιτρέπω)
    advice   allow

22. Παιδιά, _____ στις ερωτήσεις του τεστ προσεκτικά. (απαντάω/απαντώ)
    carefully

23. _____ το γράμμα, _____ στο ταχυδρομείο και _____ το. _____ να βάλεις γραμματόσημο στο φάκελο. (γράφω, πηγαίνω/πάω, στέλνω, θυμάμαι)

24. _____ το φως και _____, Ελενίτσα. Είναι αργά. (σβήνω, κοιμάμαι)

25. _____ μου το χέρι σου και _____ στο πλάι μου. (δίνω, περπατάω/περπατώ)
    next to me, by my side
    walk

5. Let's look at some lyrics of famous Greek songs with verbs in the imperative. Simply underline those verbs. – Ας δούμε μερικούς στίχους γνωστών ελληνικών τραγουδιών με ρήματα στην προστακτική. Υπογράμμισε απλώς αυτά τα ρήματα.

1. «<u>Έλα</u> μαζί μου, κάπου να πάμε χέρι με χέρι
                                                           hand in hand
   σ' ένα άσπρο σύννεφο, σ' έναν παράδεισο, σε κάποιο αστέρι»
               cloud   *paradise, heaven*   *star*
   τραγούδησε η Δήμητρα Γαλάνη.

   (Τίτλος τραγουδιού: «Έλα μαζί μου»)

2. «<u>Πάρε</u> με απόψε, <u>πάρε</u> με στα μαγικά φτερά σου.
                                                   wings (also: feathers)
   <u>Βάλε</u> με απόψε, <u>βάλε</u> με μέσα στην αγκαλιά σου»
                                         embrace, hug
                                         here: *in your arms*
   τραγουδάει η Γλυκερία και ο Νίκος Ζιώγαλας.

   (Τίτλος τραγουδιού: «Πάρε με απόψε, πάρε με»)

3. «<u>Άνοιξε</u> το παράθυρο να μπει

   δροσιά να μπει του Μάη
   cool breeze

   εμείς για αλλού κινήσαμε, για αλλού
                     we set off, set out

    κι αλλού η ζωή μας πάει»

   τραγούδησε ο υπέροχος Αντώνης Καλογιάννης.

   (Τίτλος τραγουδιού: «Άνοιξε το παράθυρο»)

4. «<u>Γέλα</u>, <u>γέλα</u>, πουλί μου, <u>γέλα</u>

   <u>γέλα</u>, είν' η ζωή μια τρέλα»

   τραγουδάνε οι Αδελφοί Κατσιμίχα.

   (Τίτλος: «Γέλα πουλί μου»)

5. «Συγγνώμη σου ζητώ, συγχώρεσέ με
   forgive me
   μετάνιωσα πικρά, το ομολογώ.
   μετανιώνω: confess
   repent, regret
   Σαν πρώτα τώρα πάλι αγκάλιασέ με
   αγκαλιάζω: to hug
   το ξέρω ότι έφταιξα εγώ»
   φταίω: I am to blame,
   it is my fault
   λέει ένα παλιό ελληνικό τραγούδι.

   (Τίτλος: «Συγγνώμη σου ζητώ».)

   Several artists have sung this song. I find that the best rendition is by Μαργαρίτα Ζορμπαλά, in case you'd like to look it up.

6. «Αγάπα με, γίνομαι δρόμος να περάσεις, πάτα με»,
   πατάω/πατώ: step on
   τραγούδησε ο Γιάννης Πουλόπουλος.

   (Τίτλος τραγουδιού: «Αγάπα με»)

7. «Αγάπησέ με, μην αργείς

   αγάπησέ με όσο μπορείς

   τη ζωή μου έχω φανταστεί
   I have imagined my life

   με εσένα πρωταγωνιστή»
   with you as the protagonist

   τραγουδάει η Τάμτα.

   (Τίτλος τραγουδιού: «Αγάπησέ με»)

   *In the above two examples we see both **αγάπα με** and **αγάπησέ με**. They are interchangeable.*

8. «Μίσησέ με, δεν πειράζει,
    hate me   it's OK
   μου φτάνει που θα ξέρω πως νιώθεις και για μένα κάτι.
   it's enough for me to know that you feel something for me
   Μίσησέ με, δε με νοιάζει,
              I don't care, I don't mind
   εγώ θα καταφέρω το μίσος σου να κάνω αγάπη»
   I will manage to turn your hate into love
   τραγούδησε η Ευρυδίκη.

   (Τίτλος τραγουδιού: «Μίσησέ με»)

9. «Ανέβα στο τραπέζι μου, κούκλα μου γλυκιά
   χόρεψε και σπάσ' τα όλα τούτη τη βραδιά»
              σπάσε τα   this (αυτή)
              σπάω/σπάζω: break
   λέει ένα παλιό λαϊκό τραγούδι.

10. «Πιες, τραγούδησε και γέλα
    κάνε κάθε είδους τρέλα
    τράβα μπρος και μη σε νοιάζει
    τράβα μπρος και χαμογέλα»
    τραγουδούσε η Αλίκη Βουγιουκλάκη στην ταινία «Η Αλίκη στο Ναυτικό». (Τίτλος τραγουδιού: «Τράβα μπρος»)
    This happens to be one of my favorite songs. Look it up, it is very uplifting!

ANSWERS TO THE EXERCISES
ΛΥΣΕΙΣ ΤΩΝ ΑΣΚΗΣΕΩΝ

1.
1. πλήρωσε
2. χαρίστε
3. ευχαρίστησε
4. τραβήξτε
5. μιλήστε
6. φάε
7. πιείτε / πιέστε
8. ονειρευτείτε
9. πλύσου
10. πέσε
11. εξαφανίσου
12. σκεφτείτε
13. χάσου
14. δείτε / δέστε
15. μείνε
16. πες
17. χτυπήστε
18. βρες
19. κοιμηθείτε
20. θυμήσου
21. ντύσου
22. κατεβείτε

2. Μάθε, Σκέψου, Μάθε, Φέρε, Δες, Παίξε, Άκου, Γράψου, φώναξε

3.
1. δώσε – δίνω, Σταμάτα – σταματάω/σταματώ,
Δούλεψε – δουλεύω, βγάλε –βγάζω, Έλα – έρχομαι,
λυπήσου – λυπάμαι, Βγες – βγαίνω, Πες – λέω,
Κοίτα – κοιτάω/κοιτώ/κοιτάζω, Ξεκίνα – ξεκινάω/ξεκινώ,
φέρε – φέρνω, Πάρε – παίρνω

2. Πηγαίνετε – πηγαίνω/πάω, στρίψτε – στρίβω,
Προχωρήστε – προχωράω/προχωρώ, Περάστε – περνάω/περνώ,
Πείτε – λέω, Μιλήστε – μιλάω/μιλώ

3. έλα – έρχομαι, Πηγαίνετε – πηγαίνω/πάω, κάνε – κάνω,
ντύσου – ντύνομαι, χτενίσου – χτενίζομαι, βάψου – βάφομαι,
κατέβα – κατεβαίνω, περιμένετε – περιμένω.

4. Περίμενε – περιμένω, μείνε – μένω, κάνε – κάνω,
Δείξε – δείχνω, κοίτα – κοιτάω/κοιτώ/κοιτάζω,
έλα – έρχομαι, βάλε – βάζω, άσε - αφήνω

4.
1. πέρνα / πέρασε
2. Φάε
3. Δώσε
4. Προσπάθησε
5. Μίλα / Μίλησε
6. Κάλεσε
7. Χτύπα / Χτύπησε
8. διαβάστε
9. πάρε
10. Κλείσε, μάντεψε
11. Σήκω, Χόρεψε
12. Πες
13. Κοίτα / Κοίταξε
14. φόρα / φόρεσε
15. ευχαρίστησε
16. Επιλέξτε, ταξιδέψτε, απολαύστε
17. παίξε
18. Άκουσέ με
19. βγάλε
20. φάτε, πιείτε/πιέστε, βγείτε/βγέστε
21. επίτρεψέ μου
22. απαντήστε
23. Γράψε, πήγαινε, στείλε, Θυμήσου
24. Σβήσε, κοιμήσου
25. Δώσε, περπάτα

5.
1. Έλα
2. Πάρε, πάρε, βάλε, βάλε
3. Άνοιξε
4. Γέλα, γέλα, γέλα, γέλα
5. συγχώρεσε, αγκάλιασε
6. Αγάπα, πάτα
7. Αγάπησε, αγάπησε
8. Μίσησε, Μίσησε
9. Ανέβα, χόρεψε, σπάσε
10. Πιες, τραγούδησε, γέλα, κάνε, τράβα, τράβα, χαμογέλα

NEGATIVE IMPERATIVE
ΑΡΝΗΤΙΚΗ ΠΡΟΣΤΑΚΤΙΚΗ

There is no "negative imperative" per se in Greek, i.e a specific verb form; when we want to ask someone not to do something, we take the future tense (continuous and instantaneous) and we raplace the **θα** with **μη(ν)**.

We use **μην** (with a "ν" at the end) if the following word starts with a *vowel* or with κ, π, τ, μπ, ντ, γκ, τσ, τζ
and **μη** (without the "ν") if the following word starts with any other consonant.

The word that follows the **μη(ν)** can be a verb (μην έρχεσαι, μη φεύγεις) or a pronoun (μη μου λες ψέματα, μην το κάνεις).

> Side note: That form of the verb in the future tense without the θα (e.g. "φύγεις" in "θα φύγεις", "φεύγεις" in "θα φεύγεις", "μείνεις" in "θα μείνεις", "πιείτε" in "θα πιείτε", "πίνετε" in "θα πίνετε", etc.) is called *subjunctive*, which we will practice soon. Don't let the term "subjunctive" scare you, it is not a new thing, we've been using that form in the future tenses.

Just like in the continuous and instantaneous imperative that we have seen, here, too, we only have the 2nd person singular and the 2nd person plural.

Examples

1. **Μη θυμώνεις**, αφού ξέρεις ότι το έκανα καταλάθος.
   Don't be angry, you know I did it by accident. (continuous - The other person is already angry, so the continuous form is used to mean "don't be angry"/ "don't continue to be angry" and not "don't get angry")

2. Θα σου πω την αλήθεια αλλά **μη θυμώσεις**.
   I'll tell you the truth but don't get angry. (instantaneous - The other person is not angry yet)

3. **Μην αγοράσεις** ψωμί, έχουμε αρκετό στο σπίτι.
   (continuous - Don't buy bread today, this time, once)

4. **Μην αγοράζεις** μαύρα ρούχα, δε σου πάει το μαύρο.
   (instantaneous - Don't buy black clothes in general)

5. **Μην κάθεσαι** σ' αυτή την πολυθρόνα, είναι του παππού.
   (continuous - Generally don't sit in it, it's grandpa's armchair)

6. **Μην καθίσεις / μην κάτσεις** σ' αυτή την καρέκλα, είναι σπασμένη.
   (instantaneous - now, once)

7. **Μη** μου **λες** ψέματα, Γιάννη! Εσύ έσπασες το πιάτο!
   (continuous - Yannis is already lying, he already told the lie, and his mom tells him not to continue lying to her)

8. Ποιος έσπασε το πιάτο, Γιάννη; **Μη** μου **πεις** ψέματα!
   (instantaneous - Yannis hasn't said anything yet, so "μη μου πεις" is a warning, on this occasion only)

9. Σε παρακαλώ, **μη φεύγεις**. Μείνε λίγο ακόμα.
   (continuous)

10. Σε παρακαλώ, **μη φύγεις**. Μείνε λίγο ακόμα.
    (instantaneous)
    In the above two examples, **μη φύγεις** and **μη φεύγεις** are interchangeable. The meaning is the same, although grammatically one negative imperative is continuous and the other is instantaneous.

11. Το πάρτι αρχίζει στις 8:00 το βράδυ. **Μην αργήσεις**!
    (instantaneous - Don't arrive late, it refers to one moment)

12. Είμαι κάτω και σε περιμένω. **Μην αργείς**.
        down, downstairs   *Don't take long.*
    (continuous - Μην αργείς refers to the process, as in "don't take too long to get ready", don't delay, so it is continuous)

EXERCISES
ΑΣΚΗΣΕΙΣ

1. Below you are given the 2ⁿᵈ person singular in the negative imperative (instantaneous or continuous). Write the 2ⁿᵈ person plural. – Παρακάτω σου δίνεται το 2ο πρόσωπο του ενικού στην αρνητική προστακτική (στιγμιαία ή εξακολουθητική). Γράψε το 2ο πρόσωπο του πληθυντικού.

	Present tense 1st person sing.	*Negative imperative 2nd person singular*	*Negative imperative 2nd person plural*	
1.	φεύγω	μη φεύγεις	_____	(cont.)
2.	ανοίγω	μην ανοίξεις	_____	(inst.)
3.	βάζω	μη βάλεις	_____	(inst.)
4.	βλέπω	μη δεις	_____	(inst.)
5.	τρώω	μην τρως	_____	(cont.)
6.	μπαίνω	μην μπεις	_____	(inst.)
7.	δίνω	μη δώσεις	_____	(inst.)
8.	πέφτω	μην πέφτεις	_____	(cont.)
9.	κάθομαι	μην καθίσεις / μην κάτσεις	_____	(inst.)
10.	λέω	μη λες	_____	(cont.)
11.	φέρνω	μη φέρεις	_____	(inst.)
12.	φοράω/φορώ	μη φορέσεις	_____	(inst.)
13.	στέλνω	μη στέλνεις	_____	(cont.)
14.	εμφανίζομαι	μην εμφανιστείς	_____	(inst.)

15.	πίνω	μην πιεις	_____ (inst.)
16.	σηκώνομαι	μη σηκώνεσαι	_____ (cont.)
17.	έρχομαι	μην έρθεις	_____ (inst.)
18.	ρωτάω/ρωτώ	μη ρωτάς	_____ (cont.)
19.	κλαίω	μην κλαις	_____ (cont.)
20.	στεναχωριέμαι	μη στεναχωριέσαι	_____ (cont.)

2. Below you are given either the continuous or the instantaneous form of the negative imperative in the singular. Fill in the one that is missing. – Παρακάτω σου δίνεται η εξακουλουθητική ή η στιγμιαία αρνητική προστακτική στον ενικό. Συμπλήρωσε τον τύπο που λείπει.

	Present tense 1st person sing.	Continuous negative imperative	Instantaneous negative imperative
e.g.	φεύγω	μη φεύγεις	_____ μη φύγεις _____
1.	κάνω	μην κάνεις	_____
2.	γελάω/-ώ	_____	μη γελάσεις
3.	παίρνω	μην παίρνεις	_____
4.	ξεχνάω/-ώ	μην ξεχνάς	_____
5.	μπαίνω	_____	μην μπεις
6.	βγαίνω	μη βγαίνεις	_____
7.	χάνομαι	μη χάνεσαι	_____
8.	εύχομαι	_____	μην ευχηθείς
9.	καθαρίζω	_____	μην καθαρίσεις

10.	αλλάζω	μην αλλάζεις	_____
11.	ακουμπάω/-ώ	_____	μην ακουμπήσεις
12.	κλαίω	_____	μην κλάψεις
13.	γίνομαι	μη γίνεσαι	_____
14.	κόβω	μην κόβεις	_____
15.	κόβομαι *cut myself*	μην κόβεσαι	_____

3. **Below you are given some verbs in the imperative form (continuous or instantaneous). Fill out the negative imperative. – Παρακάτω σου δίνονται μερικά ρήματα στην προστακτική (εξακολουθητική ή στιγμιαία). Συμπλήρωσε την αρνητική προστακτική.**

e.g.	γράψε	_____μη γράψεις_____
1.	διάβαζε	_____
2.	βάζε	_____
3.	βγάλε	_____
4.	πες	_____
5.	δες	_____
6.	βλέπε	_____
7.	μείνε	_____
8.	δώσε	_____
9.	στείλε	_____
10.	ντύσου	_____
11.	χάσου	_____
12.	άρχισε	_____

ANSWERS TO THE EXERCISES
ΛΥΣΕΙΣ ΤΩΝ ΑΣΚΗΣΕΩΝ

1.
   1. μη φεύγετε
   2. μην ανοίξετε
   3. μη βάλετε
   4. μη δείτε
   5. μην τρώτε
   6. μην μπείτε
   7. μη δώσετε
   8. μην πέφτετε
   9. μην καθίσετε / μην κάτσετε
   10. μη λέτε
   11. μη φέρετε
   12. μη φορέσετε
   13. μη στέλνετε
   14. μην εμφανιστείτε
   15. μην πιείτε
   16. μη σηκώνεστε
   17. μην έρθετε
   18. μη ρωτάτε
   19. μην κλαίτε
   20. μη στεναχωριέστε

2.
   1. μην κάνεις
   2. μη γελάς
   3. μην πάρεις
   4. μην ξεχάσεις
   5. μην μπαίνεις
   6. μη βγεις
   7. μη χαθείς
   8. μην εύχεσαι
   9. μην καθαρίζεις
   10. μην αλλάξεις
   11. μην ακουμπάς
   12. μην κλαις
   13. μη γίνεις
   14. μην κόψεις
   15. μην κοπείς

3.
   1. μη διαβάζεις
   2. μη βάζεις
   3. μη βγάλεις
   4. μην πεις
   5. μη δεις
   6. μη βλέπεις
   7. μη μείνεις
   8. μη δώσεις
   9. μη στείλεις
   10. μη ντυθείς
   11. μη χαθείς
   12. μην αρχίσεις

SUBJUNCTIVE
ΥΠΟΤΑΚΤΙΚΗ

The subjunctive is used to express intention, purpose, or possibility.

In the phrases
  "θέλω <u>να φάω</u>" *(I want to eat)*,
  "σου αρέσει <u>να ταξιδεύεις</u>;" *(do you like to travel?)*,
  "τι <u>να κάνω</u>;" *(what can/should I do?)*,
  "<u>να σου δώσω</u> ένα φιλάκι;" *((may I) give you a kiss?)*,
  "<u>ας φύγουμε</u>" *(let's leave)*,
  "<u>όταν έρθεις</u> στο σπίτι, θα φάμε μαζί" *(when you come home/to the house, we'll eat together)*,
the underlined parts are the subjunctive.

You may recognize the verb forms from the future tenses: they are the same but we have replaced **θα** with **να / ας / όταν**. And just like we have a simple (instantaneous) future and a continuous future, we have a simple (instantaneous) and a continuous subjunctive.

The negation (as in *I prefer <u>not to eat</u>*) is formed in the same way but using **μη(ν) / να μη(ν)**.
  e.g. προτιμώ <u>να μη φάω</u>, <u>ας μη φύγουμε</u>, της είπα <u>να μην έρθει</u>.

Let's look at some examples to get familiar with the instantaneous and the continuous form of the subjunctive.

Examples

1. Θέλω **να πάω** διακοπές.
   I want to go on vacation. (instantaneous - once)

2. Θέλω **να πηγαίνω** στη θάλασσα κάθε μέρα.
   I want to go to the beach every day. (continuous – every day, repeatedly)

3. Θέλεις **να πάμε*** διακοπές;
   Do you want us to go on vacation? (instantaneous)
   * Note the person change here: Θέλ<u>εις</u> να πά<u>με</u>...; : Do <u>you</u> want <u>us</u> to go...?)

4. Θέλουμε **να κάνουμε** μια βόλτα. *(instantaneous, once)*

5. Θέλεις **να** σου **κάνω*** μια σούπα; *(instantaneous, once)*
   * *Here, too, note the person change. Do you want me to make you a soup?*

6. Σου λέω **να έρθεις** τώρα.
   I'm telling you to come now. (instantaneous - come now, once)

7. Θα έρθω **να** σε **δω** αύριο.
   I will come see you tomorrow. (instantaneous - I will come once)

8. Θα έρχομαι **να** σε **βλέπω** κάθε μέρα.
   I'll come see you every day. (continuous – I will come repeatedly)

9. Θέλω **να φάω** παγωτό.
   I want to eat ice cream. (instantaneous – once, I want to eat it now)

10. Μ' αρέσει **να τρώω** παγωτό.
    I like eating ice crem. (continuous – I like eating it in general)

11. **Ας μη φάμε** κρέας σήμερα· **ας φάμε** ψάρι.
    Let's not eat meat today; let's eat fish. (instantaneous – once, today only)

12. **Όταν μπορέσω** θα πάω στην Αθήνα.
    When I can (when I'm able to), I will go to Athens. (instantaneous – once, the moment I am able to)

13. Του είπα **να μην ανοίξει** το παράθυρο για **να μην μπούνε** κουνούπια.
    I told him not to open the window so that mosquitoes don't come in. (instantaneous - once)

14. Είπα στην Ελένη **να μη φοράει** μαύρα ρούχα γιατί δεν της πάνε.
    (continuous – I told her not to wear black clothes ever because she doesn't look good in black)

15. «Θέλω **να** σε **δω να** μ' **αναζητάς**» τραγουδάει η Ελευθερία Αρβανιτάκη. (Τίτλος τραγουδιού: «Θέλω να σε δω»)
    * *Note that one subjunctive ("να σε δω") is in the 1st person singular, whereas the other ("να αναζητάς") is in the 2nd person singular. I want to see you look for me. The verb βλέπω/να δω agrees with the implied "εγώ"; I want to see, I'll be the one that will see. The verb αναζητάς/να αναζητάς agrees with the implied "εσύ"; you are the one that will look for me, you will do the looking.*

EXERCISES
ΑΣΚΗΣΕΙΣ

1. Fill in the blanks with the words in the box. – Συμπλήρωσε τα κενά με τις λέξεις στο πλαίσιο.

> φάτε – έρθεις – μαγειρέψω – πηγαίνω – βγούμε – μάθω – βρέχει – κάνουμε – βγω – παίζω – φάμε – πάω – αργήσω – κεράσω – ξέρεις – τρέχει – κάνεις – τρώτε – γιορτάσω – παίζεις – φύγω – τραγουδάει – κυνηγάει

1. Θέλω να _____ στην αυλή.
2. Θα ήθελα πολύ να _____ ταξίδι στις Μπαχάμες.
3. Αλεξάνδρα, θέλεις να _____ για καφέ στο σπίτι μου;
4. - Τι θέλετε να σας _____ σήμερα, παιδιά; Μακαρονάδα;
   - Όχι, δε θέλουμε να _____ πάλι μακαρονάδα.
   - Τι θέλετε να _____ ;
   - Πίτσα!
   - Α, όχι. Δεν κάνει* να _____ πίτσα τόσο συχνά.
   * expression: δεν κάνει να ... : it's not good to..., similar to δεν πρέπει.
5. Ξέρεις να _____ σκι;
6. Φίλοι μου, σήμερα έχω γενέθλια. Θα ήθελα να τα _____ μαζί σας. Ας _____ έξω σήμερα το βράδυ να σας _____ ένα ποτό.
7. - Προσπαθώ να _____ μπουζούκι αλλά είναι λίγο δύσκολο.
   - Μάθε να _____ πιάνο. Νομίζω πως είναι πιο εύκολο.
8. Δε θέλω να _____ κάθε μέρα στο σχολείο! Προτιμώ να _____ με τους φίλους μου.
9. Πραγματικά δεν ξέραμε τι να _____ .

10. Είναι δυνατόν να μην _____ κάτι τόσο απλό;
    Is it possible that you don't know something so simple?

11. Πρέπει να _____ αμέσως. Δε θέλω να _____ στη δουλειά.

12. Άκουσα τον Δημήτρη να _____. Έχει καταπληκτική φωνή!

13. Επιτέλους σταμάτησε να _____.
    Finally, at last

14. Ο Νικολάκης είδε το σκυλί να τον _____ και άρχισε να _____.

2. Fill in the blanks with the verbs in the subjunctive. – Συμπλήρωσε τα κενά με τα ρήματα στην υποτακτική.

1. Γιώργο, θα μπορούσες να μου _____ πέντε ευρώ; (δανείζω)
   lend

2. Ελένη, μπορείς να μου _____ εκείνο το βιβλίο; (δίνω)

3. Όταν _____ στο σπίτι, πάρε με τηλέφωνο. (φτάνω)

4. Δε μας αρέσει να _____ στη βροχή. (περιμένω)

5. Τι να _____; Έτσι είναι η ζωή. (κάνω)

6. Ποιο τραγούδι θέλεις να σου _____; (τραγουδάω/-ώ)

7. Απαιτώ να μου _____ ποιος έσπασε το βάζο! (λέω)

8. Θα ήθελα να _____ έναν καφέ. (πίνω)

9. Θα ήθελα να _____ ως τις δέκα το πρωί κάθε μέρα και να μην _____ στη δουλειά τόσο νωρίς. (κοιμάμαι, πηγαίνω)
   hint: it says "κάθε μέρα" (every day), so you have to use the continuous form

10. Είμαι πολύ κουρασμένη, θέλω να _____ λίγο ακόμα. (κοιμάμαι)

11. Ο Κώστας θέλει να του _____ το αυτοκίνητό μου αλλά δε σκοπεύω να το _____. Αυτοκίνητο και γυναίκα δε δανείζονται!
    plan, intend (δανείζω, κάνω).

12. Μην ξεχάσεις να μου _____ αυτό που σου ζήτησα. (φέρνω)

13. Θυμήσου να _____ από το σούπερ μάρκετ και να _____ γάλα και γιαούρτι. (περνάω/-ώ, αγοράζω)

14. Ας _____ στη γιορτή, θα περάσουμε ωραία. (πηγαίνω/πάω)

15. - Όταν με _____, θα σου δώσω το πακέτο.
    - Όχι. Ανάποδα τα λες! Θα σε πληρώσω όταν μου _____ το πακέτο.
      the other way round
    - Διαφωνώ. Πρώτα θέλω να με _____.
      I disagree
    - Αυτό να το _____. Δε σκοπεύω να _____ τίποτα αν δεν πάρω το πακέτο στα χέρια μου.
    (πληρώνω, δίνω, πληρώνω, ξεχνάω/-ώ, πληρώνω)

16. Αν _____ λίγο χρόνο, θα διαβάσω ένα μυθιστόρημα. (βρίσκω)

17. Δούλεψα πολύ σήμερα. Ας _____ λιγάκι. (ξεκουράζομαι)

18. Πάμε βόλτα στο πάρκο. Ας _____ και η Ελένη, αν _____. (έρχομαι, θέλω)

19. Είναι πολύ όμορφη η βραδιά, Μαργαρίτα. Ας _____ στο μπαλκόνι κι ας _____ ένα κρασάκι στο φως του φεγγαριού. (κάθομαι, πίνω)

20. Ακόμα και αν εσύ _____, εγώ θα συνεχίσω. (σταματάω/-ώ)

21. Θέλω πολύ να _____ στην Ελλάδα. (ταξιδεύω)

22. Θα ήθελα να _____ την Κύπρο. (επισκέπτομαι)

23. Ανυπομονώ να _____ στη Γαλλία για να _____ τα
    I can't wait
    γαλλικά μου. (πηγαίνω/πάω, εξασκώ)

24. Προσπαθώ να _____ τουρκικά γιατί του χρόνου θα πάω στην Τουρκία. (μαθαίνω)

25. Πρέπει να _____ διαβατήριο για να _____ στον Καναδά. (βγάζω, ταξιδεύω) *passport*

26. Βιάζομαι να _____ στο σταθμό για να _____ το τρένο για τη Λάρισα. (φτάνω, παίρνω)

ANSWERS TO THE EXERCISES
ΛΥΣΕΙΣ ΤΩΝ ΑΣΚΗΣΕΩΝ

1.
   1. βγω
   2. πάω
   3. έρθεις
   4. μαγειρέψω, φάμε, φάτε, τρώτε
   5. κάνεις
   6. γιορτάσω, βγούμε, κεράσω
   7. μάθω, παίζεις
   8. πηγαίνω, παίζω
   9. κάνουμε
   10. ξέρεις
   11. φύγω, αργήσω
   12. τραγουδάει
   13. βρέχει
   14. κυνηγάει, τρέχει

2.
   1. δανείσεις
   2. δώσεις
   3. φτάσεις
   4. περιμένουμε
   5. κάνουμε
   6. τραγουδήσω
   7. πεις *or* πείτε
   8. πιω
   9. κοιμάμαι, πηγαίνω
   10. κοιμηθώ
   11. δανείσω, κάνω
   12. φέρεις
   13. περάσεις, αγοράσεις
   14. πάμε
   15. πληρώσεις, δώσεις, πληρώσεις, ξεχάσεις, πληρώσω
   16. βρω
   17. ξεκουραστώ
   18. έρθει, θέλει
   19. καθίσουμε, πιούμε
   20. σταματήσεις
   21. ταξιδέψω
   22. επισκεφτώ
   23. πάω, εξασκήσω
   24. μάθω
   25. βγάλω, ταξιδέψω
   26. φτάσω, πάρω

Έφτασες στο τέλος αυτού του αρκετά δύσκολου βιβλίου.

Συγχαρητήρια!

Εύχομαι πραγματικά να σε βοήθησε να βελτιώσεις* τα ελληνικά σου.

*note the subjunctive here (I know, I know, enough, you're done)